DNA鑑定は魔法の切札か

科学鑑定を用いた刑事裁判の在り方

本田克也 著

現代人文社

◎まえがき

　DNA鑑定が犯罪捜査や裁判の証拠として利用されるようになってから、数十年の時が流れている。この間、DNA鑑定技術の基本的原理については根本的には大きな進歩はないにもかかわらず、検出技術についてはかなりの精度が確保されたと謳われるようになり、実用性においてその価値を疑う人は少なくなってきている。そして現在では、捜査機関が「そこに何がついているかわからない試料からでも、試料を手当たり次第に鑑定して証拠とする」というような強引なやり方を行う例も耳にするようになってきている。しかし、このような直接目に見えないものが証拠化されるような流れには、それが正当に行われる保証があるのかどうか、たいへんに不安を感じている人も少なくないのではないか、と思われる。

　どれほどの検出力がDNA鑑定にあるのだろうか。問題はここにあるが、それについて、正当に、すなわち、それとして過大でもなく過小でもなく評価した文献は、現在までにほとんどないように思われる。その理由は簡単である。これらの文献の執筆者は、自ら研究し、また鑑定した実績のない、文献のみの知識でしかDNA鑑定を語ることができなかったからである。したがって本書では、私自身のDNA研究の歴史と鑑定の実績を踏まえ、DNA鑑定そのものについての正しい科学的な理解が得られるように概説していきたいと思う。

　DNAに犯罪捜査の切り札としての期待が高まりつつあるが、DNAは犯人の同定を直接に行うことはできず、単に証拠試料に付着する細胞の由来を明らかにできるにとどまる。しかも、体外に飛沫した細胞は速やかに死滅し、DNAも死への変化を遂げていくため、証拠物件に付着した細胞DNAの鑑定は至難である。にもかかわらず、開発途上のDNA検査法をその適用の限界以上に使用して、誤った結果から目的に沿う一部のみを取り出し、恣意的に解釈した非科学的主観

にこそ、冤罪を生み出した根本があった。

　生体から取り出された細胞のDNAは死後速やかに変化を遂げ、化学反応を通して検出するDNA鑑定を難しくする。したがって古い試料ほど検出は不完全になりうることは理解しておく必要があろう。

　しかしながら一方では、数十年以上前の古い試料からのDNA鑑定に成功した例が認められるようになってきている。一般的には難しいはずの、このような古い試料からのDNA鑑定は本当に成功しているのか、成功しているとすればいったいなぜなのか、については事例に則してDNAの本質から科学的に解説されなければならない。

　DNA鑑定は、それが科学的な技術であるがゆえに、それだけで盲信され、裁判でも過大評価され、議論の中心にされる傾向があるが、それは誤りである。なぜなら、第1にDNA鑑定が明らかにできるのは、証拠試料に付いた細胞内のDNA型のみであり、その証拠試料が犯罪とどのような関係にあるかは事例によってさまざまであるからである。第2に、それと照合すべき容疑者由来の対照試料が入手できていなければ何の役にも立たない。それ以前にDNA鑑定が有効な事例は、犯行現場や被害者に犯人の細胞が残されていなければならないが、血液や精液以外では犯罪現場からの細胞の採取が難しく、それ以外の事例ではあまり役に立たないことが多い。

　DNA鑑定が有用な事例は限られているにもかかわらず、DNA鑑定が過信されがちな現状があることから、必要以上にDNA鑑定が行われ、不完全な結果でも一致させようとする歪みが生じかねない。この不完全な結果を生かそうとする試みとして考案されたものの1つが、数値的な解釈法であるが、その方法の妥当性についても検討される必要があろう。

　そもそも数学というものは自然科学の研究の歴史で生み出されたものである

が、その後、科学と数学は各々、独自の発展を遂げることになり、数学は現実とは乖離した観念の世界での発展を遂げることになったため、観念上の仮説を現実に押しつけるという非科学的な判断に導かれうる。

　すなわち、数値的計算は現実の法則性から引き出したものではなく、観念的に作り上げた公式で現実のデータを解釈するという、あらかじめ前提を立てた判断法であることは指摘しなければならない。

　大事なことは、検査の不完全性を観念的に解決しようとするのではなく、きちんとした結果が出るような検査を行い、現実的な解決を図ることである。検査には誤差があることを踏まえて、それを考慮した計算を行うのならいいが、実際には検査データはすべて正しいとするところから計算が始まる。しかし、誤った検査データを正しいものとして計算しても正しい結果は得られないことは、認識すべきであろう。

　本邦では未完の技術であったVNTR検出法の1つであるMCT118法が欠点を抱えたまま長い間鑑定に使用され、STR法などの新技術への移行を遅らせてしまったという問題があり、逆に冤罪を生んでしまったのは不幸であったが、これを過去のこととして棚上げすることは危険であり、DNA鑑定の問題点はどこにあるかはしっかりと反省する必要があろう。なぜならば、現在では、多数の部位を検出できる市販キットが流通しておりその高精度が宣伝されているものの、証拠試料からのDNAの鑑定にはいかにしても限界があるからである。

　そもそも法医学とは、裁判に必要な証拠を科学的に明らかにして、法廷の場に提示することが業務であるが、法医学が提示する証拠とは、主観を表現した証言とは異なり、あくまでも客観的な証拠に従った判断でなければならない。そういう意味で、主観的な証拠である自白や証言を裏づけることができるはずのものであり、仮にそれと食い違いがあった場合には主観的な証拠よりも優先

されるべき、つまり証言が嘘であると判断すべきであろう。にもかかわらず、自白の録画データなどと同一次元に扱い、あるいは自白の録画データがDNA鑑定結果より重視されることがあるとすれば、真実を明らかにしようとする法医学の立場からは大いなる異論があることは述べておきたい。

　しかし、いかに客観的な証拠として有力なものであるからといって、DNA鑑定を盲信することもまた避けられなければならない。DNA鑑定は、それぞれの条件に応じて正当に位置づけることこそが重要であり、その結果を過小評価することも過大評価することもあってはならないと考える。法医学におけるDNA鑑定は、科学的方法の現実への適用であるから、種々の限界がある。その最たるものは、試料そのものが外界に晒された細胞から始まるというところにあり、細胞は体から離れて死滅していく過程でDNAは分解され、またDNA抽出によっても分解する。しかし、現在のDNA型鑑定は極めて高感度かつ小さなDNA断片からも検出できるので、微量ではあっても良質のDNAを抽出できる方法が最善であると考えられる。

　鑑定人は責任を持って可能な限りの検査を尽くすべきであり、結果として不完全なデータになったとすれば、それを隠したり作り替えたりすることなく、そのままに提出することが最も重要である。そして中立の立場で、鑑定人の見解をありのままに述べるべきであろう。

　本書の各編にはある程度の内容の重複があるが、角度を変えた説明によって、「DNA鑑定」の本質が理解されることを強く願っている次第である。

2018年1月

本田克也

DNA鑑定は魔法の切札か ≫ 目次

第1章　DNA鑑定法とは何か ─── 2

1 DNA鑑定で何がわかるか ─── 2
(1) DNAとは遺伝子の機能に関わる物質である　2
(2) DNAについての誤解　3

2 DNA鑑定はどこまで正確か ─── 5
(1) 細胞が死んだ後のDNAの変化　5
(2) PCR法にも限界がある　7

3 試料の採取とDNAの抽出 ─── 9
(1) 不完全な試料からのDNA抽出　9
(2) 試薬による影響　10
(3) 死後変化した細胞からの良質なDNA抽出　11

4 DNA鑑定時代の黎明 ─── 12
(1) DNAとは何か　12
(2) DNA鑑定の歴史　15

第2章　DNA鑑定はどのように行われるか ─── 23

1 DNA鑑定における最重要過程──検出段階 ─── 23
2 PCR法とは何か ─── 25
(1) TaqDNAポリメラーゼ(合成酵素)　25
(2) 鋳型からの読み取りに何が起きるか　28
(3) 準備段階的な活性化反応　30

3 マルチプレックスPCR法の応用 ─── 31
4 DNA型の検出と判定 ─── 33
(1) DNA鑑定かDNA型鑑定か　33
(2) 電気泳動法　33

(3)遺伝子型の分布図　35
(4)古い試料からのDNA型の検出　36
(5)PCR試薬の実力にかかわっている型検出　37

第3章　DNA鑑定法の技術的課題 ─── 41

1　DNA鑑定における根本的な問題とは ─── 41
(1)劣化した試料からのDNA鑑定　41
(2)古い試料からの鑑定例　43

2　個人識別用キットの適用 ─── 46
(1)複数の部位を同時に増幅　46
(2)個人差のある部位に着目したPCR　47
(3)STR検査による新しい潮流を無視する科警研　49
(4)新たな検出システムでは微妙なディテールがほとんど捨象　50
(5)検出機器の技術開発における負の側面　52
(6)検出技術の発展の背後にある経済的要因　54
(7)次世代シークエンサー　55

3　確率的影響とは何か ─── 56

第4章　DNAの検出技術の改良 ─── 60

1　DNA抽出法の選択と改良 ─── 60
(1)つねに新たな方法開拓に挑戦　60
(2)自動化するDNA抽出技術──Maxwell 16の特徴　61

2　検出感度の向上への挑戦 ─── 64
(1)2段階PCR法　64
(2)男性特異的なDNA(Y染色体部位)のみの検出　67

3　高感度PCR法の適用 ─── 68
(1)DNAをよみがえらせるための触媒の発見　68
(2)大事なことは良質なDNAを必要最小限、PCR反応に投入すること　70

4 DNA精製への新たな挑戦 ─── 72
　(1) 混合試料の鑑定　72
　(2) 細胞選択的DNA抽出法の開発　74
　(3) 裁判と科学との違い　77

5 ミトコンドリアDNA鑑定とは何か ─── 78
　(1) ミトコンドリアとは？　78
　(2) なぜ一般的な鑑定法として普及しないのか　80

6 DNA鑑定はいかにあるべきか ─── 82
　(1) 鑑定と検査との違い　82
　(2) DNA鑑定を行う意味がある事例とそうでない事例　83
　(3) DNA鑑定を実施するか否かの判断要素　87
　(4) 犯罪そのものを明らかにできないDNA鑑定　88
　(5) DNA鑑定の結果の評価・解釈における確率や統計概念　89
　(6) なぜ一致と解釈させたい場合に計算が必要になるのか　90

第5章　DNA鑑定の解釈をめぐって ─── 93

1 DNA鑑定と数学 ─── 93
　(1) 法律家の頭を悩ませる確率や統計　93
　(2) 絶対的な意味があるわけではない数値　94
　(3) 遺伝子部位の法則性をまったく踏まえない計算式　96

2 数学の歴史と科学との関係 ─── 98
　(1) 数学で求められる能力と科学者としての頭の働きとは無関係　98
　(2) 現実の問題の解明には直接関係のない数学の発展　99

3 検査の不完全性を解決する方法 ─── 101
　(1) 不完全な結果が得られたときにとりうる方法は計算だけか　101
　(2) DNA検査ではなぜ再検査をやらないか　103

4 DNA鑑定に用いられる基礎的概念 ─── 104
　(1) 検査結果のディテールは数値化することによってすべて捨象されてしまう　104
　(2) 遺伝子検査における基礎的な数値　105
　(3) DNA鑑定に関わる数値的計算方法(確率的解釈)　107
　(4) 遺伝子の出現確率は均等ではない　109

5 遺伝子の型は対になっている ……………………………………………………… 110
6 足すか、かけるか …………………………………………………………………… 111
7 尤度(比)とは ………………………………………………………………………… 113
　⑴ 難しい議論になっている理由　113
　⑵ 尤度(比)　114
8 事後確率とベイズの定理 …………………………………………………………… 118
　⑴ 遺伝子型出現確率以上でも以下でもないDNA検査の確率的評価　118
　⑵ 練習問題　119

第6章　劣化試料と混合試料の鑑定　　124

1 混合試料と汚染試料の違い ………………………………………………………… 124
　⑴ 純粋に試料の状態を示すものか、捜査あるいは実験のミスか　124
　⑵ 汚染細胞の結果は引き算すべき　127
　⑶ ターゲット細胞を見極める　128
2 混合試料の解釈方法 ………………………………………………………………… 129
　⑴ 判断を避けるほうが賢明である混合試料　129
　⑵ STRでは全体像を見て総合的に評価すべきエレクトロフェログラム　130
　⑶ 真の混合試料なのか、PCRのエラーなのかの判断基準　132
　⑷ 不完全なデータをできる限り完全に近づけうる技術の開発を　136
　⑸ Y染色体のPCR法　137
3 DNA鑑定における陥穽とは ……………………………………………………… 138
　⑴ 検査結果と鑑定の見解が対立した場合　138
　⑵ 客観的な事実や検査データに忠実で、
　　　事実に立脚する立場を崩してはならない　140
4 DNA鑑定において出力されるデータとは ……………………………………… 141
　⑴ DNA鑑定の試薬や機器の限界　141
　⑵ コンピュータはどこまで判断できるか　142
5 データはどう総合的に解釈すべきか ……………………………………………… 144
6 混合試料の鑑定をめぐる危険 ……………………………………………………… 147

(1) PCRは指数関数的に増幅が起きるから、
　　　数値の大きさはそこを踏まえて判断を　147
　(2) なぜPCRの起こり方に不確定性が生じるのか　150
　(3) 不完全な結果をすべて鑑定人の鑑定方法の欠陥の問題にするのは筋違い　152
　(4) 劣化試料の鑑定では増幅部位を絞るほうがベター　154

第7章　DNA鑑定をめぐる論戦
─足利事件、飯塚事件、袴田事件　157

1 足利事件─なぜ不完全とはいえバンドが出てしまったのか　157
　(1) 鑑定書に添付された電気泳動写真　157
　(2) MCT118鑑定の誤りは最後まで認めなかった科警研　160

2 飯塚事件──誤解釈による誤鑑定はなぜ起こる　160
　(1) ただの1つもない真犯人の試料　160
　(2) 明らかな実験ミス　162
　(3) 誤った血液型鑑定　163

3 捏造を疑わせるデータ　164

4 袴田事件と飯塚事件とで判断がなぜ分かれたのか　166
　(1) 判断が分かれた理由は再鑑定試料の有無か　166
　(2) 裁判官のDNA鑑定評価の違い　166
　(3) 袴田事件と司法の新しい流れ　168

5 劣化試料の鑑定　169
　(1) なぜ45年経た試料からDNAが検出できたのか　169
　(2) 味噌漬けされた血痕　172
　(3) 不毛なDNA鑑定の信用性をめぐる論争　174
　(4) シャツ付着の加害者の血痕の不自然さ　175
　(5) 検察側の論点のすり替え　177

6 今市女児殺害事件──汚染試料をめぐって　179
　(1) 2つ汚染のされ方　179
　(2) 本当に汚染はあったのか　180
　(3) 一致・不一致の判断基準　182

7 法医学的DNA鑑定への提言　183

(1) 限界があるキット頼り　183
　(2) DNA鑑定人の限界　184
　(3) 客観的なデータに語らせる客観的な立場を貫かなければならない法医学　185

第8章　法医学から見たDNA鑑定　187

1　法医学とはいかなる学問か　187
　(1) 法医学と鑑定との関係　187
　(2) 〈確立された確実な方法〉とは市販キットの使用ではない　188
　(3) 不完全な結果はありのままに提示すべき　189

2　法医学における証拠とは何か　190
　(1) 証拠とは、事実を証明するための客観的な事実や事物(根拠)　190
　(2) 自白は客観的証拠か　191
　(3) 自白を証拠とするうえでの留意点　192
　(4) 錯誤のチェックが必要　193

3　法医学の裁判への貢献とは　194
　(1) 捜査機関・裁判所から独立していなければならない法医学　194
　(2) 真の法医学の復権を　196

4　「足利事件」から何を学ぶべきか　197
　(1) 法医学の原点をあらためて思い起こさせた事件　197
　(2) 真の法医学者への道は孤独な旅立ち　197

5　DNA鑑定を過大評価する危険　198

終章　DNA型鑑定の有用性と課題　200

1　『科学的証拠とこれを用いた裁判の在り方』を読む　200
　(1) 械器の検出限界について　200
　(2) 言葉の使い方が不正確で、矛盾した箇所が多数　202
　(3) DNA鑑定法の沿革についての記述　206
　(4) アイデンティファイラー・キットについての記述　208

(5) Yファイラーキットについての記述　209
2 この小冊子で取り上げられなかった最も重要な論題は何か　210
　　(1) 過去の誤判事例に学んでいるのか　210
　　(2) 袴田事件を射程に入れた記述　213
3 DNA鑑定と裁判　215
　　(1) 鑑定試料によってほぼ決まるDNA鑑定の有用性　215
　　(2) DNA鑑定によって事件が解決される錯覚　217
4 小冊子の早急な改訂を願う　219
5 DNA鑑定を警察機関のみで行うことは避けよう　220

補章　袴田事件即時抗告審における検察側検証とはいかなるものか　221

1 裁判と研究　221
2 裁判における検証とはいかにあるべきか　222
3 「本田鑑定」の何を検証しようとしたか　224
4 「袴田事件」の検証はいかにして強行されたか　226
5 鈴木鑑定人の検証とはいかなるものか　228
6 鈴木検証最終報告書の提出をめぐって　231

事件解説　234

1 兵庫アパレル店員殺害事件　234
2 晴山事件　234
3 大分みどり荘事件　238
4 飯塚事件　239
5 足利事件　240
6 今市女児殺害事件　240
7 袴田事件　241

DNA鑑定は魔法の切札か

科学鑑定を用いた刑事裁判の在り方

本田克也

第1章

DNA鑑定法とは何か

1　DNA鑑定で何がわかるか

(1)　DNAとは遺伝子の機能に関わる物質である

　そもそもDNA鑑定とはいかなることかについて、原点に遡って考えてみたい。
　DNA鑑定とはあくまでDNAを用いた鑑定であって、決して遺伝子そのものの鑑定ではない、ということをまずおさえておく必要がある。ならばDNAとは何かというと、細胞の中心部の核およびその外側の細胞質に存在するミトコンドリア内に含まれている、生命体の設計図たる情報を担う実体の中核である。したがって、生命体の設計図が情報として保存されているものを担う実体の機能を遺伝子と規定すれば、DNAは遺伝に関わる物質の一部なのであり、DNAのうち働きがわかっている部分だけが遺伝子であるわけではない。そもそも遺伝子という以上、それにはヒトならヒトの遺伝情報のすべてが実存しなければならない。しかしながら現在、DNAとして読み取れるものは単なるATGC（A：アデニン、T：チミン、G：グアニン、C：シトシン）の4種の化学分子の連続であり、ここからわかることは単なる個人差や親子関係の異同にすぎない。分子というものは原子が結合した単位であって、それはいうなれば物質の形に過ぎないから、それがどう働いて生命を維持しているかという情報は、その物質の形だけで決まっているのではなく、DNAを動かす物質からも規定されているのである。
　現在までに、その機能の一部がわかっているのは、遺伝子ならぬDNAのわずかな部分に過ぎないのであり、他のほとんどすべては今なおブラックボックスのままである。とくに個人差に関わるDNA部分のほとんどすべては、どう

いう個人情報を含んでいるかの意味は不明であるといってよい。したがって現在までの知見からは、定説とは異なり、DNAは遺伝子の機能を担う一部分と考えた方がいいのではないだろうか。逆から言えば遺伝情報という機能を示しているというより、それを担う実体である。それゆえに、化学分子であるDNAとしての構造は実体なるがゆえに、細胞死後もその形としては保存されうるとしても不合理ではない。

　あえて付言すれば、細胞の核の外、すなわち細胞の肉体部分である細胞質内にあるミトコンドリアDNAは、その実体はDNAではあっても、真の意味で親から子へと引き継がれる遺伝情報を伝える「遺伝子」の機能はもっていない。これは、個々の細胞の機能（運動）を可能にする代謝を担い、一世代内での細胞分裂で伝わるだけにとどまる。哺乳類では母から子供にのみ、その実体が引き継がれていくとされているが、その遺伝情報は固体内でも世代間でも変異することが知られている。したがって、これをDNA鑑定に用いる場合にはとくに注意が必要であることも理解しておく必要がある。ミトコンドリアDNAは年齢を重ねることでも、また細胞の種類によっても異なっていくからである。これについては著者自身も実験結果から確かめてきたことであるが、国際的にもそれを支持する結果が多く発表されるようになってきた。高感度であるとされるミトコンドリアDNA鑑定の基礎的な問題については、第4章5で取り上げたい。

(2)　DNAについての誤解

　ここでまず、最近蔓延しているDNAについての根本的な誤解をただしていくことにしたい。DNA鑑定が取り上げられた点で映画化もされた、東野圭吾『プラチナデータ』（幻冬舎、2010年）がある。面白かったのは国民すべてのDNAデータを集め、DNA捜査システムが確立することにより、すべての犯罪捜査の完全解決が可能な社会が実現する、というところである。たいへんに面白い物語で、DNA鑑定がもたらす負の側面も見事に描ききっている。こういうところに着目できる作者の能力には感嘆したが、これは今後いかにDNA鑑定技術が進歩しても、フィクションであり続けるであろうことは強調しておきたい。

理由は2つある。その1つは、DNAそのものは個人同定に役立つものであっても、犯罪の同定に役立つわけではない、ということが挙げられる。DNAは現場に残された細胞が誰に由来するかを直接教えてくれるわけではない。そしてそのDNAデータすら、これが照合できたとしても、それはその人の細胞が犯行現場や証拠物件に残されていたということを意味するだけであって、犯行それ自体を証明してくれるわけではない。たとえば刃物に容疑者の細胞が付着していたとしても、その容疑者がその刃物を使って被害者を刺したことまで証明してくれるわけではないのである。これでわかることは、その人がこれまでにいつかどこかで、その刃物を触ったことがある、というだけにすぎない。そこで明らかになったDNAの型は、いうなれば単なる記号であって、それと照合するものがなければ何の役にも立たない。もっといえば、DNA型はATGCの4種類の塩基配列で表記されるデータではあっても、ヒトとしての遺伝情報をそこから直接読み取ることはできない。

　そしてもう1つの理由は、照合したいDNAデータを、生きている人から得ることは容易であるが、犯罪現場からのDNAデータは多くの場合、非常に不確実なものであることである。つまり、最大限譲歩して、集積しデータ化したDNAを絶対確実な「プラチナデータ」とみなしたとしても、それと照合したい現場からのDNAそのものは変化に富んだ生命物質である以上、変化性に欠ける無機物であるプラチナではない、ということは重大な問題なのである。

　これにはもっと説明が必要であろう。というのは、生きた細胞から取り出したDNAと異なり、人体から離れ死滅していく細胞の中にあるDNAは、当然に細胞とともに変化していくものであるからである。つまり、人体が死亡することにより単なる物質に変化していくように、DNAも細胞の一部である以上、細胞死に伴う変化を免れないということなのである。したがって、現場試料に残された細胞から取り出されたDNAからその型を割り出すことは、試料によっては簡単にはできないことが多いのである。これは死体解剖において、われわれが見いだしうるものは無機物へと変化しつつあるものでしかなく、残されているのは体の形態にすぎないからその中身を見てとるのは困難であるということと同じである。DNAの形は残ってはいても、生きたDNAの性質は失われ

つつあるということは、われわれがDNA鑑定に関する研究を始めた時点でも、まだ知られていなかったのである。

2 DNA鑑定はどこまで正確か

(1) 細胞が死んだ後のDNAの変化

1980年代の後半のことであった。われわれがDNA鑑定の研究をはじめたとき、今から言えば誇大妄想を描いたことがある。それは前掲の東野圭吾『プラチナデータ』が描いているような、犯罪検挙率100％の社会であったといっても過言ではなかった。これまでは血液型鑑定として、たった4種類（A、O、B、AB型）にしか分類できなかった個人同定システムが、DNA検査の導入により無限大まで拡大できうることが期待されたからである[*1]。そして、確かに検査のシステム上の進歩を見れば、そのことを期待しても、あながち間違いではなかった。その後の、サザンブロット法からPCR法[*2]へ、ミニサテライト[*3]からマイクロサテライト[*4]へ、ポリアクリルアミドゲルからコンピュータ制御の[*5]キャピラリー（毛細管）電気泳動システムへ、という技術的な進歩によって、現在では偶然の一致率をほぼ排除できるレベルにまで、検出レベルが向上したことも、ますます夢を膨らませていったのである。しかし、私たちが直面した問題は、その後の技術の発展ではほとんど解決することができなかった。それは、細胞が死んだ後のDNAの変化の問題にほかならない。

細胞からDNAを取り出すことは、当時は有機溶剤を使ってタンパク質を除去し、DNAそれ自体を吸い出すことにより容易に行うことができており、これは時間が経った古い血液からでも容易にできていた。この抽出方法については、上記のように細胞から蛋白を除く方法（有機抽出法）のほかにもその後、

[*1] Jeffreys et al. Nature 314, 67-72, 1985.
[*2] Saiki RK, et al., Science 230; pp1350-1354. 1985.
[*3] 前掲注1。
[*4] Nakamura Y. et al, Nucleic Acids Res 16: 9364, 1988.
[*5] Budowle B, et al., Am J Hum Genet 48:137-144, 1991.

いくつかの方法が考案された。たとえば、細胞のうち蛋白は流してDNAを吸着させていくか（固相抽出法）、あるいは、DNAは高熱に強い性質を利用して溶液を煮沸して蛋白のみを熱変性させるか（キレックス法）等がそれである。これらは試料によって使い分けることができる。いかに古い試料からでも多くの場合にはDNAは採れるということはたいへんな驚きであった。したがってわれわれは、DNAが採れたというそのことだけで、無限の可能性を夢見ていたのである。

しかしながら、問題はその次にあった。それは検出の問題である。そしてそれが成功するか否かは採れたDNAの内容、つまり質に関わっていた。これはDNA研究のすべてに当てはまることであるが、対象とするヒトDNAはあまりにも膨大であるばかりか、その一部に着目したい場合でも、それをそのまま直接に見る方法はない。したがって、対象とするDNAを調べるためには、どうしても何らかの化学的な反応を媒介にして調べるしかない、ということになる。DNA鑑定に適用された最初の方法である、DNAフィンガープリント（指紋）法などで用いられていたのは古典的なサザンブロット法である。この方法は、DNAはそれと相補的な配列を持ったDNA（プローブという）と対になろうとして合体する性質があるため、その性質を利用して、プローブに印をつけて特定のDNA断片を探させるという方法がとられていた。[*6]

もっと言えば、対象とする全DNAを制限酵素によりバラバラに切断し、それを電気泳動して断片を大きさの順に並べ、そこに特定の配列を持ったラベルしたDNA断片（印をつけたDNA）を振りかけて合体させ、それと相補的な配列部分を光らせて探し出させる、という方法がとられていたのである。しかし、この方法を古いDNAに適用しようとしたとき、致命的な欠陥があることがわかってきた。それは、相補的なDNAと対になろうとして吸収（ハイブリダイズ）する性質が、古くなったDNAでは失われていってしまうということであった。したがって、本来あるべきDNA断片の吸収力が減り、バンドが極めて薄くしか見えなかったり、あるべきバンドがまったく見えなくなって探せなくなって

---

*6　前掲注1。

しまう、ということがしばしば起こった。結果として、実験条件によって結果が変動することから、DNAフィンガープリント法は次第に用いられなくなっていったのである。

(2) PCR法にも限界がある

　もっと検出力の高い方法はないものだろうか。するとそれほど長い時間を待つこともなく次世代の技術が発見された。それはPCR法というものである。これは試料のDNA（増幅のもととなるので「鋳型DNA」と言う）を高温状態に保ち、バクテリアのDNA増幅酵素の実力を借りて、ある範囲内での温度変化をかけて、特定の配列のみを数百万倍に増幅するという方法であった。この方法では古いDNAや微量のDNAでも検出できるはずで、問題は克服されるはずである、とわれわれは思ったものである。そしてこれは、今でも専門家ですらそう考えている人もいるのではないか、と思われる。しかしながら、この方法は確かにサザンブロット法よりは検出力が高いものの、同様に古いDNAでは検出が困難であることが次第にわかってきた。なぜなら、確かにDNAは残っているにもかかわらずどういうわけか、増幅にかからない場合があるからである。

　ここで多くの読者がおそらくは誤解している点について述べておく必要がある。というのは、PCRがもとの鋳型DNAを増幅しているというとき、増幅されたDNAのほとんどはもとのDNAそのものではない、という問題である。

　どういうことかと言えば、PCRでは、もともとのDNA（抽出されたヒトDNA）を鋳型としているに過ぎない。つまりその両端に増幅したい部位を挟む人工的な短いDNA断片を吸着させ、その間を埋めるようにしてDNA断片を生成し、そこで作られたDNA断片からさらに人工的なDNA断片を増幅させて、１サイクルごとに２倍ずつ増幅させていくことができる（第２章23頁**図表１**「DNA鑑定の手順と段階」参照）。したがって、ここで増幅させたDNA断片は、はじめのサイクルを除いては、増幅させたものからさらに増幅させた人工的なDNA断片が生成されていくのであって、人工的な増幅断片には、もともとのDNAの組成と大きさが反映されているのである。したがって、鋳型DNAが最初の反応できちんと読みとられなければ、そこから先の反応は止まってしまう

か、壊れたDNAが歪んだ反応を誘発してしまうことになる。それゆえに、DNAが人工DNA断片を生成するという化学反応が利用されていることを考えると、PCR反応系には、多量の不純物が混じったDNAを投入するのではなく、必要最小限のよく精製された鋳型DNAを入れるように注意しておかなければならないことも理解されるはずである。

　生きた細胞のDNAを鋳型とした場合は、試薬の調整にさほど工夫を加えなくとも、ほぼおそるべき正確さでこの反応は起こりうる。しかしながら、死に絶えた細胞からのDNAでは、相補的なDNAと対になろうとして吸着する性質が大なり小なり失われているために、最も大事な、鋳型DNAの型をとらなければならない初期反応が極めて不十分にしか起こりえないということが生じうる。こうなってしまうと、増幅断片が得られなくて、判定不能になってしまうか、不規則な反応による増幅バンドが生成されて、どれが本物かわからなくなってしまうということが起こりうる。それゆえに、古いDNAに関わる検出上の問題点はPCR法の適用によっても、決して解消されたわけではなかった。

　現在でもなおDNA検出方法はPCR法を基礎にしている方法がほとんどであり人工的なDNAを媒介にして、もとのDNAを調べる反応が最も重要になる。つまり直接、もとのDNAを調べるのではなく媒介的なDNAに転化させて調べる方法しかないのである。特定のDNAの長さだけでなく組成を調べられる塩基配列決定法（シークエンス法）もPCR法を基礎に開発された方法である。したがって、われわれがDNAを調べるといった場合、現在の技術では直接にDNAを調べることは不可能で、鋳型DNAの型をとって、人工的なDNAへと転化させる化学反応を起こさせることによって調べるしかない。それゆえにそこに錯誤が生じうる可能性は否定できないのである。特に鋳型DNAが古いほどにそれは無視できないレベルでの誤差を生じかねない。何が言いたいのかといえばDNAが現場から抽出されたからと言っても、そこから必ずしも鑑定できるわけではなく、多くの場合は不完全なデータによる鑑定にとどまることが多いからDNAの変化には常に留意する必要があるのである。

　しかしながら、誤解のないように述べておけば、だからといって、現場試料からのDNA鑑定はできない、というわけではない。鑑定が可能な条件という

のは確かに存在するのである。ただしそれが可能になるには一定の条件があり、適用可能な方法を選択しなければならない、ということを忘れてはならないのである。いつも市販のキットを使うことが最良の方法ではなく、事例に即した試薬の使い方が肝心なのである。

3　試料の採取とDNAの抽出

　法医学におけるDNA鑑定は現在では方法については技術的に確立しているので、ことさらに留意すべき問題は少ない。つまり、誰がやってもほぼ同じである、ということになる。したがって、もし技能的に差が生じうるとすれば、それはDNA抽出の部分か、PCRの適用法か、結果の解釈の仕方かの3つになる。ここではまず出発点となるところの、試料となる細胞からDNAを抽出する問題について大事な説明をしておきたい。

(1)　不完全な試料からのDNA抽出

　そもそも法医学におけるDNA鑑定の最も難しい点は、試料の不完全さにあることは繰り返し述べてきた。なぜなら試料は鑑定されるために準備されたものではないからである。したがって、まずは適切に試料が採取されることが最も大事になる。ここでの「適切に」とは細胞がしっかりと付着している試料を選別し採取することであり、またできるかぎり汚染がない、また汚染させずに試料を採取することである。ただしこの部分については、捜査員の技能に委ねられており鑑定人が関与できることは希である。

　ただ鑑定人は与えられた試料から忠実に結果を出すこと、そこに集中しなければならないが、まずもって大事なことはDNA抽出をできる限り適切に行うことである。

　ところが、ここで一般の人には1つ大きな誤解があるかもしれない。それは、試料からのDNA抽出はできる限り多量のDNAを抽出した方がいいという誤解である。これはしかし、法医学におけるDNA鑑定にとってはマイナスの要因ではあっても決してプラスには働かないのである。どうしてか、と言えば、細

胞は生体から離れて死滅していく過程でDNAの分解が起きてくるからである。したがって、死んだ細胞のDNAには壊れたDNAがたくさん混じってくることになる。

ここで思い出すのは、もう30年も前のことであるが、著者が大学院で研究していたときに見つけた面白い現象である。それは血液のDNAは試験管内に放置しているだけで、日にち単位でどんどん分解していくことであった。DNAの化学分子としての安定性は細胞が死滅してすぐから失われていき、2週間もすると生きているときに維持されていた、一体性のある全体が断片化していくのである。

このように、死滅した細胞のDNAにとって、分解は必然であり、それは細胞が外界の変化にさらされるほどに起こりやすい。この外界とはあるいは水であり、温度変化であり、太陽光線であり、大気であり、物理的な刺激などである、ということになる。けっしてDNAを分解させる酵素などの特殊な物質が外界にあるのではなく、DNAにとっては外界に曝されることこそが分解の要因なのである。つまり、DNAを分解させるような機能を持つものは外界に無限にあるのであり、だからと言って、それがDNA分解酵素という有機物のみによるかのような短絡的な発想を持つべきではない。ハサミは紙を切るものであるが、紙が切られたからといってそれはハサミに切られたはず、と短絡的に考えてはならない。紙は水に濡れただけでも破れるのである。極言すれば、あらゆる外界の実体は直接DNAに作用させると、DNAを分解させる機能を持っているように見えるのは、DNAは外界の刺激を受けて変化（分解）するからである。

(2) 試薬による影響

問題はそれだけではない。その後の細胞からのDNA抽出過程においては、いかなる抽出方法を採用しようが、生理的には存在しない人工的な試薬が用いられているのであるから、大なり小なりDNAが分解されるのは避けられない。つまり、DNA鑑定における試料DNAの分解には細胞が死滅したことによるものと、DNA抽出によるものとの二重性があるのである。ただし、古い試料で

あればすでにかなりのレベルまで細胞自体の分解が進行しているから、DNA抽出は精製度を上げるよりDNAの回収を重視した方法がより適切である。

　さらに付言すると、いわゆる実験とは異なり、現場の試料はDNA検出を前提にされて作られたものではないから、いわゆるDNA実験には有害な物質の付着なども避けることができず、したがって、法医学におけるDNA検査が、DNA実験系のような純粋さで実施されており、されなければならない、という妄想は現実とはまったく異なる。このように試料には多くの限界があるのであるから、それを克服しようとするところにDNA鑑定の技量の差が現れると言っていいだろう。

(3) 死後変化した細胞からの良質なDNA抽出

　DNA抽出後のPCR法によるDNA型の検出はわずかに300塩基程度の小DNA断片をターゲットとし、しかも細胞10個分相当のDNA量での検査が可能であるので、DNA抽出におけるDNAの分解やロスはほとんど障害にならない。微量かつ極小断片で十分であるから、DNAの抽出ではできる限りDNAに損傷を与えないような方法で、かつ精製度の高い方法を使用するのがベストであるということになる。試料は仮に多量であってもそこに劣化したDNAや他の夾雑物が残っていると、それがPCR反応に干渉してしまい、結果が不規則になりかねない。それがあたかも、複数の人間に由来する細胞の混合試料であるかのような現象を呈していた場合には、無理に解釈しようとして誤った結論へと導かれかねないのである。

　DNAは二重螺旋で示されるような単純なモデルで表されることが知られているが、本物のDNAにはDNA固有のタンパク質やミネラルが多数配位していることがわかっている。それゆえに、電荷や磁性を有し、磁石で釣り上げたり、シリカ（ケイ素）に付着させたり、あるいは電気泳動で分離することができるのである。したがって、死後変化した細胞から良質のDNAを抽出するためには、磁性を保持したDNAのみを取り出すことが有効である。それゆえ現在の技術では、プロメガ社が開発したシリカでコーティングした磁気ビーズを用いてDNAを釣り上げる方法が、法医学におけるDNA抽出には最適な方法であると考える。

4　DNA鑑定時代の黎明

　DNA抽出の難しさについて先に述べたが、次にDNA鑑定がどのようにして発見され、どのような技術として開拓されてきたかのアウトラインを述べていきたいと思う。なぜなら、これが現代の最新の技術を理解する基礎になるからである。ただし、これについても多くの説明がなされてきたが、これらの書物は自らの実践を通してその歴史を歩いてきた研究者の手になるものではないことがほとんどであるから、肝心の部分、すなわちなぜそのような発展を遂げたかの論理的な説明が欠けている。しかしながら、著者はこのDNA鑑定法が法医学分野に応用され始めた時期に、ちょうど研究生活を始め、現在の最先端の技術にまで関わってきているから、その歴史的な発展を目の当たりにしてきたということができる。したがって、これまでの成書とは違った側面から歴史を述べることができるのではないかと思う。

(1)　DNAとは何か

　まずDNAとはいかなるものか、について復習してみたい。そもそもDNAなるものは、すべての細胞核の中に存在する。細胞は細胞膜で囲まれたあらゆる生命体の単位でヒトは約40兆個の細胞で構成されていると言われている。細胞1個の大きさ（径）は約50ミクロンで1ミリの20分の1にすぎず、顕微鏡でしか見えない大きさである。この細胞の中にはさらに細胞核という中心があり、核膜により囲まれている。この中にはたくさんのタンパク質があるがその最も中心部には何重にもコイル状になった4種類の塩基（A：アデニン、T：チミン、C：シトシン、G：グアニン）の連続的な配列に帰着される長い2本の鎖の対合物がある。そしてこれがDNAであると考えられている。このようにDNAとは細胞の中心部の核膜の中にある長い鎖状の化学分子であり、2本の鎖が互いに対をなして螺旋状になった構造をしているといわれている。もっともこれを直接見ることはたいへんに難しく、今なお生きている細胞内での正確な形をとらえることはたいへんに難しいのであるが、ここではDNAはおよ

そこのようなものであると考えてもらえればよい。

　この長い２本の鎖によって構成されるヒトのDNAなるものは、１ミリの20分の１の大きさしかない細胞の、その内部の核内になんと２メートルにも達する長さで存在するといわれている。ここに人間までの進化の遺伝情報がすべて書き込まれているのである。このような長い紐状の物質として、核の中にぎっしりと詰まっているのがDNAである。

　しかしながら、この二重螺旋構造（DNA）は核内の物質を細胞の外に取り出したときの、いうなれば遺伝子の結晶化した姿であり、細胞の中で生きている働く遺伝子そのものではありえない。細胞は全体として働いている以上、DNAを動かすものは取り除かれているのである。したがって、DNAのみをいかに調べても、遺伝子を担う実体の一部のみしか窺い知ることができないことは明らかである。なぜなら、細胞外に取り出したDNA単独では遺伝子としてもはや働くことはできないからである。つまり、細胞がいかなる遺伝情報を持っているのかを細胞の外に取り出して調べることは不可能である。これはパソコンに保存されている情報をパソコンの外に出して見て取ることはできないことと同じである。

　こう述べると、ATGCの塩基の並びが遺伝情報なのではないかという疑問を持つ人もいるかもしれない。しかし、これはちょうどコンピュータ内のICチップをコンピュータから取り出して見ているのと同じである。つまり４文字で書かれたコンピュータのデータだけでは何もわからないであろう。このたとえでわかるように、それ自体としては単純そのものでしかない塩基の並びをいくら調べたとしても、そもそも遺伝情報はこの塩基の配列だけでは、最終的な使われ方は見えたとしても、その過程はまったくといっていいほどに読み取ることができないのである。

　かつてゲノムプロジェクトという企画があり、ヒトの全ゲノム（DNA）の塩基配列を読む実験で、意味のある遺伝子は数百でしかなかったという報告がなされたことがある。これは、つまりDNAの働きがわかるのは、ほんの２％に満たなかったということである。ここでわかったとされているものは何かと言えば、代謝としての化学反応に関わっている部分である、ということである。あとの

98％は、意味がさっぱりわかっていない。つまり細胞機能とのつながりが見えない部分ということになる。なかでもその意味不明の配列のほとんどは、単純な反復配列であることが判明したのである。しかし、もしもそれが無意味な配列とすれば、それが遺伝する、つまり子孫に受け継がれるはずがない。したがってここは、何か大事な情報がそこにも保存されているはずであるが、そもそも塩基配列のみからその遺伝情報の中身はわからないと考えるのが自然である。つまり4文字で書かれたデータを読むソフトウェアが必要となるのである。

　ヒトの細胞1個に存在する32億塩基対もある塩基配列のほとんどが無意味なものであることはありえないから、これはその反復配列として見えるものは何らかの遺伝情報と関連しているはずである、と考えなければならない。わからないものには意味がないと考えるのはあまりにも無謀な見解である。そうではなく、わからないものはその意味がわかっていないだけにすぎないと考えるのが真の科学的思考であろう。

　ならばなぜ反復配列が必要なのであろうか。ここで考えなければならないことは、いかなる生命体もその本質は単純であり、生きるための化学反応である代謝は、基本的な化学反応の繰り返しであるということである。そしてDNAは代謝としての化学反応と関わっていることは間違いない。なぜなら、遺伝情報とは生命体の設計図であり、それは代謝としての化学反応についての情報を含んでいなければならないからである。

　この反復配列には確実に遺伝情報に関連するものが潜んでいると見なければならないけれども、これは何であろうか。ただ言えることはむしろDNA鑑定は、このDNAとしては未知、すなわち闇の部分に着目したものであった。もっといえば、この反復配列の中にはきわめて個人差が大きい部分がある、という発見がDNA鑑定につながっていったからである。この反復配列のうち縦につながった部分（縦列反復配列という）、つまり特定の配列の反復が数珠状に並んで繰り返している部分の、その繰り返し数には個人により違いがあったのである。つまり、個人差とは反復している配列の「回数の差」である。すなわち同じような繰り返しが何回つながっているか、というところが個人差になっているのである。そしてそれは親から子への遺伝によって確実に受け継がれていた

のである。

　もっといえば、このDNAの中の反復配列が生物の進化において急速に増えるのは、哺乳類からであるとされている。いうまでもなく哺乳類は現在地球の海陸を問わず、いたるところに生存している最も発展した生物種であり、その中でも人間は哺乳類の中では霊長類として分類されその頂点にあるとされている。したがって、哺乳類への進化にこそ反復配列の進化の謎を解く鍵が潜んでいるといえようが、ここはどう考えればいいのか。ここでは本論からはずれるので詳細の説明は省くが簡単には以下である。

　そもそも哺乳類の特徴は何であろうか。外界に生んだ卵から生まれるのではなく、母親の体内において子供が育つということであり、生まれた後も母乳で育つということである。これは哺乳類が母親からの栄養分をもらって育つということであり、それによって体を変えていく性質を持っているということである。それゆえに反復配列にはDNAの中身を規定できるような性質が保持されていると考えられる。未確定な情報を確定する働きが反復配列にあるとすると、これが種差や個人差にも関わってきても不思議ではないかもしれない。つまりDNAの環境変異に対応した可変的な遺伝情報の規定に関わっているのでは、ということである。さらに人間は他の哺乳類と異なり餌が決まっておらず食事に多様性があるため、それに対応する形でDNAにもさらなる多様性が生じていると考えればよく説明できる。

(2) DNA鑑定の歴史
ア　DNA フィンガープリント法（DNA指紋法）

　以上を前提にして、DNA鑑定の歴史について概略述べていきたい。英国のジェフリーズによるDNA フィンガープリント法（DNA指紋法）[*7]と呼ばれるものを聞いたことがあるだろうか。これはDNAの反復配列に個人差があることを検出した技術のことである。彼の発見をもたらしたのは、通常は無意味とされるようなDNAであったものに光を当てたところにある。つまりいうなれば

---

*7　前掲注2。

ガラクタのように見えるものの中身の応用性をいち早く見抜いたところが卓見であったのである。これは1985年のことであった。しかし正確にはヒトのDNAに個人差があることを最初に発見した人は、実はジェフリーズ以前にも存在した。1980年のホワイトらによる研究が最初であった。彼の論文はヒトの遺伝子の中には個人差を示す部分があることを最初に実験的に発見し、そのDNA部位をも特定している点で、たいへん優れたものであったが、DNA鑑定に使う、ということは当初考えていなかった可能性がある。この彼らの研究はさらに進んで広く、ヒトのDNAを調べ上げ、VNTR（Variable Number of Tandem Repeats: 縦列型可変反復配列）と命名した、ピンポイント的なDNA部分の発見の積み重ねであったため、ただちにはDNA鑑定には結びついてはいかなかったのである。

しかしその後、DNAをピンポイントで検出できるPCRという技術が発見されたことによって、ようやく個人識別に広く応用されるようになったのである。この初期の方法が日本では足利事件や飯塚事件の鑑定に使われたMCT118法[9]であったわけである。しかしあえて付言すれば実はこの技術はDNA鑑定への適用という点では、まだ未完成の技術であったことは強調しておく必要がある。つまりこの方法の実践への応用は、まだ時期尚早であり、功を焦ったことがすべての不幸の始まりであったということである。

いったい何が問題であったのかといえば、PCR反応で対象とするにはターゲット部位が大きすぎたことによりPCRがかかりにくかったことであり、もう1つはこのような大きなPCR断片を正確に識別する検出技術が未完成であったことである。

時計を少し戻してみよう。DNAを犯罪捜査に用いること、つまりDNA鑑定への応用の先駆者はジェフリーズである。このDNA鑑定法が1983年と1986年に2人の10代の女性を強姦した者を特定するために最初に使われた。その結果、すでに逮捕されていた男の冤罪が証明されたばかりか、真犯人の逮捕にも役立

---

[8] 前掲注4。
[9] 日本弁護士連合会人権擁護委員会編『ＤＮＡ鑑定と刑事弁護』（現代人文社、1998年）。

ったのである。

　ジェフリーズらはミオグロビンという筋肉のタンパク質を作るDNAの近傍に個人差が、数十〜数百を単位とする、反復配列が存在していることを見出したものであったが、それと類似の配列がヒト染色体上にばら撒かれていることを見出したものである。このような部位をミニサテライト部位と命名した。なぜミニサテライトと言ったかと言えば、それ以前にすでにDNAには数千以上の長い塩基対を単位とする反復配列が存在することが発見されており、そのようなDNA部位をサテライトDNA（衛星DNA）と呼んでいたから、それより小さな部位という名称が使われたのである。そしてそれを同時に検出するDNAフィンガープリント法という技術を発見した。なぜフィンガープリント法と言ったかといえば、電気泳動によってDNAバンドを指紋のように細かい線のバーコードの形で示すことができたからであった。

　ここで注目してほしい事実が1つある。それは、ジェフリーズらが行った世界で最初のDNA鑑定は容疑者の証明ではなく、冤罪を晴らすため、さらには真犯人を特定するために使われたということである。そしてそれは事件の真相を明らかにするのに貢献した。ところが日本ではその反対に、足利事件のようにDNA鑑定は、誤認逮捕をもたらし、ついには冤罪を作ってしまったことが判明した。さらに悪いことには足利事件ではDNAの再鑑定の機会は封印され、真犯人を時効の成立で逃がしてしまった。日本では一度出た結果の誤りを科学的に検証しようとしなかったのはなぜだろうか。これは国民性の違いなのか。また法廷でもその誤りの可能性について認めようとしなかったのは、真実の究明より鑑定機関の権威を守ることを優先したせいではないだろうか。

　いずれにしても、ジェフリーズらの成功は、世界中に衝撃を与え、各国にDNA鑑定の導入を、という機運を高めていった。しかし確かにこの方法は適用できる試料の範囲に限界があり、時間の経った古い試料では検出バンドに不安定性が残ることから、きわめて限定的な範囲でしか実用化できなくなったのは事実である。しかも、検出している部位がヒト染色体のどの部位を判定しているかわからないことから、余計に結果の解釈が難しかったのである。

イ　MCT118法とPCR増幅

　その欠点を埋めていったのは、個人差のあるDNA領域（VNTR: Variable Number of Tandem Repeats=縦列型可変反復配列）をすでに発見していたユタ大学のホワイトらのグループであったことはすでに述べた。つまり、反復配列の部位を特定し、その検出を１つずつ行う方法を提案したのである。そしてこれにPCR法を適用して検出感度をあげようとしたものの１つが、1990年に発表されたMCT118法のPCR増幅[10]であった。しかしながら、MCT118法は反復単位が16塩基で比較的大きく、PCR増幅産物も当時の試薬で安定に増幅できる大きさの２倍以上に相当する500塩基以上にもなりうるため、たいへんにPCR増幅が難しかったことに加え、それを検出できる方法がプレート状のゲル（寒天のようなものを薄くのばして固めた板状のもの）を用いた電気泳動しかなかったのである。特にポリアクリルアミドという化学物質をゲルとして用いた場合には、泳動誤差がきわめて大きいことがわかってきており、型判定を誤ってしまうことを私たちのグループが発見した[11]のであったが、この問題について少し述べてみたい。

　ところでDNA検出技術が国際的に普及しつつあったとき、本邦においてはじめてDNA鑑定の威力が宣伝されたのがかの足利事件であったことは、多くの読者にとって周知のことと思われる。当時、個人識別に用いられたDNA部位は先述したミニ・サテライトと呼ばれる、個人的な差異のある領域で、20塩基から40塩基などのやや短い単位の繰り返しの構造を持っていた。その１つであるMCT118という部位についていえば、増幅単位は16塩基で、その部位をPCRにかけるときは400塩基から800塩基を中心とするような、非常に大きな増幅断片が必要であった。ここで「非常に大きな増幅断片」というのは、当時PCR増幅をかける長さは、100塩基から300塩基の範囲に設定されることが通常であったからである。しかし、このMCT118部位の長さの個人差を検

---

*10　前掲注５。
*11　本田克也＝福島弘文ほか「各種VNTRプライマーを用いたAMPFLPの検討」三澤章吾＝原田勝二編『ＤＮＡ多型研究の新しい展開（ＤＮＡ多型（Vol.1））』（文光堂、1993年）。

出するとすれば、通常の２倍以上の増幅断片を生成させなければならなかった。しかし、このように難しいPCRを実現するために、科学警察研究所（科警研）の笠井賢太郎らは非常に難しい条件を提案した。それは、プライマー（鋳型DNAの特定部位を探して吸着する人工的DNA）の長さを通常のほぼ1.5倍（通常の20+20塩基対を28+29塩基対）に長くし、またプライマーの濃度を通常の５倍以上に設定し、化学反応の基材となるd-NTPと呼ばれる試薬を通常の10倍以上に設定する方法である。つまりPCRの限界をやや逸脱した極めて特殊な、試薬を高分子かつ高濃度にする方法が提唱されたのである。しかし、MCT118のPCR条件については最初の報告者が笠井らであったため、これが最善の方法であると単純に信じられてしまった。また、それに輪をかけて重大な問題は当時の技術では、PCR増幅断片の長さの判定については、ポリアクリルアミドゲル電気泳動法により、市販の一般的なサイズスタンダードと試料を流し、泳動距離を比較するという手法がとられていたことにあった。

　しかし、われわれがその後、追試したところでは、誤鑑定を誘発しやすい方法であることが判明した。というのは、結果があまりにも不安定であったからである。まずPCR条件について言えば、プライマーの長さを通常より1.5倍に長くすることによって笠井らは特異性が上げられるはずとしたが、逆に反応が抑制され過ぎ、プライマーの鋳型DNAの吸着が起こりにくくなったばかりか、プライマー濃度が上がっていることと相まって鋳型DNAに吸着できなかったプライマーが相互に反応を起こし、本来できるはずのないバンドを多数生成してしまうという現象を生じさせたのである。これは鋳型DNAが不完全であったり微量だったりして、他の試薬との濃度アンバランスが大きいほど生じやすい。また温度サイクルも全体として長過ぎる設定にしたことによって酵素が十分に活性を保ちきれないという欠点も抱えていた。とくにDNA鎖の伸長反応

---

*12　Kasai K, et al., J Forensic Sci 35: 1196-1200, 1990.
*13　原田勝二編『ヒトDNA polymorphism——検出技術と応用』（東洋書店、1991年）。
*14　佐々木博己編著『目的別で選べるPCR実験プロトコール——失敗しないための実験操作と条件設定のコツ』（羊土社、2010年）。
*15　前掲注12。

時間を8分として（通常は1～2分が適正とされた）、またd-NTPというPCRの反応の材料の濃度を、通常の5倍近くに設定したことはかえって過剰な反応を誘発しかねず、むしろ通常は生成しないはずの不必要に長い非特異的なDNAを生成させかねない。つまり本来の目的とは異なるバンドが生成されあたかも混合試料であるかのように解釈されかねないということである。そしてこれを本来のバンドと見誤ってしまえば、どのDNA型も非特異的バンドが一致しているかのように見えてしまいかねない。

　結果として、これらの非特異的な反応が本来のPCR増幅を抑制し、ますます目的とする反応が起こりづらくなる条件になってしまった一方では本来起こりえない不規則な増幅が見られ、誤判定をしてしまうという大欠陥も抱えてしまったのである。つまり、あるものが生成されず、ないものが生成されやすい条件でしかなかったといえよう。著者もこの条件で何度も試したがほとんどは失敗に終わった。他の研究者もそうであったようで、その後、このPCR条件は平均的な試薬の組成と反応条件が使われるようになったことは、その後、国際的な研究論文で示されている通りである。

　ならばなぜ、このような特異な条件を設定したのか。端的には大学の研究室に先んじてDNA鑑定を導入しようとして功を焦った結果、最適な条件を見つけられなかったのではないか、ということが考えられる。つまり、十分な実験条件の設定ができるほどの実験期間を持ち得なかったのでは、ということである。もっと言えば特異な条件設定をすることによって、MCT118の研究を論文発表するときの独創性が主張できるということがある。それに加えて、この部位のPCRの増幅サイズが大きかったがゆえに、通常ならざる条件の方がふさわしいはず、と誤解したのではないか、ということが考えられる。

　いずれにしても、このような大きなサイズの増幅断片を得るということは、PCR法をもってしても難しかったということは言える。結果として現在から言えば無理のある方法に見える。

　そして最大の問題は、検出方法である。MCT118検出においてPCR増幅産物が大き過ぎるということは、型判定の難しさにも影響することになる。というのは、当時、数百のサイズにもなるDNA断片を16（塩）基間の違いを識別

するための適当な検出方法はなかったのである。当時、大きなDNA産物を分離するにはアガロースゲル電気泳動が、小さなサイズの差を分けるにはポリアクリルアミドゲル電気泳動が用いられていたが、MCT118はサイズが大きいのに、個人識別のためには小さなサイズの差を識別しなければならないという矛盾した条件が求められていたため、適切な泳動用ゲルがなかったのである。

　結果として、通常は使わないような薄い濃度の、大きな長さで作ったポリアクリルアミドゲル電気泳動*16が用いられることになったが、この電気泳動法は極めて不安定で、塩基配列の違いにより移動度が大きく異なってしまうことが判明した。結果として市販サイズマーカーとの移動度の比較ができなくなってしまい、型判定を誤ってしまっていた。このことを初めて指摘したのはわれわれであったが、このときはすでに足利事件や飯塚事件のDNA鑑定が行われた後であったのはたいへん残念なことであったと言えよう。

　これでわかるように、PCR法という画期的な手法が開拓された時代にあっても、個人識別にミニサテライト部位のひとつであるMCT118法を適用するのは大きな欠陥があったということが言える。要するにMCT118法は、当時の技術水準ではDNA鑑定に用いることができない欠陥的方法であった。そしてついに、MCT118を含めたミニサテライト部位の検査は国際的にも行われなくなった。理由はPCRと型判定の難しさが次第に認識されていったからにほかならない。MCT118法については、型判定方法の誤りがこれまで指摘されてきたが、それ以前にPCR検出段階にもすでに大きな問題があったことはあまり強調されてこなかった。しかし、このような多くの欠陥があったにもかかわらず、なぜ足利事件や飯塚事件では「容疑者との型が一致した」という結果が出され裁判でもそれが認められ続けてしまったのか、これについては後で検討してみたい。

ウ　STR法

　さて、この研究と相前後して、1991年には、より正確な方法が次々と発表された。まずVNTRよりさらに反復単位の短い（2〜6塩基）STR（Short

---

*16　前掲注5。

Tandem Repeats）というDNA部位があることが発見された。たとえば1991年7月にはTHO1（チロシンヒドロキシラーゼという酵素のイントロン1遺伝子）[*17]、同年12月にはSE33（ACTBP2。ヒトのβアクチンという蛋白に関連した遺伝子）[*18]などの部位がすでに発見されたのであって、これはMCT118のPCR法の発表（1990年10月）に遅れることわずか1年後にすぎない。なのに1991年8月に刊行された、原田勝二編『ヒトDNA Polymorphism——検出技術と応用』（東洋書店）にはすでにSTRが発見されていたにもかかわらずその説明はない。つまり、この書は本邦で最先端の書物であったはずにも関わらず、刊行されたときはすでに時代遅れであった。この書ではSTR部位による個人識別法の説明ができたはずなのである。

　STRは一般的に反復単位が2〜6塩基前後で、PCRの増幅断片も250塩基対等と長さが小さくてすむため増幅効率がよく犯罪試料の分析には適していた。しかし、このわずかな反復長の違いを検出して型分けするには従来の電気泳動法では精度が低く、ほとんど不可能であったからである。1995年頃になされた**みどり荘事件**[*19]のDNA鑑定は、裁判所から大学へ嘱託したDNA鑑定で、足利事件の鑑定の直後に行われたものであったが、これはMCT118のようなVNTRではなく、SE33（ACTBP2）というSTR部位の検出を行ったものでさらに進んだ技術であった。ところが、それを従来のゲル電気泳動で行ったから、そもそもSTRの型の検出が困難であった。当時はまだこのような個人識別に対応した検出技術が遅れていたのである。それが鑑定の失敗の原因であったことはMCT118と同じであったことを付記しておきたい。

　ならば、この方法はどのようにして克服されたのか、といえば細い毛細管の中でコンピュータ制御で電気泳動する方法であった。このような高精度の機器が応用されてはじめてこのSTR法が実用化できるようになったのである。

---

*17　Puers C, et al., Am J Hum Genet 53: 953-958 (1993).
*18　Polymeropoulos MH, et al., Nucleic Acids Res 20: 1432 (1992).
*19　1981年6月に大分市で女子短大生が殺害された事件。当時、同じアパートに住む被疑者が逮捕された。一審では有罪判決とされたが、控訴審において、新たに現場にあった毛髪から大学の法医学研究室でDNA鑑定がなされ、当初、被告人と一致と判定されたが裁判で鑑定が覆され無罪判決が言い渡された。

第2章

DNA鑑定はどのように行われるか

1　DNA鑑定における最重要過程——検出段階

　ここでDNA鑑定の大きな流れを説明しよう**（図表1）**。鑑定の第1段階は、試料を採取することである（採取段階）。第2段階は試料からDNAを抽出することである（抽出段階）。第3段階はPCR増幅などの方法で抽出したDNAから目的とするDNAの一部を探り当てることである（検出段階）。第4段階は電気泳動などの方法で検出したDNAからその中身を解析することである（判定段

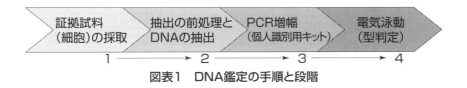

図表1　DNA鑑定の手順と段階

階）。以上の4段階が大きな流れである。
　ところで、法医学におけるDNA鑑定の最大の問題はまずは試料を採取した後、細胞からのDNA抽出をいかに行うか、ということ（抽出段階）である。次には抽出したDNAからいかにして目的とする部分を取り出すか（検出段階）ということになる。なぜなら、これが成功しなければ、いかなるDNA検査（判定段階）もできないからであり、またこれができれば、その後はほぼ自動的に機器が答を出してくれるからである。
　したがってここでは、簡単に見えて、実はなかなかに正しく理解されにくいところの、抽出したDNAから目的とする部分を探り当てる（検出段階）という、

DNA鑑定にとって最も重要な過程について具体的に述べてみたい。

　DNAの鎖の長さは細胞1個あたり2メートル（30～40億塩基対）もあるとされている。このような無限ともいうべき長さのあるDNAは、それ自体としてあまりにも膨大すぎて、全体のままではとうてい対象として解明することはできないから、全体からある微細な部分を取り出さなければならない。これが実は大変なことで、DNAは直接目に見えないことから、特定の部分を探すためには、それを探してくれる媒介物が必要であった。その最も初歩的な段階のものは、ある特定の部分を探すためにその特定の部分と対になるDNAの短い断片を作成して印をつけ、それを目的とする部分に吸着させて可視化するという方法であった。

　しかしながらこのための実験の手続は大変なものだった。当初は、大腸菌を用いた。まず、目的配列を探し当てるための短いDNA断片（プローブと呼んだ）を用意するためには、プラスミドという動くDNAに組み込んだプローブDNAを大腸菌のDNAの中に組み込んで、その特定の断片を増幅させプローブを多量に作成する必要があった。そして最後には、それをさらに大腸菌から切り出し、回収するという大変なステップが必要だった。さらには、プローブの目印としては放射性元素が使われていたのである。著者はこのような実験段階の時にDNA鑑定の研究に入ったのであったが、当時はある特定のDNAの部分を調べるためには、実験を始めて結果が出るまでに少なくとも2週間から1カ月を要したものであった。つまり全体のDNAから部分的なDNAを探し当てるということは大変な手続を要することだったのである。

　しかしその後、画期的な検出方法が発見された。DNA鑑定の実用化に大きく貢献した、いわゆるPCR法（Polymerase Chain Reaction）、訳せばポリメラーゼ連鎖反応である。これは、DNAを増幅するための化学的な反応についてつけられた呼称であるが、この方法はDNAを抽出した後に行われる。これこそが、全体のDNAから特定の部分を取り出すための、重要かつ基礎的な技術にほかならない。そして、この方法を抜きにしては、あらゆるDNA実験が不可能になるのである。

2 PCR法とは何か

(1) TaqDNAポリメラーゼ（合成酵素）

　しかしながら、1985年、画期的な方法が発見された。それは、PCR法と呼ばれる方法である。このPCR法なるものは全体のDNAのうちのある特定の部分のDNAだけを試験管内で増幅させてしまう方法である。つまり全体のDNAをある特定の塩基配列のみを持つ多数の人工的DNA断片に変化させる技術なのである。

　これは偉大なる発見とされ、1992年にノーベル化学賞が授与された。この方法とはどのような方法であろうか。

　この発見において極めて重要であったのは、T. aquaticus YT1株と呼ばれる、アメリカ合衆国のイエローストーン国立公園の温泉から単離された70℃から75℃で生育可能な好熱性真正細菌で、この菌から最初に精製されたTaqDNAポリメラーゼ（合成酵素）であった。[1] この酵素が発見されるまでは、大腸菌のDNA増幅酵素であるポリメラーゼ（Klenow 酵素）を用いて高温と37℃を往復させつつ反応を行う方法でもヒトのDNAを増幅させることはできていたが、目的とする断片以外の不規則な増幅が起きるため、目的のDNAをそこからさらに探す必要があった。また高温サイクルに曝されると容易に失活するため、連続的な反応は不可能であった。

　一方、好熱性真正細菌のTaqDNAポリメラーゼ（合成酵素）は、75℃から80℃という高温においてのみ高い活性を示すという特性を持っている。その合成速度はなんと1秒間に150塩基を超えると言われた。したがって、計算上では1分間に約1万塩基を合成する実力があるのである。一方、DNAはタンパク質に比べて熱に対しては安定的で、しかも高温においてのみ二本鎖が一本鎖にほどけ、その合成反応が誘発されるという特性を持っている。

　これは大変に不思議な現象である。それはDNAがこのような70度〜100度

---

[1]　Henry A. Erlich編（加藤都之進監訳『PCRテクノロジー』（宝酒造、1997年）。

本体

チューブ挿入部

反応 チューブ

図表2　PCR機器

という高温域でも安定的であるばかりでなく、このような高温度で増幅反応を起こすという性質があることである。現在の細胞の実体を構成するタンパク質はこの温度では凝固してしまい、失活する。とすれば、もしかしたら最初のDNA（生命の起源におけるDNA）を持った生物は高温域で誕生したのかもしれない。さらには高温域での温度変化が新しいDNAを生み出す条件であった可能性がある。

　DNAにこの酵素を混ぜ、高温域での温度変化を起こすと、DNAが2倍に増える計算になる。このとき、この反応の始まりと終わりの塩基を指定して、そこで反応が止まるようにすれば、この増幅反応が特定の部分にのみ繰り返し起こせることもわかった。つまりDNAのどの部分を増加させるかについては、この増幅酵素の働かせ方を規定するよう小さなDNA断片が必要となる。

　それはいったい何であるかというと、ある特定のDNA部分に取り込まれるように塩基配列を指定した、約20塩基対の長さの人工合成のDNA断片（プライマー）である。約20塩基対の長さを指定してやれば、自分と対となりうる

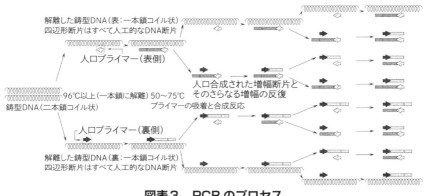

図表3　PCRのプロセス

DNAを探して、全DNAのたった１カ所にしか対合しないようにすることができるのである。こうして、この人工合成のDNA断片を付着させ、増幅反応の始まりと終わりを決めてやれば、その間だけの反応を起こすことができる。

　この方法は見事に成功し、元の鋳型となるDNA（試料の全DNA）に、TaqDNAポリメラーゼ、そして反応の始まりと終わりを指定する、短い人工合成DNA鎖の対（プライマー対）を混ぜて、さらにDNA鎖を合成するために必要な試薬、DNAの素材および触媒を混ぜておけば、細胞内ではなく試験管内で特定の配列のみのDNA合成反応が反復されることになる。この反復を繰り返せば、およそ10回の繰り返し反応で約200倍（２の10乗）には増えることになり、20回を超えると20万倍（２の20乗）を超える計算になる。

　このことを図示したのが**図表3**である。はじめに100℃に近い高温にしてDNAの二本鎖を一本鎖にする。そこから60℃前後までにやや温度を下げつつ、短いプライマーを吸着させ、速やかに合成反応を起こさせる。そして再び100℃前後の高温にして一本鎖にし、さらに温度を下げてプライマーを吸着させ、という３段階の変化が繰り返されるといわれている。

　この図表で一つ着目してほしいことがある。それはプライマーで鋳型DNAから特定の部分を選択して反応するのは最初の反応のみであることである。そこからは一部（図表のコイル状の鎖への反応）を除き人工合成された断片を中

第２章　DNA鑑定はどのように行われるか　　27

心に増幅が進んでいくということである。つまり、もとのDNAは鋳型として働いたあとは、その鋳型から読み取られた人工DNA鎖が圧倒的に優勢になり、それに置き換わっていくのである。したがって、このPCR反応をさせた後は、元のDNAのうち反応に関わらなかった部分は温度変化の繰り返しによりほとんどが分解されてしまうと考えられる。なぜなら、DNAは一本鎖のままでは極めて不安定で、二本鎖に回復できなかった部分はすべて分断されてしまうからである。結果としてPCR反応後は、鋳型DNAは全体の中に埋没してしまい、その配列を読み取った人工合成されたDNA断片に置き換えられてしまうのである。したがって、DNAの型判定といえども、元のDNAを見ているのではなく、それが鋳型となって合成された人工合成DNA断片を読み取っているということになる。それゆえ、この反応系の正確性は極めて重要になるのである。

(2) **鋳型からの読み取りに何が起きるか**

ところで、ここで一つの疑問が起きるかもしれない。それは、もしも鋳型からの読み取りに誤りがあればその誤った断片が増幅されてしまうのではないか、ということである。しかし幸いなことに、このようなエラーも単発で、また一本鎖のみで起こる限りは問題にはならない。なぜなら、DNAはそこに読み取りエラーが含まれたとしても、二本鎖として会合できない限り、それが増幅され続けることはありえないからである。つまり同様の読み取りミスが表と裏の配列双方に同様に起きることは稀であると考えられるのみならず、それがある一定量以上増幅され続けなければ検出されえないからである。

ところで、元のDNAそのものではなく、いうなればそれを鋳型とした人工的コピーを作らなければならない結果、この方法には大きな限界がつきまとうことになる。元のDNAそのものであれば、この反応によってたとえば1分間反応させれば、1秒間に150塩基の伸張反応が起きるのであるから、1分間ではその60倍、すなわち少なくとも1万塩基に達する長さのDNA断片が合成される実力があるはずである。しかし、実際には、500塩基対以下の断片が限界であったのである。これはおそらく当時、PCRに用いられていた酵素による限界と、人工的に合成されるDNA断片の長さの限界によるものであろう。し

がって、初期のDNA鑑定に用いられたMCT118法が500塩基を超えるPCRを行わなければならなかったことや、高位バンドが薄くしか増幅されなかったことは、当時の電気泳動法の限界に加えて、PCR反応における技術的な限界を反映したものでもあったのである。

　しかしながら、あえて読者に注意を喚起したいことは、ここに示された図はあくまでも観念的な想像図（空想）であって、現実に起こっていることが確認されているものではない、ということである。なぜなら、ここに示された反応は直線運動として描かれているが、実際の運動はチューブ内での熱対流によって起きるのであるから円運動になっているはずだからである。説明で正しいことは、鋳型DNAが人工化されたDNAに置き換えられていくということだけである。それぞれの温度変化で起こっていることを直接見た人はいない以上、この図式は空想的な産物にすぎない。現実の反応は数式に従って機械的に起こっているのではなく、運動の法則性に従って少しずつズレた反応が起きているかもしれない。数式は現実に起きていることをある条件の範囲内で近似的に取り出したものでしかない。

　歴史的にはヨハネス・ケプラーが「宇宙は幾何学的な調和で作られている」と考えていたと言われているが、それと同様に、数学が得意な人は数学の法則性で現実が動いているような錯覚を抱きがちである。しかしそのその数式は現実のある条件下で狭い範囲で起きていることを近似的に取り上げたにすぎないことを忘れてはならない。DNA鑑定にしても数式計算にこだわる専門家もいるが、数学という文字を使っただけで科学的な分野であるかのように考える悪しき風潮があるのは悪しき現実である。

　数式重視がなぜ誤っているかといえば、この図表のような反応が正確に行われているならば、もしも30サイクルを繰り返せばわずか1対のDNAから2の30乗倍、すなわち10億倍以上の増幅ができるはずである。しかし実際にはせいぜい数百万倍にしか増幅が起きえない。これは溶液の中で反応が進んだ結果、増幅産物の濃度が上がりすぎて反応が抑制されているためである（プラトー効果）と考えられている。また、計算上は10サイクルまでは細胞1個分からわずか1,000個までしか増幅が起こらないことになるが、10サイクル以下では通

常、何が起きているかをモニターすることはできない。これはその後開発された、リアルタイムでPCRをモニターする機器においても、20サイクル以下は閾値以下で通常はデータとして検出できないとされていることにも示されている。

どういうことかといえば、このPCR反応はすべての反応が100%起き、それも温度変化にきちんと対応して起きてるという仮定に基づいて考えられているが、実際は初期と中期、後期では反応の確率は同じではない。すなわちこのPCR反応は20サイクル以上で爆発的な反応が起きることがわかっているが、この場合に20サイクル以下で、この図表で示したような形で、3段階の温度ステップごとで機械のような反応が正確に繰り返されているわけではない。というのはたとえば、初期に用いられたTaqDNAポリメラーゼ（合成酵素）は、75℃から80℃で高い活性を示し、その温度幅も5℃あるだけでなく、その前後でも低いながらも活性が保たれている。したがってそれぞれの過程の反応は実際にはある程度オーバーラップしていると考えられるからである。それゆえに最近のPCRでは、DNAを一本鎖にする100℃に近い温度と、60℃内外を2段階で往復させる方法（シャトルPCRという）がとられているのは、PCR反応には温度の幅があることを利用しているのである。

(3) 準備段階的な活性化反応

それともう一つ、重要な問題がある。それはPCRの初期の反応が極めて重要であるということである。そもそも特定のDNA断片へのPCR増幅は、鋳型DNAと人工的なDNA（プライマー）がきちんと合体することなしには始まらない。しかし、鋳型DNAは通常、抽出過程である程度断片化されているとはいえ、もともと約32億塩基対ある以上、プライマーはわずかに20塩基対でしかないのに比べると鋳型DNAの方は遥かに長いことが多い。また、元のDNAは2次構造、3次構造と複雑な立体構造をとっていることも知られている。したがって、プライマーが自分と対になる場所を鋳型DNAから見つけ出し、その内部に入り込むのは簡単なことではない、と考えられる。にもかかわらず、第1の反応が起きるか否かは、PCRの成否を左右する大事な問題である。もし

数式どおり正確にPCRが起きるのであれば細胞1個分のDNA量（7ピコグラム内外）でも十分な反応が起きるはずであるが、それは極めて困難であることがわかっている。それゆえに、少なくとも試験管内にはあらかじめ数百個の細胞のDNA量に相当するナノグラム単位の鋳型DNAを入れるのが通常の実験手順である。これは投入した鋳型DNAのうちのわずかな部分（数％以下）しか初期反応が起きえないとしてもそれがサイクルを増すごとに次第に増えていって、反応の起きやすさが加速された結果、どこかで爆発的な反応が起きていくことになる。したがってそれまでは準備段階的な活性化反応が起こっていると考えた方が合理的である。このことは正規分布図の立ち上がりの曲線を思い浮かべてもらえばわかるかもしれない。

3　マルチプレックスPCR法の応用

　当初、PCR法は全体のDNAからある単一の部位を引き出すため、その配列を挟むプライマー1対（対で必要なのはDNA鎖が対合した2本鎖になっているためである）を入れて反応させることが通常であり、それぞれ増幅したい部分のDNA配列によって、それぞれの増幅に最適な温度条件に設定する必要があった。ところがそれから数年すると、改良された酵素が使われ始めた結果、PCR反応をどの部位でもほぼ同じ温度条件でもできるようになっていった。その結果、複数の部位で同時並行的に増幅を起こすことができるようになり、たとえば2対のプライマーを使って2カ所の部位を同時に増幅することができるようになった。またさらに3対、4対と増えていきそれにしたがって、個人識別用の試薬セット（キット）が市販されるようになっていったのである。この第一世代は4部位の同時増幅であり、さらに8部位、12部位へと増えていき、ついには16部位の同時増幅を可能にしたのが、世界的に大ヒット商品となったアイデンティファイラー・キットであった。
　酵素の能力が上がればおそらくはもっと多くの同時増幅も可能であるはずであるが、検出可能性を考えると、この増幅可能部位数には制限が生じる。というのは、PCRをかけた後の断片（バンド）はお互いに識別されなければならな

いからである。そして個人識別キットにおいては、この識別は増幅バンドの大きさによって行われているから、プライマーをセットする位置を工夫して、増幅バンドのサイズを互いに調整し、それぞれの増幅バンドの大きさがズレるように設定されなければならない。重なってしまうと、どちらを見ているかわからなくなってしまうからである。しかも増幅バンドのサイズの範囲があまりにも離れていても PCR増幅が難しくなるので、その範囲はほぼ150塩基対から350塩基対の範囲におさめなければならなかった。

　またそれだけではなく、16カ所を一度に増幅する場合、それぞれの部位の増幅のされやすさにはアンバランスが生じる。したがってすべての部位で、増幅がバランスよく起きるようにプライマー濃度をアンバランスに調整する必要がある。たとえば、大きなサイズの部位の方が小さなサイズの部位よりも増幅されにくいという一般性があるから、大きなサイズのバンドが生じる部位のプライマー濃度をやや濃くしたり、という微調整が必要となるのである。そのほかのすべての試薬バランスも16カ所の増幅が適正に起きるように微調整されなければならないだろう。

　それにしても16部位をこの範囲に振り分けるのは困難なので、増幅バンドを蛍光ラベルして４色（４色×４位置）に色分けすることでこれを達成したのである。このようなことは大変な作業を要するので、個人の実験レベルで設定するのは困難である。市販キットには多くのアイデアが盛り込まれているので、商品としては大変にすぐれたものであるが、その分大変高価となっており１セット数十万円以上で市販されている。ただ、商品であるがゆえに、その試薬の組成は一切明らかにされていないし、また古い試薬はメーカーの判断で新しいものに絶えずバージョンアップされうる。バグが出てもそれはほとんど知らされずにメーカー内で処理される。また古い商品で行った鑑定を再鑑定しようとしても、すでに古い商品は販売停止になっていることも多く、厳密な意味での再鑑定は不可能になる場合もある。

　このように市販キットは大変にすぐれたものであるが鑑定の信頼性や、再鑑定を考慮した場合、鑑定に用いるには多くの問題点があることは認識されておくべきであろう。

4 DNA型の検出と判定

(1) DNA鑑定かDNA型鑑定か

　よく「DNA鑑定」ではなく「DNA型鑑定」である、ということが強調されることがあるが、両者の意味の違いについては明確に述べているものは少ない。DNA鑑定というと厳密であるかのような響きがあるが、DNA型となるとなんとなくアバウトな感じがする、ということがせいぜいであろう。しかしこの両者は厳密に区別すべきものである。

　まずDNA鑑定といえば、DNAを解析して判断を下す検査のすべてが含まれる。一方、DNA型鑑定とはDNAを解析して、何らかの型に分類し、個人の同定（異同識別ともいう）を行うものに限定された、DNA鑑定の特殊な形態である。したがってジェフリーズらによって開発されたDNAフィンガープリント法では型分類は行わないから、DNA鑑定ではあってもDNA型判定ではない。一方、MCT118法ではDNA型を明らかにするからDNA型鑑定と言ってもいい。つまり、「DNA鑑定」ではなく「DNA型鑑定」である、というほどにことさらに強調する違いはないのであるから、一般的に言う場合には「DNA型鑑定」ではなく「DNA鑑定」であるというべきである。したがって本書ではすべての解析法を含んだ「DNA鑑定」という言葉を用いてある。

(2) 電気泳動法

　ところでDNA鑑定の第4段階が判定段階であることはすでに述べた。この判定段階でDNA型判定がなされることになる。これはPCRで増幅したDNAの大きさや中身を調べるという手続きになる。

　PCRで全体のDNA（ゲノムという）から特定のDNAを切り出すことに成功しても、その中身を読むためにはさらに別の検出器にかけなければならない。これはどのように行われるのか、といえば、個人識別に関してはVNTR部位にしてもSTR部位にしても、ある特定のDNAの単位の反復数の違いを調べるのであるから、PCRによって増幅したDNAの長さは、増幅単位の繰り返し数を

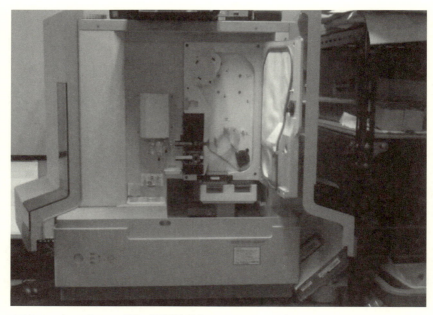

図表4 キャピラリー電気泳動装置（ABI;3130xlジェネティックアナライザー）のキャピラリー泳動部

反映するから、その大きさのみがしっかりと測れればいいということになる。

　このために最適な方法は、電気泳動法というものである。なぜならDNAは負の電荷を持っているから、電圧をかけた媒体にいれると、陰極から陽極に移動し、それは小さなサイズほど早く、大きなサイズほど遅く流れることになる。この場合、もっともよい媒体は寒天のようなゲル状の物質である。それを薄い板のように引き延ばし、その中にPCRで増幅したDNA断片を入れることが初期に行われた方法であった。このときゲルのように用いられる物質としては、アガロースという海藻に由来する寒天を用いたものと、化学物質によって合成されたポリアクリルアミドによるものと大きく2つあった。これらのゲルは実験者が自ら試薬を用いて適切な濃度と大きさで作成する必要があり、そのサイズの決定のためには、市販されているサイズマーカーという物差しとなるDNA断片を同時に流す必要があった。

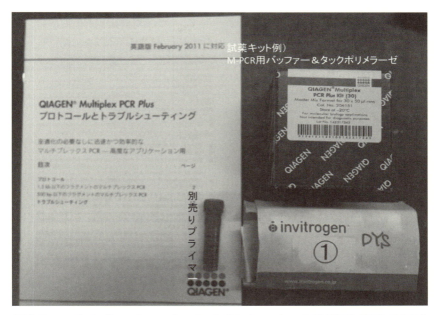

図表5　マルチプレックス・キット（プライマーセットは任意に設定できる）

　その後これは細い毛細管の中を流す電気泳動法にとって変わられたが基本的な原理は同じである。

(3)　遺伝子型の分布図

　このようにDNAの大きさが測れるとすると、その大きさがどの型に対応するかを決めておかなければならない。これは調べたい部分のDNA（遺伝子部位＝ローカスという）の構造があらかじめわかっていなければならない。どのサイズの時にはどの型なのか、ということが明らかになっていなければならないのである。それだけではなく、そのローカスではどのような型がどのくらいの割合で現れるかがわかっていなければならない。これはあらかじめ無作為の集団の遺伝子の分布の仕方がわかっていなければその評価ができないのである。血液型であれば日本人においてA型は40％、O型は30％、B型は20％、AB型は10％というような確率がわかっているが、これと同様なデータがDNA型判定

の評価にも必要になってくる。そうでないとA型で一致した場合には40%は偶然に一致するのであるから、その一致の意味はあまり高くないということが言えるのである。

　したがって検出段階においては、PCRで増幅したDNAの大きさが正確に測れて、またそれを評価する集団での遺伝子型の分布図(遺伝子頻度分布という)がわかっていなければならないである。

　以上でわかるようにDNA型判定というのは、あらかじめしっかりと定義された「DNA型」というものを媒介にした判定方法であるということになり、あくまでその大きさから定義された型のどれかに当てはめるという手続きが含まれてくる。したがって同じ型に属するものでも、微細に見ればDNAに違いがあるということもあるし、場合によってはどの型にも分類できない型もありうることは認識しておく必要がある。つまり「DNA型鑑定」というのは、定義した分類基準に沿って設定したDNA型という基準に合わせて、個人識別という目的に沿ってDNAを解釈する方法であり、「DNA鑑定」の中の特殊な方法の一つであるであるということを強調しておきたい。

(4) 古い試料からのDNA型の検出

　最近の方法では、PCRにおけるプライマーセットを多数入れることによって、たくさんの部位を同時に増幅・検出できるマルチプレックス・キットなるものが開発されているので、PCRについてもその後の電気泳動についても型の判定についても、コンピューター制御による自動機器のソフトウェアが全自動で行ってくれる。しかしこの機器自体がどのようなことを行っているのかを知っておかなければ、難しい鑑定での評価を誤ることにもなりかねない。

　DNA型検出機器や試薬の進歩は今なお日進月歩であり、個人識別が高い精度でなされるようになったのは事実であるが、それはあくまで抽出されたDNAの量だけでなく質(劣化や変質)にも依存していることは、これまでも述べてきた。一方、専門家以外の人や実際に実験をやった経験のない自称専門家の中には、DNAさえ抽出されれば、型判定ができるはずだと安易に考える人が多い。しかし、DNA型検出ができるか否かは、試料の前処理からDNAの

抽出、PCR増幅からDNA型検出までの全体の流れで決められることは忘れてはならない。ましてや鑑定となると、大元の試料に含まれているDNAの量と質の限界がある。さらには、試料はもともとの細胞の性質のみならず、その後の時間の経過による変化のあり方によって個別的に異なってきている。経過した年月が長いほど変化が進むとは限らないのである。これはちょうど、同じ年齢の人でも健康状態には千差万別の違いがあるように、古い試料のほうが検出されにくいはずであると必ずしも言うことはできないということである。温度状態でも、また試料が付着した媒体によってもこれは大きく異なってくる。

　にもかかわらず、古い試料から型判定ができるかどうかを、DNA抽出の段階の優劣だけで議論したり、極端な場合には試料の前処理の有効性のみで決まるかのごとき机上の空論を闘わせてはならない。確かにこれらは極めて重要とはいえ、古い試料からDNA型が検出できるか否かは、大元のDNAの状態に大きく依存しているからであり、そこからDNAをどう抽出するかで大枠が決められてくるのである。さらにそれは抽出されたDNAをPCR試薬が正しく増幅できるかということ、つまりキットの実力にも多くを依存している。

　どういうことかといえば、まず、DNA抽出までが理想的に行われても、そもそも壊れているDNAを抽出しているのであれば、壊れたDNAに見合った結果しか出るはずがない。このとき、壊れているというのは単なる「DNAの分解」というような単純な問題ではない。なぜなら、分解しているだけならPCRはそもそも小断片を取り出すものであるから、むしろ反応がかかりやすいとも言えるのである。そうではなく、DNAそのものの質的な変化があるからこそ分解も進むと考えるべきである。

(5) PCR試薬の実力にかかわっている型検出

　その次に、抽出したDNAに対して型が検出できるかどうかは、多くはPCR試薬の実力にもかかわっている。つまり古い試料に対する限界の大半は、むしろ使用したアイデンティファイラー・キットがどこまで古い試料に適用できるかの問題として議論されなければならないが、市販キットの使用には工夫の余地はない。極めて検査が難しい試料の鑑定には新しい方法を適用するしかない

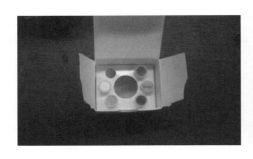
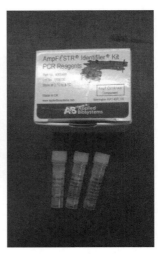

図表6　アイデンティファイラー・キット（PCR用試薬）

が、それはDNA抽出の段階が最も重要である。しかしそれは易しい試料への実験からはじめて少しづつ前に進んでいく必要がある。独創性のある研究者が開発した新しい方法に限界があるからと言ってその有効性のすべてを否定することは、社会的に有意義な発見を闇に葬りかねない暴挙である。

　ところでDNA鑑定の威力を強調するとき、しばしばよく用いられる言葉に「精度の高さ」という言葉がある。しかしここで注意しなければならないことは、ここでの「精度」というのはいかなる意味であるのか、という問題である。

　つまり「精度の高さ」という意味には2つある。その1つは技術の精度の高さである。もう1つは偶然の一致率が小さいという意味での精度の高さであり、日本に、あるいは地球上にその人しかいない、という検査が正確に行えるというレベルが究極となる。確かにそういう意味では、現在、市販されている多くのキットのうち、たとえば捜査機関で用いられているアイデンティファイラー・キットでは16部位を一気に検出できるので、これらがすべて検出された場合には、地球上に1人というレベルまで絞り込めることになっている。それゆえに、捜査機関は死体やその家族のDNAデータは個別データとなることから、密かに全国民のデータベースを作成しようとしているのでは、と勘ぐりたくな

るような現実がある。

　しかしながら、上記はあくまで実験室レベルでのことである。つまり試料が万全である限り、上記の「精度の高さ」については限りなく正しい。しかしながら、ここでどうしても注意しなければならないことがある。それは、このような「精度の高さ」というものは、いうなればキットの性能だけを見た場合の単に半分だけの側面の精度にすぎず、それを難しい試料に適用した場合の個々のDNA鑑定の結果の精度の高さとは必ずしもイコールではない、ということである。つまり、キットの性能に対象試料を合わせた場合の精度は、このような高さにはならない、ということなのである。

　ここでいう究極の精度なるものはあくまで、その検査結果のすべてが出た場合の話であって、試料が不完全な場合に、その結果そのものを出すための技術というのは、基本的には変わっていい、ということをまじめに考える必要があろう。というのは、現在、いかなるDNA鑑定でもPCRというDNA増幅技術を基盤にしているが、この方法は増幅ということで高感度が期待されるものの、増幅が可能か否か、そして可能な場合のその精度については、対象としたDNAの性質に大きく依存しており、ここを克服できる方法についてはほとんど進歩はなかったのである。

　とくにアイデンティファイラー・キットなどの市販キットは、16部位を同時に増幅できる長所が逆に短所になり、PCRの条件も、最大公約数的な、平均的な設定にせざるをえないため、反応系が分散され、難しい現場試料では不完全なプロファイル（DNA型の組合せのセット）が得られることが多い。ただ、不完全なプロファイルからでもわかることがある。たとえば私が実施した袴田事件の鑑定では、45年経過した味噌漬けされた血痕からは、アイデンティファイラー・キットでは完全なプロファイルは得られていないが、その中でもしっかりと結果が出ている部分は少なくなかった。これには私自身、大変に驚かされたものである。このことから、味噌漬けそれ自体は、DNAの保存状態としては決して悪条件ではないことも判明したのであった。ただし味噌漬けされていた期間は、証拠試料では1年2カ月であるはずであるが、実際はそれより短時間であったとすれば、味噌による化学変化を受ける前に取り出されたこと

になる。結果として味噌は血痕を外界から遮断する働きをした可能性がある。いずれにしても、犯行着衣とされるものからは完全に袴田巖氏の血液の付着は否定できたのは事実である（袴田事件に関わる問題については、第6章で詳説したい）。

第3章

DNA鑑定法の技術的課題

1 DNA鑑定における根本的な問題とは

(1) 劣化した試料からのDNA鑑定

　DNAは生きた人体（細胞）から分離して外界に直接暴露されると、すべての有機物と同様に高分子状態からの分解、すなわち、無機物への解体が起きる。DNAといえども、有機物であり、死後変化としての無機物化は避けられないからである。具体的には遺伝情報に関連するとされる塩基や、二本鎖を構成する骨格が変性かつ変質し、ついには炭素、窒素、水素、酸素、リンなどの元素（無機物）へと分解してしまい、塩基対として相補鎖を作る性質が減弱あるいは失われてしまう。これが「劣化」なるものの本態である。したがって劣化した試料からDNA鑑定を行った際のPCR反応としての具体的な事実としては、プライマーが相補的に二本鎖を形成する塩基の一部が分子として崩壊していたり（プライマー結合部位が潰れている）、あるいはヌクレオチドによる伸張反応に必要な塩基の相補性が失われている、あるいはDNA鎖そのものが構造を保てない（切れていないまでも屈曲したり、伸びきったりしている）などということが起きていると考えられる。

　ところで、劣化した試料による鑑定は、犯罪捜査には避けられないのであるが、市販されているマルチプレックス法による最新のキットによる鑑定では、難しい問題が生じる。それは、Taqポリメラーゼによる反応は、これら劣化した試料においては、反応の起こりやすい部位から選択的に増幅されてしまうということである。つまり多数の反応系が並列的に起きるため、反応が偏りやすく、増幅産物がアンバランスになりやすいのである。これは、単に鋳型DNA

が分解しているとかの単純な問題ではない。細胞から取り出されたDNAはその外界の環境に応じて、それに見合った変化をしている、つまり特定の部分のみが働くような歪な変化をしていると考えたほうがよい。たとえば味噌に漬けられたDNAがあったとすれば、その味噌に漬けられたことに見合った特殊な変化をする可能性があるということなのである。

　その結果、得られたプロファイル（DNA型の組合せのセット）には偏りが生じることが避けられない。これらの偏りのうち、それぞれのDNA部位で言えば対立する２本のバンドのピークの高さが異なることを重度ピーク不均衡（ピーク・アンバランス）、さらに通常は２本ある一方のバンドの増幅がなされなかったものをアレル・ドロップアウト、当該部位の遺伝子部位の増幅が１本もないのがローカス・ドロップアウトと呼ばれている。また、過剰増幅が起き、当該バンドの前後に副産物バンドが生じるのをスタッター・バンド（PCR反応の滑り）という。これらが起きていることは、とり出せる情報が限定されているという意味では確かにマイナスではあるものの、他方で劣化したDNAが増幅されている証拠でもあるのであるから、それとして解釈する必要が出てくる。このような場合は確かに情報は少なくはなるが、一部の型は確実に読み取れるのでまだよいともいえる。一方、劣化が想定される試料からあまりにもきれいな結果が得られたとすれば、比較的新鮮な外来DNAを検出している可能性を考慮しなければならず、結果として誤った解釈に導かれることがある。

　これらのDNAの解体は長い年月をかけて徐々に起き、物の劣化のように部分的に虫食い的に起こると考えられる。そのため、抽出したDNAのいくつかにはターゲット部位が残っていることがある一方で、残っていないこともあるといった偶発的な現象を呈する。しかしこれにもDNAの構造上、劣化が起こりやすい部位と起こりにくい部位とが、細胞の種類や細胞の置かれた環境にしたがって存在することが考えられる。

　さらにDNAの検出方法（キットの性能）によるエラー特性もそこに加わってくる。なぜなら、私たちはあるがままのDNAを見ることはできずに、人工的に増幅されたDNA断片に変化できた限りにおいての、DNAのいうなればコピーしか見てとることができないからである。実際にはないバンドが増幅され

る（アレル・ドロップイン）と呼ばれる現象もあるとされるが、これは鋳型DNAからの初期の増幅が歪んだ結果であって、単に外来DNAの汚染というような単純な問題とは限らない。DNAの劣化とPCRのエラーの相互作用によって発生する問題なのである。したがって、そのバンドが本物であるか否かを確かめる能力を鑑定人が持っていなければ、データに騙されるということが起こりうるが、これは生データをしっかり見てとることが重要になる。[*1]

このようなDNAの劣化は、長年月かけて徐々に起きることなので、すべての部分がいきなりそうなるわけではない。たとえば**袴田事件**（詳しくは第6章参照）において、40年以上前の味噌漬け試料からでも鑑定ができたとすれば、味噌漬けでバクテリアの繁殖が抑えられ、比較的安定にパッキングされていたことと、抽出過程で味噌を完全に除去できたことの2つが重要であったと考えられる。なぜならいかなる技術を持ってしても無から有は生じ得ない、すなわち「ない」ものから結果を出すことは不可能だからである。

時間を経過した試料からのDNA検査[*2]にはこのようなDNAそのものの質的量的な変化を反映するので、当然に不規則な結果が含まれてくる。しかしこれは決して検査のミスではなく、むしろ正しく検査された結果なのである。しかし、DNA検査[*3]は正確無比なもの、という誤った仮定を行ってしまうから、何としても誤差のない結果を得ようとして強引な解釈をしてしまう過ちも犯しうるといえよう。

(2) 古い試料からの鑑定例

現在ではDNAの検出技術ははるかに進歩したが、その対象とするDNAは死後の変化を遂げていく以上、いかに正確に検出しても、変化したDNAが正確に、

---

*1 本田克也「ＤＮＡ検出技術の歴史的発展とその原理（1）」季刊刑事弁護80号（2014年）209頁。本書第1章、第2章参照。
*2 本田克也＝浅野昌充＝神庭純子『統計学という名の魔法の杖——看護のための弁証法的統計学入門』（現代社、2003年）。
*3 K. Honda, L. Roewer, P. de Knijff, Male DNA typing from 25-year-old vaginal swabs using Y chromosomal STR polymorphisms in a retrial request case, J. Forensic Sci., 1999, 44(4), pp. 868-72.

つまり結果としては不正確に検出されうる、ということをまずおさえておく必要がある。したがって、現場試料からの検出結果は、確実に残っているDNA部分を正確に掬い上げていく方法でなければならない。

こう述べると、たとえば**足利事件**では17年以上前の試料なのであるから、もはやDNAは壊れてしまい、なくなっているのではないか、にもかかわらずそこから本当に検出されたのだろうか、また、袴田事件では45年前の試料から検出されたというが、その結果は信頼できないのではないか、という反問が起きるかもしれない。さらに、これらは誤っているのではないか、そうなると誤った結果を出して、鑑定したということになるのか、という痛烈な反論がなされるかもしれない。この反問については、きちんと答えておく必要があるだろう。この問題について科学的な解答を引き出すためには、まず事実をきちんと振り返ってみる必要がある。

まず歴史的な事実を振り返ってみたい。世界中を最初に驚かせたDNA鑑定は、1983年と1986年にイギリスのレスターシャ近郊で発生した、2名の女性の強姦殺人事件でのものである。これはDNA指紋（フィンガープリント）法という、世界で最初に開発されたDNA鑑定法の発見者である、ライセスター大学のジェフリーズ博士によって行われ、死体に残されていた精液の鑑定を行い、逮捕されていた容疑者の無罪が証明され、真犯人が特定された事件であった。これは世界中に衝撃をもたらし、犯罪捜査へのDNA鑑定法の導入が世界規模で推進されたことはよく知られている。しかしこのDNA指紋法は、第2章でも述べたように古い試料への適用に限界があることがわかり、PCR法（DNA増幅法）を主流とする鑑定方法に置き換わっていった。[*4]

それから5年後の1991年になって、日本で初めてDNA鑑定そのものが逮捕の決め手になった重大事件として足利事件があった。この鑑定は科学警察研究所によって行われ、PCR法によるMCT118鑑定がなされた。この鑑定により、被害者のシャツに付着した精液と菅家利和さんのDNA型が一致したとして菅

＊4　本田克也「遺伝子診断——法医学・人類学における遺伝子診断」Biotherapy (Tokyo) 9巻9号（1995年）1096〜1102頁。

家さんが逮捕されたことはよく知られている。しかし、それから17年後の2008年にDNA再鑑定が行われ、菅家さんの無実が証明されたのであった。

　また、あまり大きなニュースにはならなかったが、著者が行ったDNA鑑定に**晴山事件**があった。1972年に起きた女性2名の強姦殺人事件について、それから36年後（1998年）になってはじめて、死体に残されていた精液が保存されていることが判明し、DNA鑑定が札幌地裁の嘱託で行われた。その結果、晴山死刑囚とY染色体のSTR型4部位では一致した。

　また、1999年には沖縄では初めて裁判所が嘱託したDNA鑑定が行われたが、鑑定人に著者が選任された。ある強姦事件において沖縄県警察の科学捜査研究所（科捜研）が実施したDNA鑑定の再鑑定を嘱託されたのである。被害者から採取された精液の入ったシリンジ（円筒）は、ほとんどが最初の科捜研鑑定で消費されていたが、沖縄の夏季に数カ月放置された後もなお、わずかに残されていたことが判明した。この微量精液からDNAを抽出後、再鑑定したところ、科捜研の結果と整合性があることを証明し、被告人に有罪判決がなされた。これについて取材を受けた私は「否定的な要素がないか、注意深く鑑定したが、そうした可能性はほとんどないに等しい」（1999〔平成11〕年10月22日付沖縄タイムス紙）とコメントした。

　最後に挙げるのは、**袴田事件**である。これは45年前に味噌漬けされていたとされる衣類に付着した血痕から著者と検察側推薦の鑑定人がDNA鑑定し、いずれも袴田氏との不一致を証明し、静岡地裁によって再審請求が認められた。

　具体的な事例としてはまだまだあるが、以上のDNA鑑定の実績はいずれも古い試料からのもので、最も古いものは45年を経たものである。DNAも死後変化すると著者が説いたことからすると、これらの鑑定は果たして信頼できるものであろうか、という素朴な疑問が起きるかもしれない。また一方では、これら難しい鑑定となると鑑定人の技能の実力が問われるのではないか、誰がやっても同じということにはならなかったのでは、という意見を持つ人もいるだろう。

　この両者の見解はいずれも正当ではあるものの、鑑定の成否については、もう1つの見逃せない側面を併せ考えなければならない。そのもう1つの側面と

は何か。もうすでにヒントは与えてあるのでお気づきであるかもしれないが、それは試料の種類と保存状態が重要であるということである。

顧みると、初期のDNA鑑定の成功例はすべて精子からの鑑定であった。精子は体外でも生存しうる細胞であり、受精までにDNAは変化しないようにしっかりと保護されている。つまり細胞としては極めて保存性が高いのでは、と考えられる。

このうち袴田事件は血液からの鑑定であるが、血液が付着した後、味噌に漬けられて、その後室温とはいえ乾燥状態で保存されたということが重要である。味噌というのはそれ自体、発酵食品でありそれ以上腐敗しない食品である。また一般的に生命由来の物質は水中でしか化学反応しないから、乾燥状態ではDNAは変化しづらいという性質がある。これによって、味噌に保護された血液のDNAは保存性が高められた可能性がある。

2　個人識別用キットの適用

(1) 複数の部位を同時に増幅

DNA研究に広く用いられているPCR技術の基本的原理についてはすでに、その構造をわかりやすく説明したが、PCR法が成功するためには、一方で耐熱性TaqポリメラーゼがDNAの量や質のレベルに対応できるような十分な実力を持ち、他方で鋳型DNAにもそれに反応するだけの性質が残っていることが重要である。

この耐熱性Taqポリメラーゼは、現在までに数世代の進化を経て、最初に使用されたものとは格段の実力の向上が見られたといってよい。PCRが初めて導入されたとき、PCRの温度サイクルには制限があり、増やしたい部位によって、プライマーを鋳型DNAに吸着させる、いわゆる吸着（アニーリング）温度を適切に変える必要があった。一般的には、反応が起きにくい部位ほどその温度を下げる、すなわち96度の高温状態からの温度変化を大きくする必要があったのである。しかしながら、現在の耐熱性Taqポリメラーゼは、増幅したい部位にかかわらず同じ温度変化でPCRを起こしうるようになっている。したがっ

て、多数の部位を同じ温度条件で同時に増幅できるようになったのである。そして現在では、プライマーの吸着（アニーリング）とDNA鎖の伸張（エクステンション）を同一の温度でできるような耐熱性Taqポリメラーゼも開発された。これを用いると、高温状態（約96度）から中温状態（約70度）への往復のサイクルの繰り返しでよい（シャトルPCR）。

　このようにして、これまでは個別の部位に応じてそれぞれ異なった温度サイクルを設定しなければならかったPCRであったが、一般的な温度サイクルによってほとんどの部位の増幅がカバーできるようになった。結果として、同時に複数の部位を増幅する方法（マルチプレックスPCR）を同一の温度サイクルでなしうることになったのである。つまり、PCRの反応系の中に複数のプライマー・ペアを入れることにより、複数のPCRが同時並行的に起こせるようになっていったのであった。

　しかしながら、こうなってくるとひとつの問題が生じる。というのは、複数の部位を同時に増幅するとなると、それぞれを識別する印をつけておかないと、PCRで増えたもののうち、どれがどれかがわからなくなってしまうということである。そこで、これらの断片を識別するために、それぞれ異なった蛍光色素を付着させたプライマーを用い、それぞれのプライマーが吸着したPCR断片のそれぞれを異なった色で光らせることができるようになったのである。このような蛍光色素を多数、開発することに成功したのが、アプライド・バイオシステムズ社（後にライフテクノロジー社、現在はサーモフィッシャー・サイエンティフィック社。以下サーモフィッシャー社と略）であり、この方法により2000年以降のDNA研究では、このアプライド・バイオシステムズ社が市場を独占することになった。しかしながら、このように1回の反応で多数の部位を同時に検出できることは進歩であるが、逆にこの方法の欠点はないのであろうか、という疑問が当然に生じるかもしれない。

(2) **個人差のある部位に着目したPCR**

　すでに述べてきたように、PCR法はいかなる検査でも不可欠になっているから、最新の鑑定法といえどもPCR法の応用にすぎない。先に述べたように最新

の方法はマルチプレックス法と呼ばれるもので、プライマーを１対ではなく、複数セット対入れることで、複数の部位を同時並行的に増幅し、複数のPCR断片対を作り出している。反応が複数並列的に進行している図式を思い浮かべてくれればよい。

このとき、プライマーの設定によりどのような部位でも増幅できるのであるが、DNA鑑定では当然のこととして個人差のある部位に着目したPCRがデザインされる。個人差を示す部位の型は数値（反復単位の繰り返し数）で表される。日本の警察（科捜研等）の検査では最も普及した、アイデンティファイラーと呼ばれるキットでは16対のプライマーを用いているから、なんと16部位の情報が一挙に得られることになる。それぞれ型は数値（染色体は１対で２つあるので、１つの部位で２つの数値の組合せ。例：８型–11型）で表されるので、これがすべて出れば、大雑把にいって２つの数字の組合せによる16個の数列で個人の型が表記されることになる。これは地球上に１人以下の出現率として検出できるので、究極の個人識別といわれるようになった。

しかし、ここで注意しておかなければならないことは、これはすべての型が出れば、という条件つきであるということである。というのは、生きた人間から取ったばかりの細胞からは、極めて容易にすべての型を決めることができるが、証拠試料となるような微量ないし時間を経過した試料からはすべての型を検出することはきわめて難しいということがいえるからである。しかし、鑑定の場合、証拠としての試料から出た型のみが、比較に使えるのであるから、それが一部しか出なかったとなると、とても究極の個人識別といえたものではない。

ましてや、これら個人識別に用いられるDNA部位には、個人差（型の種類）が少なく、多くの人が同一の型に偏っているものも少なくない。つまり、同じ型の人が多いということである。たとえばTPOX（甲状腺ペルオキシダーゼ遺伝子）は日本人集団では６型から14型の９種類に含まれるが、そのうち８型が約45％、11型が約35％を占めており、したがって８型–11型の組み合わせのヘテロ型の遺伝子頻度は、$0.45 \times 0.35 \times 2 = 0.315$で、およそ３人に１人という高頻度になる。これは日本人では血液型のO型の頻度にほぼ匹敵するレベルにすぎない。

限定された型に多くの人が偏っているとすれば、その型での一致には偶然性が排除できなくなり、とても同一性を主張できるレベルではないことになる。
　一方、D18S51（18番染色体上の51番地にある単一の遺伝子部位）、D21S11（21番染色体上の11番地にある単一の遺伝子部位）のように個人差の種類が多く、また遺伝子頻度が分散している場合には、この検査のみでも型の比較は重要な意味があるといえる。したがって、私は古い試料に対しては個人差の多い部位を少数選択して、ターゲットを絞ったPCRをデザインしたほうがよいと考えているが、市販キットによる鑑定では、このような選択はできない。そこで市販キットを用いないでターゲットを絞ったPCRをやろうとすると、それに対応した個別の試薬や実験条件を設定する必要がある。このときどの部位をどのようなプライマーを用いてPCRを実施したかをしっかりと明記すれば、これは誰でも追試できるのであるから、これを独自の鑑定とするのはきわめて不当な表現であるのは明らかである。
　完全なDNAプロファイルしか認めない立場ももちろんあるかもしれないが、DNA鑑定は実験ではなく、鑑定試料はさまざまな条件にさらされた劣悪なものの場合がある。このとき必ずしも16部位すべての情報がなくとも役に立つ事件もあるし、また不一致と判定するには確実に不一致の部位を検出すればよい。それが複数あれば不一致の判断はさらに確かなものになるだろう。

(3)　STR検査による新しい潮流を無視する科警研

　現在ではSTRの発見（本書第1章参照）と相前後して、従来までに用いられていた電気泳動のバンドを高感度検出器で読み取るという新たな機器が導入された。いくつかのメーカーが競ってこのようなシステムを開発したが、アプライド・バイオシステムズ社は蛍光ラベルする色素を複数開発することにより、それぞれの色素ごとにマルチチャンネルでの検出を可能にした点で先行していた。これは当初、きわめて薄いゲル板を用いるという点を除いては、従来までのポリアクリルアミドゲル電気泳動を用いることは同じであった。当時、この機器は、ABI PRISM 373シークエンサーとして発売され、さらに高感度の377シークエンサーへと進化していった。

しかしながら、このSTR検査による新しい潮流を無視するかのように、科警研はSTR法が利用できるようになってもなお、VNTR法（本書第1章参照）の一つであるMCT118部位による古い検査方法を併用し、全国の事件の鑑定に多数、応用していったのである。1991年の12月には足利事件における科警研の鑑定書が提出され、それから数年以上はこの鑑定方法が標準とされのである。しかし先述したように、この方法は運用されたときはすでに時代遅れであった。なぜならもう2年待てば、STRによるコンピューター制御の鑑定機器が導入され、はるかに高精度で正確な鑑定がなされる基盤が整ったはずだからである。なのに警察はMCT118を中心とする手作業で行う鑑定法に拘泥した。そのことにより、多くの悲劇を生んできた可能性があるのは怖いことである。

(4) 新たな検出システムでは微妙なディテールがほとんど捨象

一方、私自身は新たな検出システムが発売された後、MCT118などのVNTRの研究からSTR研究に移行し、とくに男性型のみの選択的検出に威力のあるY染色体上のSTR検査の可能性に着目し、発見者のベルリン・フンボルト大学（当時）のルッツ・ローワー氏と1996年から共同研究を行い、今も研究交流が続いている。[*5] このプロジェクトが始まった当時は検出機器としてはABI PRISM

[*5] Purps J., Siegert S., Willuweit S., Nagy M., Alves C., Salazar R., Angustia SM., Santos LH., Anslinger K., Bayer B., Ayub Q., Wei W., Xue Y., Tyler Smith C., Bafalluy MB., Martínez Jarreta B., Egyed B., Balitzki B., Tschumi S., Ballard D., Court DS., Barrantes X., Bäßler G., Wiest T., Berger B., Niederstätter H., Parson W., Davis C., Budowle B., Burri H., Borer U., Koller C., Carvalho EF., Domingues PM., Chamoun WT., Coble MD., Hill CR., Corach D., Caputo M., D'amato ME., Davison S., Decorte R., Larmuseau MH., Ottoni C., Rickards O., Lu D., Jiang C., Dobosz T., Jonkisz A., Frank WE., Furac I., Gehrig C., Castella V., Grskovic B., Haas C., Wobst J., Hadzic G., Drobnic K., Honda K., Hou Y., Zhou D., Li Y., Hu S., Chen S., Immel UD., Lessig R., Jakovski Z., Ilievska T., Klann AE., García CC., Knijff D., Kraaijenbrink T., Kondili A., Miniati P., Vouropoulou M., Kovacevic L., Marjanovic D., Lindner I., Mansour I., Al Azem M., Andari AE., Marino M., Furfuro S., Locarno L., Martín P., Luque GM., Alonso A., Miranda LS., Moreira H., Mizuno N., Iwashima Y., Neto RS., Nogueira TL., Silva R., Nastainczyk Wulf M., Edelmann J., Kohl M., Nie S., Wang X., Cheng B., Núñez C., Pancorbo MM., Olofsson JK., Morling N., Onofri V., Tagliabracci A., Pamjav H., Volgyi A., Barany G., Pawlowski R., Maciejewska A., Pelotti S., Pepinski W., Abreu Glowacka M., Phillips C., Cárdenas J., Rey Gonzalez D., Salas A., Brisighelli F., Capelli C., Toscanini U., Piccinini A., Piglionica M., Baldassarra SL., Ploski R., Konarzewska M., Jastrzebska E., Robino

373を用いていた。そしてこの方法を初めて晴山事件の鑑定に用いたのだが、その検出力は大変に素晴らしいものであった。この機器は型判定に狂いがなく、確実な武器であった。必要なゲルも比較的厚かった（0.5ミリ）ために、ゲルの作成もそれほど難しくはなかった。

　さらに私は高感度とされるABI PRISM 377へと移行した（ゲルの厚さは0.1ミリ）が、これを**兵庫アパレル店員殺害事件**の鑑定に応用し成功した。この機器ではゲル厚が大変薄かったのでゲル作成が大変難しかった。しかしながら直接に電気泳動像が見てとれるため、このような難しい鑑定ではバンドの性状を観察し、正しいバンドを読み取るには非常に有効であった。

　ところが1993年頃から、377と併売されていたABI PRISM 310という機器が導入され始めたが、その後はこの方法が主流となったのである。ABI PRISM 373–377シリーズはゲル電気泳動であったのに対して、この機器は内径数十ミクロン内外の毛細管を用いており、ゲル作成の手作業の部分が省略されたため、時代の主流は310になっていき、ついには377は市場から消滅した。ただし310では1本ずつの泳動しかできなかったが、次第に複数検体を同時に泳動することが可能となっていった流れがある。そして私はこの発展型であるABI PRISM 3130xlという16本キャピラリーの同時泳動ができる機器を、足利事件や袴田事件で使用したのであった。

　結果として現在ではABI PRISM 373–377シリーズのようにゲル電気泳動をコンピューター制御で行う機器はもはや発売されていない。したがって現在では、ゲル版での直接の電気泳動像を見ることはできず、毛細管電気泳動のシグナルをコンピューター解析した単なるピークのグラフしか読みとることができなくなってしまった。エレクトロフェログラムというのがそれである。最近の

C., Sajantila A., Palo JU., Guevara E., Salvador J., Ungria MC., Rodriguez JJ., Schmidt U., Schlauderer N., Saukko P., Schneider PM., Sirker M., Shin KJ., Oh YN., Skitsa I., Ampati A., Smith TG., Calvit LS., Stenzl V., Capal T., Tillmar A., Nilsson H., Turrina S., Leo D., Verzeletti A., Cortellini V., Wetton JH., Gwynne GM., Jobling MA., Whittle MR., Sumita DR., Wolańska Nowak P., Yong RY., Krawczak M., Nothnagel M., Roewer L. (2014), 'A global analysis of Y-chromosomal haplotype diversity for 23 STR loci.', Forensic Sci Int Genet 12, 12-23 [Pubmed] [DOI].

DNA鑑定の図では単なる山形のピークの連続としてしか見てとることができないことを知っている方も多いと思うが、これは実は実際には検出器を通過するバンドの蛍光の高さをピークとして数値化して表現したものにすぎないのであって、虚像である。したがって、そのバンドの微妙なディテールはほとんど捨象されていることを忘れてはならない。このピークのバンドの形状を見たのみでは、それが実際にどのようなバンドであったかを自分で確認することはできないし、それが真のバンドかそうでないのか、あるいは真のバンドとしてもその形状はどのようなものであるかについての情報は、直接には得られなくなってしまっているのである。むしろバンドの不規則なデータを解析し直して直線として表してしまっているから、本物の電気泳動のバンドとはほど遠い像になってしまっている。

　これに併せて、当時発売されてきたDNA鑑定用キットは第4世代のまで改良されアイデンティファイラー・キットが主流として警察関係を中心に使われるようになってくると、需要と供給の関係でこのキットにしか機器の対応がなくなり、否応なしにその機器とキットの組み合わせがセットとなって流通するようになっていったのである。そして今は24部位が同時検出できる（グローバル・ファイラー・キット）時代に移行しつつある。また新しい原理に基づく、次世代のDNAシークエンサー（塩基配列決定機器）もDNA鑑定に導入されようとしているが、いずれもそれらの機器に対応するキット化が目指され、各メーカーがしのぎを削っている。

(5) 検出機器の技術開発における負の側面

　技術の進歩は新たな可能性が開拓されるという意味で喜ばしいことではある。一方ではメーカーの販売戦略に乗せられているという面が強く、これでは鑑定は容易でも試薬等の組成が伏せられているため難しい鑑定への応用がきかず、また研究者自身が新たな方法を開発することは困難になっているという現実は負の側面である。

　個人識別用キットを開発するにあたっては、1997年にマルチカラー蛍光標識法を採用し、それに対応したコンピューター制御の高精度電気泳動機器が開

発されてから、今ではサーモフィッシャー社のDNA部門であるアプライド社と、プロメガ社は激烈な商品競争を行ってきた歴史がある。この２社が世界中の市場をほぼ２分していたのである。ところが日本では、どういうわけかアプライド社のキットのみが主流とされ、日本の警察ではすべてこのメーカーのものが使われている。しかし、これはあくまで日本の警察の捜査部門がこの企業の製品のみを導入し続けてきたという事情があることを忘れてはならないし、必ずしも市場を独占している商品が良いものであるとは限らないことは、DNA検査に限ったことではない。

　ならば、なぜアプライド社が日本で大きな市場を広げたのかといえば、機器メーカーとして大きく発展してきた結果、機器に見合った試薬を同時販売できたという点にある。つまり、機器ははじめから自社の試薬が使いやすいように設定されていたというアドバンテージがあったのである（ただし正確には、アプライド社はハードのメーカーとはいっても自社で機器を製造しているのではなく、最新の毛細管電気泳動機器は日立が製造元であり、アプライド・ブランドで販売してきたということは付言しておくべきであろう）。ところがアプライド社はもともと試薬メーカーではなかったので、今から数年前、試薬メーカーの老舗であるインビトロジェン社と合併してライフテクノロジーという新たな会社となった（現在はサーモフィッシャー社として再統合された）。これによって自らの機器に使用する試薬に加えて、その周辺試薬もすべて自社で販売することができるようになったのである。

　一方、プロメガ社は大元は試薬メーカーであり、また個人識別用キットを世界で初めて実用化した実績もあった。しかしながら、自らのDNA検出機器の開発は遅れ、マルチカラー蛍光標識法の開発に先んじて成功したアプライド社の機器に頼るしかなかったのである。自らの試薬キットをアプライド社が提供する機器に使用できるようにするためには機器の設定を新たに作り直す必要があったので、あえてアプライド社のキットではなくプロメガ社のキットを使おうとする研究者はほとんどいなかったという現実があった。かくして、本当はプロメガ社のほうが試薬メーカーの実績としてはアプライド社を上回っていたとしても、アイデンティファイラー・キットにとって代わることはできなかっ

たのである。しかし2017年にはプロメガ社も自社製の機器を開発し、新たな市場を開拓している。

(6) 検出技術の発展の背後にある経済的要因

　検出技術に対しては、ここで考えておかなければならないもう一つの裏の側面がある。それは、このような技術的な発展は、DNA鑑定の可能性をより拡大しようとする科学技術的な関心のみでなされてきたのではないということである。いったいどういうことかと言えば、これらの機器や試薬はすべて価格のついた商品である。したがって、ここには経済的な問題が絡んできていることを無視することはできない。つまり、企業の生き残りをかけて激烈な商品競争を勝ち抜くための経済的な要因が、これらの発展の背後にあることは見逃してはならないのである。

　これはどういうことかと言えば、たとえばよく知られているアイデンティファイラー・キットは、16部位の同時増幅が可能であるから、これ以上のものは必要がないほどに個人識別においては究極以上のレベルに達している。にもかかわらず、さらに発展した世代の個人識別用キットが多くの会社から出されている。それはいったいなにゆえであろうか。最近では24部位を同時に検出できるキットが発売されるに至っている。具体的には、サーモフィッシャー社のDNA部門（旧ライフテクノロジー社）からはグローバルファイラー・キット、プロメガ社からはパワープレックス・フュージョン・システムなどが開発されているのである。しかし、これは実際の鑑定の必要性に従った発展ではない。

　このこと自体は技術の発展であることは言うまでもないが、16部位でほとんど究極レベル以上の鑑定ができるにもかかわらず、それを24部位からさらに増やそうとすることは、これら企業が新たな商品を販売するための商業戦略でもあることに着目する必要がある。つまり、商品としての戦略に鑑定人が乗せられてしまっているのである。しかもその試薬の価格は、わずか1キットでも、小さな機器が購入できるほど高価なものである。

　試薬キットは、新鮮な試料の場合には、その検出力がそのまま発揮される。しかしながら検出の難しい試料であった場合には、これらの言うなれば過剰な

る機能はかえってマイナスになりかねないのである。なぜなら「確率的影響」と呼ばれている現象が起きやすくなるからである。それはいかなることであるかについては本章「**3**」（後述）で説明したい。

(7) 次世代シークエンサー

ところで、つい数年前から、DNA型鑑定法が新しい段階に入ってきている。それは次世代シークエンスと呼ばれる技術の応用である。これまでDNA型検査は特定の部位のプライマー数対を入れ、多数の部位をPCR増幅してその増幅フラグメントの長さの情報のみを型判定に用いていた。増幅された配列の長さだけでその中身は見ることができなかったのである。しかしながら、当然にDNAは塩基の配列でもあるので、これら繰り返し配列の塩基配列の構造が見られるほうが、圧倒的に情報が多くなるということはこれまでも知られており、それに対応する技術はあった。これは「DNAの塩基配列決定法」すなわちPCRダイレクト・シークエンス法として行われた技術で、PCRで増幅した断片をさらにPCRの原理を応用して解読する方法であった。ただし、この方法については、アイデンティファイラー・キットを検査するのと同じ機器を用いて行うことができたがPCR産物にさらにPCRと同様の化学反応をかける必要があったため、手順がやや多くなり、解読できる長さに数百塩基対までという限界があったのである。

しかしながら次世代シークエンス法によれば、DNAの広範囲な部位について同時進行的に塩基配列を読むことができ（パラレル・マッシブ・シークエンスという）、またここに複数のサンプルが混じった混合試料でも、それを識別することができるようになった。もっとも、この機器にかける前には多くの前処理を行いサンプルを精製していく必要があるが、これまでの機器のおよそ数万倍以上のデータ量を得ることができるのである。

実際この方法は個人識別法にも応用されつつあり、サーモフィッシャー社やイルミナ社などから機器が発売されている。しかし、これらの機器は大変に高精度であるにもかかわらず、やはりPCRを基礎に置いているため、PCRにかからない限り解析不可であるという点に関しての限界はある。とはいえ、成功す

ればおそるべきデータ量が取り出せることになる。現在までの毛細管電気泳動法で検出する個人識別法のキットはほぼ極限まで発展しており、もはやこれ以上改良が望めないところに来ていることを併せ考えると、あと5年もすれば古い方法はこの新しい方法に置き換えられる可能性もある。

　また、この方法を用いることにより、ミトコンドリアDNA鑑定も鑑定技術として信頼に足るデータを引き出せる段階になり、鑑定に実用化されるめどが立ったといえよう。ミトコンドリアDNAは核DNAよりはるかに検出感度は高いので、これからの犯罪捜査には極めて有効であると考えられる。

　いずれにしても、技術は絶えず発展していく。新しい方法は「独自の方法」の開発から始まる。したがって、古い方法に固執しようとする排他的な衣にくるまっていては、また絶えず最新の技術を開発していく科学者としての努力を怠った場合には、あっという間に時代の歯車に押し潰されてしまうことは肝に銘じておくべきであろう。

3　確率的影響とは何か

　いわゆる「確率的影響」というのは、難しい鑑定試料に対しては欠かすことのできない概念である。これはDNA鑑定の教科書では必ず述べられているが、理解できる人は多くはないと思われる。これについては最近刊行された成書に以下のように説明されている。

　「微量試料では、初期のPCR反応段階で試料の対象領域の鋳型となるべきDNAが少ないため、対象領域が鋳型DNAとしてうまく利用される場合とされない場合とのばらつきが生じる。このため、同じDNA試料を用いても、PCRの結果がその都度まちまちになり、含まれるアリル型が検出されるかどうかも異なってくるという現象が生じる。この違いは指数関数的な増幅量の差となって表れるため、陽性と陰性の差は意外なほど明瞭であることが多い。これはPCRのStochastic Effect（仮訳として「確率効果」）と呼ばれる」（司法研修所編『科学的証拠とこれを用いた裁判の在り方』〔法曹会、2013年〕112頁）。

　ここではStochastic Effectについてわかりにくい説明がされている。たとえ

ば、「この違いは指数関数的な増幅量の差となって表れるため、陽性と陰性の差は意外なほど明瞭であることが多い」というのは何が言いたいのかわからない。おそらくここで言う陽性と陰性とは、PCRにかかる部位（陽性）とかからない部位（陰性）が明瞭に区別される、という意味であろうと推察される。Stochastic Effectの仮訳としては、ここでは「確率効果」が当てられているが、この意味するところは積極的な効果というよりむしろ悪い効果を意味するので、ここでは効果ではなく影響という言葉に代えて「確率的影響」と訳すことにしたい。簡単に言うと、「確率的影響」とは、「対象領域が鋳型DNAとしてうまく利用される場合とされない場合とのばらつき」ということになるが、これでは何のことかわからないのではないだろうか。ここを、「特定の部位のDNA型が検査のたびごとに検出できたりできなかったりすること」と言えばもう少しわかりやすいかもしれない。

　これがなぜ起きるのかの説明は、ここにあるように「試料の対象領域の鋳型となるべきDNAが少ない」ということではない。なぜなら、そもそもPCRでは鋳型となるべきDNAは少なくて十分だからである。したがってこれは説明になっていない。

　DNA型を検出するためにはPCR法による増幅が欠かせないが、これは現在のいかなるDNA検査でも同様で、最先端の技術といわれる次世代シークエンス法でも、特定の部位の検出にはまずもってPCRによる増幅を行わなければならない。したがってPCRに成功するか否かが、DNA鑑定が可能かどうかの大きな関門になっていることはすでに説いてきた。DNAが抽出できたとしても、PCRにかからなければ何の役にも立たない。DNAが抽出できることと、DNA型が検出できることとは別問題である。

　ところがこのPCR反応は、設定の仕方によって確率的影響に差が生じうる。どういうことかと言えば、現在の個人識別用のPCRキットはアイデンティファイラーにしても16カ所を同時に増幅するため、プライマーセットが16対入れられている。これらを同時並行的に反応させるのであるが、これが性質の良いDNAであれば16部位がほぼ同時並行的に反応が始まるけれども、そうではない場合がある。どういうことかといえば、抽出した鋳型DNA溶液が均質では

ない、ということがまず前提とされる。そしてPCR反応には抽出された鋳型DNA溶液を微量（１μl程度）しか使わないので、どのような鋳型DNAが取られるかによってPCR反応の起こり方にバラツキが生じることになる。このように鋳型DNAの取られ方についてPCRのたびごとに微妙な差異があったとすれば、その都度、反応のかかりやすい部位とそうでない部位の混在の仕方が異なってくる。結果として、当然にそれぞれのPCRの全体の反応は反応されやすい部位の増幅に流れていってしまう。これが確率的影響の中身にほかならない。

　これは「現象は起きやすいものから起き、それが起きれば、ますますその現象が起きやすくなる」と考えれば、とくにDNAに限らない現象であり、理解できるのではないかと思う。これを、先の引用文献（『科学的証拠とこれを用いた裁判の在り方』）では「この違いは指数関数的な増幅量の差となって表れる」と述べているのである。PCRは反応されやすい部位に流れてしまうから、結果は部分的になる。しかも、繰り返しやっても、その反応にかけた鋳型DNAのわずかな違いによって、必ずしも毎回同じ部位の反応が起きるわけではないことになる。なお増幅される部位が多いキットほど反応が分散されるため、これが起きやすくなるのは言うまでもない。

　つまり、キットが多部位を検出できるものになるほどに、いわゆる同じ部位の再現性の確認が難しくなってしまうのである。さらに、このような試料に限り非常に微量なことが多いから、この再現性を確認するだけの検査回数がとれない場合がある。したがって、このような多数の部位を増幅するようなキットは、むしろこのような難しい資料には再現性がとりにくくなっていると言えるのである。

　ところが、これが16部位の同時増幅でなく、１部位であれば再現性の確認は容易である。なぜならPCRは１カ所に集中して起きるからである。これが２部位あるいは４部位くらいであれば、繰り返し同じ部位の反応が起きる確率は高くなり、再現性の確認がしやすくなってくる。つまり、増幅される部位が少なければ少ないほど、確率的変動の影響が小さくなるのである。したがって難しい試料の場合には、アイデンティファイラー・キットで検査するのではなく、プライマーセットの数を減らして特定の部位を集中的に反応させる方が検出の

限界を超えやすい。例えば、アイデンティファイラー・キットのうち、D21S11, FGA, D18S51はきわめて多型性が高いため[*6]、これとアメロジェニンを加えた4部位を検出できれば、高い精度で鑑定できるから、キットを使うより有効である。

たった4部位でいいのかと心配になる人もいるかもしれないが、かつてはMCT118というたった1カ所の部位で同一性が判断されていた時代と比べると、4部位の検出でも大きな情報を与えてくれることもあるのである。アイデンティファイラー・キットのみを用いて鑑定不能になるよりも、はるかに有意義なことであると言わなければならない。このように、鑑定対象が難しければ難しいほど、検出方法については万全の工夫が必要になってくる。鑑定人の能力が関与する度合いが大きくなるのである。このような場合に誰がやっても同じ方法（アイデンティファイラー・キット）のみを採用するのは、貴重な試料を無駄にしかねない自殺行為でしかない場合がある。現状では捜査機関の鑑定はこれ以外の鑑定を認めていないのは問題であるから、これは大学の研究室が補完すべきであろうが、捜査機関の鑑定の独占により、大学の研究者が育つ環境がないことも大きな問題である。

＊6　John M. Butler（福島弘文＝五條掘孝監訳）『ＤＮＡ鑑定とタイピング』（共立出版、2009年）。

第4章

DNAの検出技術の改良

1　DNA抽出法の選択と改良

(1)　つねに新たな方法開拓に挑戦

　ここまでにDNA型の検出における技術的な発展の歴史を概略説いてみたが、その進歩の速さに驚かれた人もいるのではないかと思う。そもそもDNA鑑定が犯罪捜査に応用され始めたのは1980年代の後半からなので、今から30年ほど前にすぎない。しかしこの間の発展はめざましく、はじめは多くの手作業によって行われてきた検査が、現在ではコンピューター制御による高精度な機器の開発とその機器に実用できる試薬のキット化、あるいは高度の試薬の自動化処理に見合った機器の開発という両面で技術的な進歩がなされてきたといえる。そして現在では、誰もがマニュアルどおりに行えば検査ができるようになってきているので、手作業を加えて行う検査自体が例外的なものとみなされているが、はじめから機器やキットがあったはずはなく、原点は手作業にあることは忘却されがちである。

　機器の開発はあくまで、それに先行する実験が成功してからの後追いにすぎないので、新しい方法の開発は、始めは誰かの手になるすべて手作業による応用であり、その時点では独創的な方法であったことを忘れてはならない。そして、これを支えてきたのは科学技術者であり、新たな方法を開拓し、不可能を可能にしていくのが科学的研究者としての使命であり、大学研究室の社会的役割であるはずである。つねに独創性が求められ、世界の誰もがなしえていないことを果たすことだけが科学技術者としての評価のメルクマールであるから、「独自の方法」を開拓しえない研究者は時代の歯車に潰され、無名の研究者と

して落ちぶれていくしかないのは厳しい現実である。そういう点からすると、確定した技術の社会的適用のみを求められかねない単なる実践家と科学者とは、その使命も評価のあり方も異なる世界にいることは強調しておきたいと思う。

　もっともこれは、誰もができる確定した方法を行うことを軽視しているわけではない。社会的な実践という観点からは、これは極めて重要なことであり、誰もができる確定した方法で可能なものはそれで行うのがベストである。しかし、対象が現代の技術的限界を超えている場合、つまりその時代での一般的な方法では不可能である場合に、とるべき道は二つある。1つはそれを鑑定不能として切り捨てるか、他の1つは、新たな方法を開拓して不可能に挑戦していくか、ということである。通常は前者を選択することがほとんどであるが、著者はつねに後者の道を選んできた。その結果、新しい鑑定をやるたびごとに、社会的な圧力に曝されながらも新たな技術的な発展を成し遂げてきたのである。

(2)　自動化するDNA抽出技術――Maxwell 16の特徴

　DNA鑑定用キットは、日本ではアプライド・バイオシステムズ社（以下、アプライド社）が圧倒的なシェアを誇っているが、2010年代、国際的にはプロメガ社とシェアをほぼ2分している現状がある。また、最近ではキアゲン社も試薬メーカーでありながら新たな機器を開発し、シェア争いに参入するようになってきて、競争を繰り広げている。

　プロメガ社は試薬メーカーなるがゆえに優れた技術を発揮できたのは、DNA抽出技術である。アプライド社はまず高性能の機器を作り、それに見合って試薬を開発していったが、プロメガ社はまず試薬を開発し、それを自動化する機器を開発していったのである。たとえばプロメガ社が開発したDNA IQシステムと呼ばれる高度なDNA抽出技術は、ついにそれをオートメーション化（自動化）する機器を作り出した。これが Maxwell 16[*1]というDNA抽出機器である。

---

*1　S. A. Greenspoon, J. D. Ban et al., Application of the BioMek 2000 Laboratory Automation Workstation and the DNA IQ System to the extraction of forensic casework samples, J. Forensic Sci., 2004, Jan., 49(1), pp. 29-39.

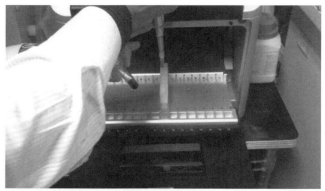

実験条件を入力

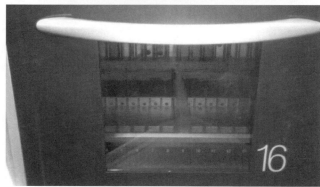

機器の内部の状態

試薬トレイがひき出される　　蓋をしめてスタート

図表7　DNA抽出

そもそもDNA抽出には、細胞試料からタンパク質を取り除く必要がある。その方法としては古典的にフェノール／クロロホルム混合液を使用することによる有機抽出法とも呼ばれるが、沈殿させたタンパク質を取り除くことにより行われてきたが、チューブを何度も取り替える必要があることと、DNAそれ自体への悪影響もあるため、次第に使われなくなってきた。一方、珪素は人体にとって必須元素であり、物質吸着力に優れた物資であることに着目してすでにキアゲン社がキットを開発した。それは、DNAが高い塩濃度下においてシリカ（二酸化珪素）に吸着するという性質を利用したものであり、この方法を用いた「固相抽出法」が現在では主流となったのである。この原理を応用して、キアゲン社はDNA investigatorというDNA抽出キットを開発したのである。ところがプロメガ社は、これをさらに発展させて、シリカを磁気ビーズにコーティングすることにより、シリカと磁性との二重の効果でDNAを効率的に回収する方法を開発した。この方法をプロメガ社はDNA IQシステムと呼んで試薬を販売したが、細胞試料から蛋白を除去してDNAを残すのではなく、試料からDNAを釣り上げて洗浄するという逆の発想でDNA抽出を行う方法であったため、試料に含まれる不純物がほとんどすべて取り除けるという利点があった。これは汚染の強い鑑定試料からのDNA抽出には極めて有効であったのである。また、これは磁気ビーズの量に対応したDNAが確実に抽出できるから、抽出されるDNA量が一定となり、濃度を改めて調整することなく一定濃度でPCRにかけやすいという利点も備えていた。

　そしてこの方法を自動化したのが、先に述べたMaxwell 16という機器であった。これはすばらしく高性能な機器で、手作業に伴う汚染の可能性が限りなくゼロになったのである。

　もう1つ、DNAが高温に強いという性質を利用した抽出法にキレックスと呼ばれる試薬を用いる方法がある。キレックスを添加し細胞浮遊液からDNAの分解を促進するミネラルを吸収させつつ溶液を煮沸することによってダイレクトにDNAを取り出すという方法であるが、抽出操作がほとんどないので抽出過程によるDNAへのダメージを最小限にするという利点がある。

袴田事件の鑑定では、私が開発した「選択的抽出法[*2]」で試料の前処理を行ったあと、Maxwell 16によりDNAを抽出した。前処理には、味噌漬け血痕付き衣類の浮遊液から、血球特異的抗体（坑Hレクチン）により血球の細胞を集めつつ凝集させ、それを遠心分離して回収するという方法を用いたものである。これにより味噌のみならず血液細胞成分を選択的に集めることができ、その溶解液にMaxwell 16による抽出法を適用することによって、通常は鑑定困難な試料から、味噌成分が完璧に除去された良質のDNAの抽出に成功したのであった。したがって鑑定に成功したゆえんは、前処理の有効性に加えてこの機器の性能に着目したことにもあるのである。

　そもそもPCRには微量の鋳型DNAで十分であるため、たくさんのDNAを抽出するより、質の良いDNAを微量でも集めるほうがよい。というのは、質の悪いDNAが混在するとPCR反応を撹乱する可能性があるからである。そういう点では、磁気ビーズに吸着できるDNAのみを集めるプロメガ社のシステムは、有効な機能の多くを実現する優れものである。なおこのシステムは、ヴァージニア州鑑定科学本部での刑事事件の鑑定で運用されている実績があるという[*3]。

2　検出感度の向上への挑戦

(1)　2段階PCR法

　ここから先は通常の教科書には記載されていない私自身の研究史になり、これまで少し述べてきたが、論を先に進める前に整理してみたい。

　私がDNA鑑定の分野の研究を行うにあたり最初になしえた技術的な発展は、白骨からのDNA鑑定を可能にする方法であった。この過程で驚くべきことがわかった。というのは、白骨からはDNAが確実に抽出されているのに、検査にかからないということが少なくないということであった。そこでわかったこ

[*2]　S. Yano, K. Honda et al., DNA extraction for short tandem repeat typing from mixed samples using anti-human leukocyte CD45 and ABO blood group antibodies, Forensic Sci. Int. Genet., 2014, 10, pp. 17-22.

[*3]　John M. Butler（福島弘文＝五係掘孝監訳）『DNA鑑定とタイピング』（共立出版、2009年）。

とは、DNAは量だけが問題なのではなく、質的な問題も考慮しなければならないということであった。つまり、古いDNAには化学反応性が残っているものとそうでないものとがある、ということであった。

したがって次の問題は、古いDNAの科学反応性の減少を、検出系、すなわちPCRの感度を上げる技術によって克服できないか、という問題であった。そこで開発したのが、MCT118部位に新たなプライマーを当てて2段階で増幅するという方法であった。[*4]つまりPCR反応を2回繰り返して（30サイクル＋30サイクル）増幅回数を上げていく方法である。

振り返ってみると、当初、PCRがDNA解析実験に応用されるようになったとき、これで法医学のDNA鑑定も飛躍的に前進するものと思い、大きな夢を描いたことについてはすでに述べた。今でこそ、誰でも簡単にできる実験でしかないが、初めてPCRの実験をMCT118部位に適用してみて、成功したときの感激は今なおありありと覚えている。そしてこのときは一回のPCRで、指数関数的な増幅が得られる以上、それで十分であると考えられていたのである。しかしながらその感激は続かなかった。試料によってはPCRをもってしても反応にかからない場合が少なくないことがわかったからである。

使用した試薬は同じである以上、古いDNAは人工合成DNAを吸着し合成する機能が著しく減弱していたとしか考えられなかったのである。そこで著者は、この限界を克服するために、ある方法に着目した。それがこの2段階PCR法であったのである。

当時、古生物学や人類学の分野で、[*5]PCRを2回かけるという方法が有効であることが報告されていた。またこの方法は、現在でもウィルス遺伝子の検出には普通に用いられる方法である。それは最初のPCRで目的より長い断片を増幅した後、2回目の増幅をかけて目的とするより小さな断片のみを増幅させる

---

*4 K. Honda, M. Nakatome et al., Detection of D1S80 (pMCT118) locus polymorphism using semi-nested polymerase chain reaction in skeletal remains, J. Forensic Sci., 1995, 40(4), pp. 637-40.

*5 本田克也「遺伝子診断――法医学・人類学における遺伝子診断」Biotherapy (Tokyo) 9巻9号（1995年）1096～1102頁。

という方法であった。これは外側（大きな断片）の増幅の後に内側（目的とする小さな断片）の増幅を巣状に設定する方法という意味で、nested-PCR（巣状PCR）とも呼ばれるようになった。当時私はMCT118の研究を行っていたが、古い試料に対するその増幅の困難さに遭遇し、克服する方法を模索していたから、MCT118部位にこの２段階PCR法を応用してみたのである。

　その結果は見事に成功した。はじめのPCRではほとんど反応が見られないのに、そこからさらに２回目のPCRをかけたところ、増幅がなされるようになったのである。ところがここで奇妙なことは、１回目のPCRではほとんど増幅がなく、何も増幅断片が見えなかったのに、２回目のPCRでは、この何も見えなかったような溶液からとったDNAから、２回目のPCR反応が起きたことである。これは事実であったので、これまでのPCRの機械的な数式的説明では解釈が難しかった。なぜなら１回目のPCRでは反応の痕跡が見えないからである。

　これでわかってきたことは２つあった。１回目のPCRでは果たして何が起きているのか、という問題である。１回目のPCRにおいては、おそらくは増幅反応の繰り返しこそなされていないものの、プライマーに挟まれた部位における小断片少量ながらも生成されていたはずである。それを反応液から取って、使ったDNA断片から効率的に２回目のPCRがかかることから、PCRのためにはDNAが小断片化されていることにより、プライマーとの反応性が上がった可能性がある。これまで、これは古いDNAは分解が進んでいるからPCRがかからない、という定説があったが、これは分解が進んでいるのではなくむしろ劣化による影響であろうと考えられる。

　さらに加えて、もしかしたら温度変化を繰り返すこと自体が鋳型DNAの活性化をもたらしている可能性もある、それゆえに２段階でPCRの温度サイクルにかけることによって、DNAの性質も復元しえた可能性がある。そしてこれはPCRが単に数式に従って起きているわけではないことの証拠でもあるのである。もっとも、MCT118部位はPCRがかかりにくい部位だったので限界はあったが、その効果は明らかであった。二段階PCRの効果は、鋳型DNAのPCRによるDNA断片化としての、いうなれば精製効果と、温度サイクルをかけることによるDNAの活性化であると考えられる。この成果は法医学の国際雑誌

に掲載された。

(2) 男性特異的なDNA（Y染色体部位）のみの検出

　次になしえた発展は、晴山事件のDNA鑑定に関わるものである。札幌高裁からは、被害者の膣内容をガーゼで拭った被害者膣上皮と精液の混合試料から、精液のDNA型を明らかにするということを求められた。当時はみどり荘事件の裁判において大学でのDNA鑑定が覆され、DNA鑑定に逆風が吹いている時期であり、誰も引き受け手がなかった時代であった。

　当時、精子からのDNA検査についてDifferential extraction（解離抽出法）という、アレック・ジェフリーズ（レスター大学）らが開発した精液の抽出法が知られていたが、今回の試料は当時ですでに25年前の古いものであり、細胞膜の性質の違いに着目したこの方法の適用は困難であると判断された。それで考えたのはDNA抽出段階ではなく、DNA検出段階で両者を区別できる方法であった。被害者と加害者の性別の違いに対応して、男性特異的なDNA（Y染色体部位）のみを検出にかけることはできないか、ということである。

　ところが、当時はすでにSTRというPCRにかかりやすいDNA部位は発見されていたが、Y染色体上のSTRはDYS19というわずか1カ所しか発見されていなかった。しかも、この部位は型の種類が少なく、わずかに5〜6種類しか多型部位がない。また、同じ型の偏りが多く、偶然の一致率が高いため鑑定の役に立ちそうもなかった。ところが、このDYS19を発見したルッツ・ローワー（フンボルト大学）らは、他のY染色体STRを多数発見しつつ、それを法医鑑定に使うためのプロジェクトを立ち上げ、1996年4月からForensic Y-user Workshopを組織した。私はいち早くこのプロジェクトの先進性と将来性を見抜き、当時では日本でただ一人このワークショップに参加し、データベース作成や検出技術の開発などについて共同研究を現在まで行ってきている。

　私はまずこの方法を、大阪大学で保存されていた38年前の膣液・精液混合試料に応用し成功することを予備実験で確かめた後、晴山事件における、本鑑定でも成功させたのである。これは世界で初めて、この方法を裁判所嘱託での公的な鑑定に応用し成功した実例（晴山事件）となったので、ローワーらと共

著で論文を書き、その結果はインスブルックでのDNA鑑定のワークショップ[*6]で紹介された。また最近では、プロメガ社のパワープレックスY24という最新のキットのデータベース作成を行ったのも、ローワーが主催する共同研究グループである。

3　高感度PCR法の適用

(1)　DNAをよみがえらせるための触媒の発見

　PCRの感度を上げるために2段階PCR法が有効であることは、明らかであったがそれにも限界があった。そこで考えたことは、劣化して活性を失っているDNAをよみがえらせるための触媒の発見である。PCR反応のためには、少なくともマグネシウムが触媒として不可欠であることはすでに常識であったが、もしかしたらほかにもそのような無機金属があるのでは、ということがヒントであった。おそらく細胞の中には含まれていても、DNAの抽出過程で遺伝子としての性質に失われたものがあり、その不足を補うことによって、もしかしたら限界を超えることができるのでは、と考えたのである。

　通常、このような発想を確かめるには可能ならマンパワーにまかせて、手当たり次第に探すというのが実験者の手法であるが、私は科学者としてあくまで理論的な予測を立てて資料にあたってみたのである。そこで推論したことは以下である。

　まず第1はその元素は細胞分裂を誘発するものでなければならない。なぜならDNAの合成は細胞では分裂過程に相当するからである。また第2は、その元素はDNAが存在するところの、核やミトコンドリア内に濃縮されているものでなければならない。そして第3は、その元素はTaqDNAポリメラーゼとも親和性が高いように、高温環境にも耐えるような、また火山地帯にも分布するような元素でなければならない、ということであった。

[*6] K. Honda. L. Roewer. P. de Knijff. Male DNA typing from 25-year-old vaginal swabs using Y chromosomal STR polymorphisms in a retrial request case. J. Forensic Sci. 1999.44(4). pp_8 68-72.

その結果、絞り込まれた元素はバナジウムであった。この元素は哺乳類では必須元素でさまざまな薬理作用がある。そこでバナジウムを用いて実験を繰り返してみたところ、予想は見事に当たり、極微量のバナジウムはPCRの感度を上げることを発見した。微量元素としてPCRを増強する触媒効果が認められたのである。[*7]

　ただし、その有効濃度域はあまり広くないためそれを厳しく設定する必要があるし、バナジウムは開封したら直ちに使用しないと効果が薄れてしまうこともわかった。そしてそれは、ごく初期の反応においてプライマー同士の会合をも誘発しうるような効果が得られたことから、DNAの二本鎖を形成しようとする性質、すなわち鋳型DNAへのプライマーの会合反応（アニーリング）を促進する作用があるのでは？と考えたのである。とすれば、鋳型DNAの活性化の過程をPCRの前段階にさらに組み込めばいいのでは、と考えて、さらに進んで、２段階PCR法をも併用した方法へと発展させたのである。これは、鋳型DNAに温度サイクルをかけてバナジウムとなじませることによって、PCRの初期反応を早く立ち上げさせうる方法であったのである。これは大発見と思われたので、発案のプライオリティを早急に確保するため、PCRにおける微量元素の効果に関する新発見という形式で、発見の範囲を広げて特許の申請を行った。

　このバナジウムを用いた方法は、2002年８月に発生した、通称「兵庫アパレル店員殺害事件」における毛髪DNA鑑定のために開発したものである。この事件はテレビでも何度も放映されたので、ご存じの読者もいるのではないかと思う。神戸地検の依頼によって鑑定したのであったが、兵庫県警科捜研の血痕DNA鑑定の不足をバックアップする形で実施し、見事に成功させた。

　このような研究成果はすべて実際に突きつけられた鑑定を成功させるために開発したものであり、鑑定を成功させると直接に、それを科学的研究へとフィードバックしてきた流れがあるのである。

[*7] J. Kaminiwa, K. Honda et al., Vanadium accelerates polymerase chain reaction and expands the applicability of forensic DNA testing, J. Forensic and Legal Medicine, 2013, 20(4), pp. 326-33.

バナジウムを用いたPCR法は、一般的な化学反応は微量金属元素の介在や、水溶液中のイオン濃度によって変動するという性質に着目して開発したものである。何度も繰り返してきたが、いかなるDNA鑑定もPCRの成功が前提となっているから、PCRの感度を上げるということは極めて重要な問題である。現在のところバナジウムの効果が確認されているが、ほかにも増強物質は存在する。ただ、微量金属元素の添加によってPCRが増強されるということは私の発見になるものである。

　その後、この方法は多くの鑑定に用いているが、この研究の成果を論文に投稿して受理されるのは大変な努力を要し、学術雑誌に投稿するたびに蹴られ続けた。その投稿数は10誌にも達したが、ことごとくクレームがつけられ、何度もあきらめようと思った。しかし、実験を何度も繰り返し、結果には自信を持っていたから、査読者の要求をすべてクリアして論文化できるまでには、発見して何と10年を経ていたのである。新発見というものを世に認めさせることの困難さを骨身にしみて味わうこととなったが、現在はさらに新たな触媒的元素の開拓を目指しているところである。

　以上、科学的な鑑定とは教科書に書かれていることを単に言葉としてのみ知識化し、それを盲目的に信じるのではなく、自ら実験を行いつつ事実をしっかりとらえて、かつ理論的に実践されたものでなければならないことを少しでも理解していただければ幸いである。

(2) 大事なことは良質なDNAを必要最小限、PCR反応に投入すること

　DNA鑑定では不可避であるところの、劣化したDNAを対象とする場合に、大事なことは2つある。1つは、鋳型DNAはすでに死んだ細胞のDNAであるから、それを活性化させる手続が必要であることである。もう1つは、劣化したDNAが多すぎたり、鋳型DNAと試薬の濃度のアンバランスがあると、反応が歪んでしまうということである。ここで言えることは良質なDNAを必要最小限、PCR反応に投入することである。単なる試薬キットではこのような調整ができないので、難しい鑑定ほど試料にあわせた個別の検出法の適用が必要となるのである。

司法研修所編『科学的証拠とこれを用いた裁判の在り方』（法曹会、2013年）において、PCR法については「前記1⑵の複製はDNAポリメラーゼ（ポリメレース）の酵素反応として我々の生体の中で行われているが、PCRは、この複製を人工的に行って、2倍、4倍、8倍と指数関数的にDNAを増幅させる手法である」（83頁）と述べられているが、これは完全な誤りである。
　現実の生体の細胞の中で起きている反応と、細胞から取り出したDNAを用いて、温泉に生息する耐熱性バクテリアの酵素を用いて、体内では決してありえない高温の変化を与えて、人工的な試薬を加えて、自然のDNAではなく人工化したDNAを生成するような反応とは異質である。単にポリメラーゼが使われるという1点のみで共通性があると言ったのかもしれないが、その目的や過程がまったく異質である以上、これはあまりにも飛躍した説明である。
　PCR反応は、細胞から取り出されたDNAに残されたわずかな性質を利用して、人工的にバクテリア酵素の力を借りてごく一部のDNAのみを増やすという、生理的ではない反応を人為的に起こさせたものにすぎないのである。初心者向けの易しい説明にしようとしたのかもしれないが、誤った説明を行うことは許されない。
　また同書80頁の脚注100にはPCRについて「最終的には、元の一本鎖を鋳型とする相補的な一本鎖ができ上がる。これを繰り返すことで……」と、「繰り返すことで」という言葉だけに含まれる大事な説明を省略することにより、結果としてまったく誤ったことが述べられている。一本鎖がいかに生じても、それだけでは繰り返し反応、つまりPCR反応は持続するわけはなく、二本鎖になる過程を必ずたどらせなければならない。なぜなら二本鎖になることによってはじめて、断片の両端が規定されるからである。また最終産物も二本鎖DNAであることは明らかである。また元の一本鎖を鋳型とする反応は最初の1回だけであり、その後は、相補鎖の長さのバランスがよい人工的な短い二本鎖のペアから優先的に増幅がなされていくことから、鋳型からの反応が延々と持続していくかのような説明は誤りである。一本鎖のみを増やす反応はシークエンス反応であり、これとPCRの区別すらこの著者は理解できていない。一本鎖のみを増やしたければ、プライマーを片側のみ入れる必要があるのは常識である。

このような説明は単に言葉を並べたにすぎず、過程のていねいな説明が欠けている。この著者が自ら実験することなく、単に教科書を読んで知識としてのみ学習し、そこから勝手に空想を膨らませ、誤った図式を頭に描いているからにほかならない。

この書には、このように大事なことが省略されているにとどまらず、誤って説明されているところがあまりにも多く、法曹界の読者が理解することは難しいばかりか、やさしく説明しようするあまり、誤った説明となってしまっており専門家として許容し難い内容でしかなかったことを強調したいと思う。

4 DNA精製への新たな挑戦

(1) 混合試料の鑑定

ここで、混合試料の問題を技術的に克服する方法の発見について述べておきたい。2011年に著者が袴田事件のDNA鑑定を実施するに当たっては大変に高いハードルがあった。その理由の1つは、私が行ったのは正確には「再」鑑定なのであることに関わっている。実はこの事件におけるDNA鑑定はすでに行われており、失敗に終わっていたからである。私が再鑑定に着手した11年前の2000年7月、科学警察研究所はシャツの右肩部位の鑑定について、DNA型検出不能と報告、岡山大学は予備実験の結果、鑑定は困難として本鑑定を実施せず、試料を返却したのである。その理由は味噌漬けされていたことと、試料が32年を経て古かったことが挙げられる。最初のこの鑑定がうまくいかなかったことにより、本件のDNA鑑定は大変に難しいものである、というレッテルが貼られてしまったのである。

しかしここでは大変に奇妙なことがあった。それは、科学警察研究所はDNA鑑定は不能としながらも血液型鑑定には成功していたことである。血液型物質は糖蛋白であるが、DNAは5炭糖リン酸の鎖に塩基が結合した物質である。いずれも糖をベースとした化学分子である。したがって、DNAは血液型物質に勝るとも劣らない保存性があったとしても不思議ではない。また味噌漬けされていたことがDNA検査を阻害すると考えられていたが、しかしこれ

は確かめてみないとわからない。むしろ、味噌漬けされていたことがDNAを保護していた可能性もある。

　当時少なくとも血液型鑑定が可能な試料である以上、DNA再鑑定の可能性を追求すべきだという意見書を裁判所に提出したが、これについては、「鑑定試料は大変に古い上、汚染が否定できないから、他のDNAを検出する可能性がある。したがって、血液由来のDNAを積極的に検出する方法がない限り、この鑑定は行うべきではないのではないか」という意見が再鑑定に反対してきた検察官から出されたのである。これについては裁判官も同意したため、再鑑定の実施は大変に高いハードルが課されることになったのである。

　当時の専門家は「こんなことはできるはずがない」と誰もが思ったはずである。なぜなら、DNAはどの細胞もすべて同じであるので、血液のDNAを他と区別するということができるはずがない、というのは常識であったからである。

　したがってここは、DNAを抽出する前に細胞として選別する以外にはない。ならばどうすればいいか、として私が思いついたのは、血液型判定で使われているところの、血球を広く凝集させる力がある抗Hレクチンなる植物由来の抽出液を使用することであったのである。過去に行われた科警研の鑑定では血液型の判定ができているから、かなり古い試料でも適用可能であるのでは、と思ったのである。

　そうしてこの方法を提案することにより、再鑑定の扉が開けられた。もしも私がこのアイデアを出さなければ、決して再鑑定の扉を開けることはできなかったはずである。つまりこの新しい方法は、私が自分の判断のみで採用したのではなく、再鑑定の扉を開ける鍵であったことはここで強調しておきたい。したがってこれはまだ仮説的なものでしかなかったとはいえ、歴史的な意義を有することであったと思っている。

　ところで袴田事件のDNA鑑定では、私が開発した「細胞選択的DNA抽出法」で試料の前処理を行ったあと、Maxwell 16（プロメガ社製の自動抽出機）によりDNAを抽出した。具体的には、味噌漬け血痕付き衣類の浮遊液から、血球特異的抗体（抗Hレクチン）により血球の細胞を集めつつ凝集させ、それを遠心分離して回収し、蛋白分解酵素（プロテナーゼK）処理を行った後、DNA

抽出機にかけるという方法を用いたものである。これにより味噌が除去できるのみならず血液細胞成分を選択的に集めることができ、その溶解液にMaxwell 16による抽出法を適用することによって、通常は鑑定困難な試料から、味噌成分が完璧に除去された良質のDNAの抽出に成功したのであった。したがって鑑定に成功したゆえんは、この機器の性能に着目したことにもあるのである。

そして結果としても、46年前の試料から、一部の部位とはいえたった1人由来の型が検出され、袴田巌さんの血液とされた試料のDNA型は袴田さんの型とは一致しなかった。

いったいなぜこの鑑定は成功したのか、といえば理由は2つ考えられる。その1つは味噌漬けによってちょうどDNAが保護されるように外側からパッキングされていたことである。そして、シャツが味噌に漬けられていた期間は、実際は大変に短かった可能性がある。もしも検察側の説明通りなら1年2カ月の間、味噌樽に浸かっていたことになるが、実際は短時間でしかなかったのでは、ということも考えられる。犯行衣類の捏造があったとすればここはよく説明できるのである。なぜならもしも1年以上もの間、味噌に漬けられていた場合には、化学変化を起こしてしまいDNAが壊されていた可能性があるからである。

それともう1つは、抗Hレクチンの作用により、微量とはいえ比較的保存性の高い細胞が抽出され、壊れた細胞やその他の不純物が除去された可能性もある。

(2) **細胞選択的DNA抽出法の開発**

古い試料からのDNA鑑定は難しい、ということがよく言われているが、その原因はDNAが壊れていることのみにあるのではない。細胞が長い時間、外界にさらされていた場合には、多くの細胞は壊れていくが、それはすべての細胞で同じではなく、わずかながら保存性のいい細胞が残っている可能性がある。なぜなら、細胞の変化は外界との関係で起きるからであり、細胞がさらされる外界はそれぞれ異なるからである。したがって、選択的に保存性のいい細胞をピックアップでき、他の壊れた細胞を抽出しないようにできれば、DNA鑑定

の精度は著しく上がることになる。現在の検査方法では細胞10数個分の100ピコグラムのDNAがあれば、完全なプロファイルが得られることがわかっているので、壊れたDNAを大量に含む抽出液より、精製された保存性の高いDNAを微量にでも含むほうがDNA鑑定の結果の精度は高くなる。

　古い試料からのDNA鑑定の際には、解釈に苦しむような結果が得られることが多いと言われているが、その多くは壊れたDNAが紛れ込んでいるせいではないか、と考えられる。壊れたDNAはプライマーとして働き、他の反応を誘導したり、PCRのエラーを引き起こすことがありうる。結果として混合バンドとみられる不規則なバンドパターンが得られることがあるが、その多くは混合試料によるものではなく、抽出DNAの中の壊れたDNAや他の不純物が反応を阻害したり、歪めたりするせいであると考えている。したがって、古い試料からのDNA鑑定の場合、もっとも重要なのは精製度の高いDNA抽出を行う方法である。このときに威力を発揮するのは、私が開発した「細胞選択的DNA抽出法」である。

　当初、この方法は抗Hレクチンを用いた方法として出発したが、抗Hレクチンというものは抗体ではなく、抗体の作用をするシダ植物の種子由来の抽出物で、細胞に対する特異性は高くない。ヒト由来細胞の多くに付着しうるが、比重の関係で凝集反応を強く起こすのは血球細胞がほとんどなので、遠心分離を用いて血球細胞が大多数分離できることがわかった。ただし、抗Hレクチンは、特定の抗原にのみ反応するように作られた抗体とは異なる。したがってよりシビアに選択性を求めるとすれば、特異性の高い、精製された抗体を用いるほうがよいが、特異性と感度は反比例することには注意する必要があろう。

　たとえば、試料から唾液に含まれる粘膜上皮細胞を引き出したい場合には上皮細胞に特異的な抗体に細胞を吸着させてDNAを取り出せばいいし、また唾液の汚染を取り除きたい場合には、その抗体を細胞除去のために用いればいい。また抗体はカラムで吸着させたり、磁気ビーズに付着させることもできるから、応用は自在である。私の実験ではすでに唾液と血液の分離はほぼ完全に行うことができている。

　「細胞選択的DNA抽出法」とは一言で言えば、「細胞に特異的な抗体あるい

はレクチンを使って、特定の種類の細胞を取り出し、DNAを抽出する方法」であり、混合試料の鑑定を可能にする画期的な方法である。このとき、具体的にどのような方法で行うかは試料の状態と、目的によって異なってくる。これは患者の病気によって治療方法が異なるのと同じである、と言えばわかってもらえるであろうか。実験でも「電気泳動法」というものがあるが、どのような条件で行うかは、試料と目的によるのは当然であろう。電気泳動法は試料に見合った適切な方法をとって適用するのは当然であろう。

つまり原理としては同一でも適用する方法の具体性は対象によって決められるのである。方法というのは絶対不変のもので、対象に関わらず同一のはずと考えるのは、対象から切り離しても方法が実在しうるという誤解にほかならない。それは実験を行ったことのない文献学者の妄想にすぎないと言っても過言ではないだろう。

にもかかわらず、たいへん奇妙なことに、今なおこの私の「細胞選択的DNA抽出法」の有効性が袴田事件再審請求の即時抗告審で争われている。これは原理的には科学的に確立しているはずの抗原抗体反応に依拠しているゆえ、科学的には疑問の余地はないはずなのに、である。しかもその具体的な適用方法は、試料や目的にかなっていなければ、つまり誤った適用を行えば失敗する可能性はあるのであって、それに失敗した場合には、その方法の適用に誤った可能性を考える必要がある。さらには実験者の未熟性やミスの可能性もあるのである。実験の失敗は、その原理的な方法の誤りであると考えてはならないのであるし、実験に成功することは難しくとも失敗させるのは簡単である。「できる」という実験で「できない」ことは否定できるが、その逆は不可能なのである。

したがって、もしも鑑定の追試ないし検証を行うとすれば対象も方法も、本鑑定にできる限り近づけようとする努力が必要である。それができないとすれば検証にはならないのであるから、やっても意味がないはずであるが、わざと失敗する方法をみつけて、その方法の有効性を否定することは非科学的である。

(3) 裁判と科学との違い

　ところが袴田事件再審請求の即時抗告審でやろうとしている実験は、本件鑑定とは異なり試料の由来も状態もまったく管理されたものではなく、その試料の提供者も実施者も本件鑑定を行った専門家ではない。にもかかわらず発見者の了解や問い合わせがなされたことなく、その中身を不適切な方法で検証して、実践的には優れた方法であるにもかかわらず、それを貶めることがあるとすれば、大きな問題であるし、科学の進歩を阻むものである。

　科学や技術というのは、実践的な課題を克服しようすることによって初めて、独創的な成果を生み出すものである。それを後追いしてさらに発展させるならともかく、その欠陥のみを見つけようとして、科学や技術を後退させるとすればそれは科学者ではありえない。また鑑定とは無関係な試料を用いて、独創性に欠けるレベルの専門家が、他人の科学技術の発見に関する問題の正しさを検証することはできないであろうし、刑事事件の裁判における鑑定の結果の正しさとは、何ら関係がないことである。こうなるともはや裁判の奇形化と言わざるをえず、何をやりたいのかわからないような無駄なことに時間と費用を消費することは無駄であるというのは研究者は自分の興味にしたがって実験を迷走させてしまいがちだからである。

　いずれにしても「細胞選択的DNA抽出法」は混合試料の鑑定において、混合バンドを分離するための計算式を不要にしてしまう、優れた方法である。実践的に問題があったとき、それを机上の計算で解決しようとするのではなく、実践的に解決するべきであるというのが、私の立場であり、科学的な鑑定の名に値するものであると確信している。

　科学というのはあくまでも理論や論理や法則性のレベルの概念なので、抗原抗体反応に科学的根拠がないというような妄想にはとても対応できない。また「古い試料には適用が難しい」のではないかなどと、あえて失敗させるような実験で否定する評論家がいるようであるが、「古い試料には適用が難しい」のはいかなるDNA鑑定法でも同じである。すべての試料から鑑定できる魔法のような方法は存在しないし、今後も存在しえないのはDNA鑑定に限ったことではない。いかなる方法にも有効となる条件があり、適用限界が存在するのは

当然であり、限界があるからといってその方法はすべて無効であると言うことはできない。

そして科学者としては鑑定を成功させるだけでは意味がない。鑑定をやったら、それに見合った科学的な成果をも引き出し、将来の発展につなげなければならない。それが単なる実践家ではないところの科学者の社会的使命である。新たな発見に対して、「独自の方法」であるから信用できないと言う人もいるようであるが、科学者としては「独自性」という言葉は、先進性や独創性を意味する名誉なことであって、それをもって否定しようとする意図はまったくの的外れでしかないと言っておきたい。もっとも、私が検察推薦の鑑定人であったら、私の方法は何の問題もなく受け入れられたはずである。これが裁判と科学との違いであるとすれば、大きな問題であろう。

5　ミトコンドリアDNA鑑定とは何か

(1)　ミトコンドリアとは？

DNA鑑定には核DNAに関わるSTR法のみならず、ミトコンドリアのDNAによる鑑定があることを知っている人も少なくないであろう。そしてこのミトコンドリアDNA鑑定は、微量ないし劣化試料に対して、鑑定を可能にする方法ともされているのである。そこで、これについて少し説明しておくことにしたい。

あらゆる真核細胞（細胞核を有する細胞）には、動物細胞だけでなく植物細胞にあっても、ミトコンドリアなる細胞小器官があり、その中にミトコンドリアDNAなるものが存在することが知られている。

当初、ミトコンドリア内にDNAが存在することが確かめられたときは、全世界の生物学者に衝撃を与えたことであった。なぜ核の外のミトコンドリアにDNAが存在しなければならないのか、これについて明確な答えを出した科学者はいなかったからである。

答えに窮した生物学者は、ついにミトコンドリア共生説を打ち出した。これはミトコンドリアも初めは生物であったが、それが細胞と共生するようになって、DNA以外の多くの器官を退化させてしまったのだ、ということであった。

これはたいへん奇妙な説ではあったが、この説以外にミトコンドリア内にDNAが存在することの必然性が解けないほどの難問であったということがわかるのである。しかしながら、そもそもミトコンドリア細胞なるものが通常の細胞以外に誕生できたと仮定しても、そこから細胞に入り込む必要はないし、細胞の中で生きられるはずもない。なぜなら細胞は細胞の中に入れば外界と遮断され、呼吸すらできずに死に絶え、ついには細胞に消化され、吸収されるか吐き出されるかしかないからである。したがって、ミトコンドリア共生説は、それ以前になぜミトコンドリア単独の生物が誕生し、生活し得たのかの問題に答えられない限り、ナンセンスなのであり、この説には生命の起源とDNAの誕生および本質に関わる致命的な欠陥があるのである。1つだけ述べれば、DNAやミトコンドリア、そして細胞の起源を別々に求めなければならなくなるという問題である。しかし、ここではあくまでDNA鑑定を論じるのが目的なので、これ以上この問題には深入りしないで先に話を進めていこう。

　まずここで押さえておかなければならないことは、ミトコンドリアというのは細胞呼吸に関わるエネルギーを供給している器官とされており、内側に折れ込まれたようになっている、二重の膜の内側に付着するようなかたちで、環状のミトコンドリアのDNAが多数、付着していることがわかっている。また1つの細胞にはミトコンドリアが多数あるので、合わせて1つの細胞にはミトコンドリアDNAのセット（以下ミトコンドリアゲノムという）が数百から数千個（これをコピー数ともいう）、存在していることが知られている。これは核のDNAが1つの細胞の中に、1つの遺伝子セットしかないことと比べれば大きな違いである。しかしながらその長さは16,569塩基対でしかなく、核DNAが32億塩基対あることと比べると、わずかに0.0005％にしか満たない。

　ところが、ミトコンドリアDNAの長所は、PCRに大変かかりやすいとされている。その理由は、細胞1つ当たりのミトコンドリアDNAは数百、ないし数千コピー含まれているとされていることにあるのでは、と考えられているが、それだけではなく、ミトコンドリアDNAは細胞質にあり、かつ環状でサイズも小さいこととも併せて、外界の変化を受けやすい構造を持っているということとも関わっている。

(2) なぜ一般的な鑑定法として普及しないのか

　核DNAによる鑑定が不可能な場合でもミトコンドリアDNAでは鑑定できる場合があることから、最後の武器として期待される場合がある。にもかかわらず今なお一般的な鑑定法として普及していないことには理由がある。

　その1つは、ミトコンドリアDNAの個人差による違いはさほど大きくないことがわかったことにある。そもそもミトコンドリアDNAの個人差による違いというのは、塩基配列が最もバリエーション（多型）に富んでいる部位にあり、遺伝情報の読取りの初めの部分と終わりの部分に現れることがわかっている。これは個々の塩基配列がピンポイント的に異なってくるタイプのバリエーション（多型）で、Single Nucleotide Polymorphism（SNPs：スニップス）と呼ばれているバリエーション（多型）に属する種類のものである。これらが数十塩基に1カ所くらいの頻度で、数百塩基の範囲に現れるから、バリエーション（多型）のホットスポットは20カ所くらいあることになり、ミトコンドリアDNAの個人差は大きいのではないかと期待されたのである。

　しかし、西洋人の研究から以下のようなことがわかってきた。それはこれらの変異は独立して起きるのではなく、変異には連関があることから、これらのバリエーション（多型）の組合せ（ハプロタイプという）は限定されることが判明したのである。それは、白人の多くの配列が"most common type"という一般的な配列に一致してしまうことが判明したことである。Cobleらの研究（2001年）ではたった18個のミトコンドリアDNAが白人総データの20.8％をも占めていることもわかったのである。これはアジア人でも同様でハプログループA、B、C、D、E、F、G、M型の8種のバリエーション（多型）が多くを占めていることが判明した。したがって、ミトコンドリアDNAにおいては、不一致の判定であれば違ったところが1つでもあればいいので比較的容易であるが、一致したという判断については、基礎とするデータの集め方が難しいため、計算が難しいことになる。これもミトコンドリアDNA鑑定が利用されにくい理由の1つである。

　またもう1つ困ったことは、ミトコンドリアDNAは同一人によっても細胞

ごとに異なった配列を持っていることがしばしばあることがわかってきたことである。これをヘテロプラスミー（異型形成）という。ヘテロプラスミーとは一個人中にミトコンドリアDNAの型が２つ以上存在することをいう。また、とくに筋肉細胞ではヘテロプラスミーが起こりやすいという報告もあり、血液や毛髪などの異なる組織間では同一人由来でも塩基配列が異なってくることがあるため、本当は同一人由来でも別人由来と誤認されかねないという問題がある。したがって、国際的な常識として、刑事事件を扱う法医学教室では、複数のヒトの細胞に由来する混合試料の判定は行われていないとされている。

　複雑なバリエーション（多型）現象があることから、ミトコンドリアDNAのデータベースの作成は容易ではない。私自身もかつて人種の差の鑑別に使おうとする研究を行ったことがあったが、ヒトとしての共通性や個人差の中間段階に人種としての特徴を示すような変異に特徴づけられるようなバリエーション（多型）が存在する可能性は低いことがわかってきた。つまり核DNAとミトコンドリアDNAの遺伝現象はまったく次元が異なっており、変異の要因が異なっているようなのである。ここからわかることは人種や生物種の区別は相対的であり、いかなるDNAの部分的な違いであってもそれを完全に識別できるマーカー（特徴的な遺伝子部位）は存在しない、ということである。

　このように比較的、試料を入手しやすいヒトのミトコンドリアDNAのデータベース作りでも大変であるのに、ましてや動物のミトコンドリアDNAのデータベース作りは家畜化や飼育化された特殊な動物の一部のデータしかとれないという限界がある。

　一般的にいって、研究者の実験というのはあくまでも人工的に飼育された動物しか用いられないのであって、野生を対象とした実験というのはほとんど不可能なのである。ペット化されたイヌのミトコンドリアDNAのバリエーションはヒトのそれより小さいという報告もあるが、これがイヌ一般としてそういえるかは疑問である。なぜなら最も研究されなければならない野生動物のDNA研究こそが本物であるからである。哺乳類共通の配列というものがかなり多数の領域に存在しており、飼育された動物はそれにわずかな変異が加わったものでしかない。しかし、野生動物はごく一部のものを除いては人間の眼に

触れず、捕獲することは容易ではなく、したがって試料が集まらない以上、その中身はまったく闇に閉ざされていることが最大の問題であろう。屋外で発見された証拠物件に毛が付着していたとしたら、野生動物由来の可能性を排除しない限り、飼育動物のみのデータベースを当てはめて、安易に解釈することはできないのである。

6　DNA鑑定はいかにあるべきか

(1) 鑑定と検査との違い

いままでは、鑑定にはレベルがあり、一般的な方法の適用が可能な事例と、先進的かつ独創的な方法の適用が必要な事例があり、後者を推し進めることが科学者の使命であることを説き、技術的な具体論としては、DNA鑑定において最も重要であるDNA抽出技術の発展について話を進めてきた。独創的な方法を用いた鑑定を実用化するためには、それなりの実験の積み重ねが必要であることは言うまでもないが、必ずしもそれを待てない事例もある。そこで必要になってくるのは、それが原理的に正しい方法であるか否かを「実験的に」ではなく「論理的に」検証をしっかりと行うことである。ここでいう「論理的に」とは、筋道を通して事実をつなげていく思考過程が必要だということであり、事実の共通性を引き出し一般性として把握することが論理であるための要件である。

科学はその適用の1つである鑑定と異なり、結果としての事実が大事なのではなく、事実から引き出されたところの論理を体系化したものであり、客観的な法則性がその基盤にあるのであるから、多くの事実に当てはめることができるのであり、科学を適用した技術には再現性がある。とはいえ、対象に応じて技術を適用しなければならないのであるから、個別事例へはそれに見合った適用が必要であるのみならず、またいかなる方法にも存在する限界をもって、科学的方法の一般性を否定してはならないのである。鑑定はあくまで個別の事実の探求であるが、研究ではそれが事実の発見であれ、論理の発見であれ、一般性の追求こそがその目的なのであるから、両者を同一次元で論じることはでき

ない。

　大事なことは、科学的な原理に基づいて研究した成果を踏まえて鑑定することであり、偶然性に左右される鑑定は、個別的な事実の問題であるから、まったく次元が異なるものである。

　鑑定における対象試料は多くは劣化を免れない、極めて微量なものがほとんどで、それゆえにやり直しができない。しかもその結果によっては1人の人間の運命を左右しかねないものであるから、鑑定人はその全責任がとれるように、生命を懸けて決して失敗しないように行う必要がある。決して、鑑定不能の結果を期待するかのような、安易な方法の選択であってはならないと著者は考えている。鑑定とは、いうなれば「頭の中の眼で視る」ことであり、高度に知的な作業であることを忘却して、単なる手作業であるかのように考え、データを出すためだけの検査レベルに引き下げるとすれば、そもそもDNA鑑定と称する意味がないであろう。

(2)　DNA鑑定を行う意味がある事例とそうでない事例

　さらに大局的な観点から、DNA鑑定はどう使われるべきかについて少し説いてみたい。

　DNA鑑定なるものは、それが科学的な技術に基づいた最先端の方法であるがゆえに、その結果が盲目的に信じられやすい傾向があることから、逆に大きな問題点があることはこれまでも繰り返し述べてきた。DNA鑑定は、客観的な証拠としては極めて重大な情報を提供するものであることから、その威力を期待するあまり、結果の出方が主観的な解釈の余地を残すものになった場合には、主観的な歪められ方をされかねないという危険をはらんでいる、という問題がある。

　何かしらDNA鑑定が行われたという形式をとれば、他の証拠や議論はすべてキャンセルさせてしまうほどの威力を裁判にもたらしかねない現状があることは歓迎できることではない。

　具体的な事例で説明してみよう。著者はかつて関西地方の警察本部からの嘱託で、殺された被害者の体に付着した体毛が、容疑者に由来するか否かの

DNA鑑定を行ったことがあるが、このような事例でのDNA鑑定は、被害者と加害者の接触の証明としては極めて直接的な意義があると言える。なぜなら、単に被害者の家から見つかった体毛ならまだしも、被害者の体に人間の毛がついているという事実は、被害者と極めて近接的に接触した第三者の痕跡であることは明らかであるからである。

　ところが、毛の付着といっても、それが事件と直接的な関連性がない可能性もある。たとえば、屋外に死体が遺棄されていた被害者に何らかの動物の毛が付着していたとする。その現場が野生動物が徘徊する場所であれば、その付着した毛が野生動物のものである可能性も考えなければならないはずである。しかし、その毛が容疑者の飼っていた犬の毛と一致したというDNA鑑定がなされたとしたら、どうであろうか。もしかしたらそれが裁判では決定的な証拠と見なされかねない可能性がある。

　だが、1本の毛からDNA鑑定を行い、それが犬の毛であること、しかも犬の種類まで特定し、かつ個体まで特定することは、大変に困難なことである。動物のDNA鑑定を研究している研究者はそれぞれの専門があり、哺乳類の中から犬を識別することすらたいへんである。なぜなら、哺乳類に共通するDNAが多量に含まれているからである。なのに、動物のDNAデータベースが個体識別が可能なレベルには達していないような状況の下で、DNA鑑定を決定的な証拠として扱うことに、そもそも無理があるということになる。

　このようなDNA鑑定の限界を超えた使い方も、それが専門家の名の下に裁判に提出されているとすれば、大変な問題であろう。このような現況があるがゆえに、裁判によっては審理のすべてがDNA鑑定そのものの論争に置き換えられてしまうと、裁判所の実力を超えた、誤った議論にいたずらに悩まされることになりかねない。というのは、裁判所が参照できる資料は事実そのものではなく、また実験そのものでもなくて、実験が文書化された資料でしかないからである。したがって、提出された文書が正しいものであるか、また対立した見解が出された場合にどちらが正しいかをめぐっては、専門外の裁判官の判断には限界がある。にもかかわらず裁判官に判断を委ねる結果どうなるか、と言えば、恐ろしいことに裁判官の主観だけが正しさの基準になってくるのである。

つまり出したい判決に併せて、専門家の判断を選ぶのである。私はこのような事例を多数経験してきたが、裁判と科学とはまったく異なることを実感することが多い。

　話を戻して整理してみよう。ここには考えておかなければならない問題点が2つある。その1つは、当該事件の解決にDNA鑑定がどれほど意味があるかという問題であり、もう1つはそこからなされたDNA鑑定がどれほど確かなものと言いうるのかという問題である。

　まず前者について述べてみよう。一般的に考えた場合、DNA鑑定が有効な場合は、次の2つに帰着する。その1つは、先に述べた被害者に付着した毛の鑑定のように、犯行現場あるいは被害者の体に加害者の細胞の付着が疑われる場合である。そしてもう1つは、それとは逆に、加害者とみられる人や、その所有物に被害者の細胞が残されていることが疑われる場合である。

　しかしながら、実際は前者の例がほとんどである。というのは、前者は犯行現場の鑑識活動や司法解剖という捜査活動で採取できるのに対して、少なくとも後者は、容疑者が浮上した後でしか鑑定できないのみならず、正当に鑑定試料を入手するには改めて令状が必要であるからである。またいずれの場合にも、最も問題になるのは、犯行現場や被害者、加害者の体や所有物からとられたものとはいえ、これが犯行自体に直接性がある場合とそうでない場合があるということである。

　より具体的に述べてみよう。たとえば、被害者が刃物で殺害された犯行現場には通常、被害者の血液が残されているが、そこに加害者の血液の混入があるとすれば、加害者も反撃されたり傷ついたりして傷を負った場合に限られる。しかし、このような場合はあまり多くはないし、仮にあったとしても現場に残されている血液のほとんどは被害者と加害者の混合血である。さらに血液が陳旧化しているとなると、事件とは無関係である可能性も常に考慮しなければならないであろう。ここで幸運にも現場から凶器である刃物が見つかり、それに加害者の血液が混じっていた場合には、犯行と加害者を結びつける重要な証拠となりうるが、しかし通常、犯人は現場から凶器を持ち去るのが普通であり、そのような証拠は残されていないことが多い。

ここで、現場や凶器についた手垢や、現場に残されたタバコの吸い殻、室内に落ちていた毛髪、被害者を触ったときの汗など、いわゆる接触試料も証拠として使いたいという誘惑に駆られるかもしれないが、このような体外へ脱落した死滅しつつある細胞は直接目に見えるわけはないので、どこに存在するかの特定が困難であるし、それ以前に、このような細胞があったとしても、それと事件とは無関係である可能性を否定することは難しい。したがって、このような場合にはDNA鑑定はむしろ有害になりかねない。
　このように、偶然的に犯人が細胞を現場に残しうるケースというのは非常に限られており、しかも、このような微量試料からの鑑定は難しいことが多い。したがって、このような場合にはDNA鑑定はあまり有効性を期待できない。
　ただ、DNA鑑定が積極的な意義を持ちうるのは、性犯罪のように加害者が自らの細胞を現場ないし被害者に残しているような場合である。しかし、注意しなければならないことがある。たとえば強姦致死の場合、これはあくまで性的な接触の痕跡であっても、それが直ちに殺害者としての痕跡とは限らないということである。性的な接触者の可能性が複数ある場合や、性的な接触者と殺害者が別人ということもありうることは常に考慮されなければならない。
　このようにみてみると、現実にはDNA鑑定が事件の解決にあまり役に立たない事例がほとんどであることは、注意を喚起する必要がある。ところが、捜査関係者が裁判での有罪判決を確実にしたいという誘惑に駆られた場合には、本当はDNA鑑定を行いうる試料が何もないにもかかわらず、他の証拠が何もない場合や、容疑者の犯行を確信させるための権威づけとして無理やりに確実な証拠を得ようとして、不確かな試料からでもDNA鑑定を行わせようとすることもありうる。こうして科学的な捜査による決定的な証拠があるかのような形式をとりたがる場合も想定できる。ここには、DNA鑑定は決定的であるかのような社会的な盲信がその背後にあるからであろう。
　しかし、多くの冤罪はこのような形態で起こっていることを、もう一度考えておく必要がある。大事なことは、DNA鑑定を行う意味がある事例と、そうでない事例があることを認識して、後者ではむしろDNA鑑定が有害になることも考えておかなければならないということである。したがって、鑑定を引き

受ける立場からは、曖昧な試料からの強引なDNA鑑定は避けたほうがよい、というのが著者の意見である。

(3) DNA鑑定を実施するか否かの判断要素
①細胞の種類

　仮に、事件の解決にDNA鑑定が有効であると考えられたとしても、DNA鑑定を実施したほうがよいのかどうかは、試料の古さのみに依存するのではなく、むしろ試料の性質や、そこに付着している細胞の量と種類のほうが重要である。「数十年を経た試料からDNA鑑定ができるはずがない。ましてや汚染の強い試料など……」という意見を持つ人もいるかもしれないが、細胞の陳旧化と劣化は異なった概念である。物は古いほど壊れ方も進んでいるとは限らないのである。ましてやDNAは、単なる物ではなく、生命物質である。単なる物でも、たとえば建物の古さとその壊れ方は必ずしも比例しないことでもわかるであろう。ましてや気候の変化の少ない都市に立っている建物、寒暖の差が大きい盆地に立っている建物、あるいは海岸に立っている建物、海中に沈んだ建物では、同じ古さであっても劣化度には大きな違いがある。古生物や古代人からのDNA鑑定も可能である場合があることは、科学的研究では常識である。

　ここで肝心なことは細胞やDNAの変化は、時間経過のみに従うのではなく、環境との関係で変化の仕方や速さが決まってくるということである。これは食品を冷凍保存した場合と、室内で放置した場合には腐り方が違うという日常的な事実でも理解できるはずである。

　まず考えなければならないのは、その細胞の種類である。DNAはどの細胞でもすべて同じであると考えられているが、それはDNAの塩基配列が同じであるだけであって、DNAそのものの分子としての安定性は細胞種によって大きく異なる。これは実験すれば直ちにわかることである。無限ともいうべき細胞分裂の能力を秘めた精子のDNAと、すでに細胞が死滅しつつある皮膚の表面のDNAや、脱落した毛髪のDNAとでは、外界にさらされたときの分子としての安定性はまったく異なってくる。また同じ理由で、乳幼児由来のDNAと成人由来のDNA、そして老人由来のDNAとではやはりDNAとしての保存性の

高さが異なってくる。これはDNAにも質があり、細胞の老化と一体性があるということなのである。したがって、鑑定する細胞がいかなる細胞なのか、そして細胞が由来する人の年齢はいくつなのかは、重要な問題となってくる。

②細胞DNAの保存条件

そして次に問題になるのは、その細胞のDNAがどのような条件で保存されていたのかということである。一般的に言ってDNAは、温度とか湿度とか、あるいは太陽光線とかの影響を直接受けるけれども、それ以上に重要なのは外界の変化そのものである。DNAは環境を変化させない限り比較的安定に維持されるが、環境を変化させると、それに見合ってDNAも崩れていくということが起きる。また、DNAを付着させている物質が人工物であるほど、やはり有害な影響が生じる傾向がある。したがって、変化の少ない自然的環境で保存された場合には、最もDNAの劣化が少ないといえる。

なぜそうなのかというと、DNAはそもそも環境の変化に見合って変化する構造を有しているからである。もっと言えば、自然のすべての物質は、無機物ですら環境との相互関係ないし相互規定性によって変化が起きるのであるという一般性から考えておく必要がある。さらにDNAは無機物質ではなく、可塑性に富んだ有機物質であり、また環境に従って積極的に変化する性質を持っている生命物質でもある。DNAを絶対不変のプラチナのようなものと考えてはならないのである。

(4) 犯罪そのものを明らかにできないDNA鑑定

DNA型がわかっただけでは、DNA鑑定は何の役にも立たない。なぜなら、繰り返し述べてきているように、DNA鑑定の結果は、細胞のDNA型を明らかにできるだけであって、そこでなされた犯罪そのものを語っているわけではないからである。また、DNA鑑定で明らかになるのは細胞のDNA型のみであり、それを誰かと照合しえてはじめて由来する人の名前が明らかになる。さらに、由来する可能性のある人の名前が仮にわかったとしても、それがすなわち犯人と言えるかどうかはまた別問題であるが、そこが議論されないで素通りしてし

まうことは避けなければならない。いかに証拠試料からのDNA型がわかったとしても、それと対照するものがなければ何の役にも立たない。

したがって、DNA鑑定の結果を役立たせるためには、それを照合したい容疑者がすでに現在までに身柄を確保されていることが最低限、必要となる。ただこのような場合には、捜査機関で行うDNA鑑定の結果には、逮捕を正当化したいという期待がどうしても生じてしまいかねないのであるから、鑑定を行う以前に大きなバイアスがかけられていることに注意する必要がある。

(5) DNA鑑定の結果の評価・解釈における確率や統計概念

さて、以上を前提にしてもう1つ考えなければならないことがある。それは、DNA鑑定の結果をどう評価しどう解釈するかという問題である。これには確率や統計の数式や概念が使われることが多いので、何が何だかわからず、煙に巻かれるように思う人も少なくないと思うので、少し丁寧に説いていきたい。

まず第1に述べておきたいことがある。それは、現在の市販キットで完全な結果が得られていれば、それを数値的に評価する必要は現在ではなくなった、ということである。検出されたDNA鑑定の結果が16部位のうち1つでも不一致であれば、その容疑者は証拠となる細胞との一致性が完全に否定される。また逆に、16部位のすべての一致が得られれば、偶然性が否定され、同一性を否定することは困難となる。

しかし、結果が不完全であるにもかかわらず、不一致とされる部位が存在しないような結果が出された場合はどうであろうか。ここで、結果が不完全である理由は2つ考えられる。その1つは、検出できた遺伝子部位の数が少なく、確率的変動がある場合である。もう1つは、検出された型が複数の人の由来である（混合試料）ことが疑われる場合である。

このような不完全な一致でもなお、それを証拠として生かしたいという場合に、数値的な解釈が導入される余地が出てくる。したがって、数値的な評価はあくまでも不完全な結果を一致と解釈させたい場合に必要になるのであるから、あくまでも検察側の論理に従っていることになる。

しかしながら、このような不完全な一致の結果を得た場合にとりうる立場は

計算だけではない。試料を取り直して検査をやり直し、完全な結果を求めるということが最も望ましいことである。しかし、鑑定に責任を持つ専門家と見なされうる人間は、自ら実験するのではなく文書化する専門家であることが多いので、不完全な結果を採用せず、検査をやり直すのではなく、不完全な結果でも都合よく結果を解釈しようとしてさまざまな計算方法が考案されてきている現状がある。

したがって、著者の立場からすれば、このような計算的な方法は決して歓迎すべきことではないと思うのであるが、どうしても現状では不完全な結果しか得られないこともありうる以上、論理的に正しく計算する必要がある事例もないわけではない。

しかしながら、DNA鑑定の専門書に記載されている計算方法は、確率・統計論からは誤った適用がなされているものがほとんどである。しかも、それを指摘できる専門家もいないことも問題であるが、これは最も基本的な部分に対する不理解があるせいである。

(6) なぜ一致と解釈させたい場合に計算が必要になるのか

ところで、なぜ一致と解釈させたい場合に計算が必要になるのかといえば、DNA鑑定で明らかにできるのは個人ではなく、あくまでも複数の個人が含まれる小集団で区切られた「型」であるからである。「型」という以上、個別ということはありえないので、偶然の一致の可能性を常に含んでいることになる。

わかりやすい例として血液型で述べてみよう。たとえば日本人の場合、血液型のA型の人は約40％も存在するから、A型で一致したとしても、同じ人であるというにはほど遠く、偶然の一致の可能性も極めて高いことになる。ところが、これがAB型になると、約10％なので10人に1人しかいないことになり、もしも他人で一致したとすれば少し稀なことが起きたことになる。このとき一致と判断する基準は主観的に決めなければならない。それをたとえば10％での一致は偶然ではありえないという基準を設定すれば、AB型で一致した場合のみ一致という判断がなされうることになる。このように血液型が一致したといっても、どの型で一致したのか、その出現率はどれくらいかは、極めて重要になる。

DNA鑑定において必要な数値は、その型の出現頻度だけである。それに加えてそれを評価する主観的な基準値の設定が新たに必要になる。したがって、この数値の作り方によっては、あまりよくない結果でも高く評価するトリックを使うことも可能になる。

　司法研修所編『科学的証拠とこれを用いた裁判の在り方』(法曹会、2013年) 92頁の脚注19には次のように述べられている。

　「同一性の確からしさの指標としては，偶然の一致率（matching probability），尤度比（likelihood ratio）などが用いられる。

　　ここでは，アリル型の出現頻度は，まさに無関係の他人と型が偶然に一致する確率を示すものである。

　　また，この型が判明したことにより集団中のどれだけの割合の者が候補者として否定できるかを示すのが排除率（exclusion ratio又はProbability of exclusion: PE）であり，{1-（偶然の一致率）} すなわち {1-（出現頻度）} で表される。

　　そして，尤度比とは、観察された現象が互いに排反な仮説のどちらによるものと考え方がどの程度もっともらしいかをオッズで示す値であるが，例えばある現場血痕の型がある被疑者の型と一致した場合，互いに排反する仮説は

　　H_0：その血痕はその被疑者のものである。

　　H_1：その血痕は被疑者とは無関係である。

　　の両者であり，それぞれ導かれるべき確率P（H_0）；P（H_1）は，

　　P（H_0）：血痕がその被疑者のものである場合に血痕の型が被疑者の型と一致する確率

　　P（H_1）：その血痕は被疑者とは無関係である場合に血痕の型が被疑者の型と偶然一致する確率

　　となる。尤度比はこの両者の比　P(H_0)／P(H_1)で表される。この場合，P（H_0）は当然1であり，P（H_1）は偶然の一致に等しいので，尤度比は

　　　尤度比＝1／偶然の一致率＝1／（1-（排除率））

となり，偶然の一致率の逆数と等しくなる。

このように候補者自身の対照試料を用いた個人識別において，偶然の一致率，排除率，尤度比は互いに一つから他を導出することが可能であって，それらの情報量は等しい。

以上につき青木康博「DNA鑑定による法医学的個人識別の確率・統計学的背景」岩手医学雑誌54巻（平成14年）2号85頁以下。」

たいへんわかりにくく述べられているが、ここでは「偶然の一致率、排除率、尤度比」などには、すべて「アリル型の出現頻度」のみしか計算に用いられていないと述べられていることが重要である。このうち、「尤度比」なる言葉に戸惑いを覚える読者も少なくないのでは、と思う（尤度比についての詳しい説明は次章5参照）。

そもそも「尤度比」なるものは2つの異なった確率の比であるから、そこには違った種類の2つの確率値が導入されていることが前提となる。たとえば、DNA鑑定が誤る確率やDNA鑑定以外の情報から、対象試料の妥当性などの数値、あるいはその人が真犯人である他の証拠の信頼性などの他の数値の導入がなければならない。たとえば、上記の引用文については、尤度比について「P(Ho)：血痕がその被疑者のものである場合に血痕の型が被疑者の型と一致する確率」を1としている。一見、もっともらしく認めてしまいそうであるが、実際はこういうことがあるはずがない。なぜなら、この文章はDNA検査それ自体に誤りはない、ということが前提にされているからである。それに加えて、試料はそれなりに劣化試料であるからであり、いかなる検査にも誤差が入りうることも考慮する必要がある。したがってここを1（100%）とするのは、検察側の主観的な願望に過ぎないのである。また1との比率をとるだけなら、あえて尤度などと言って確率の比率をとるほどもなく、この計算はやってもやらなくても、分母に来ている偶然の一致率の表記を変えただけにすぎない。数式は場合によっては現実から乖離してしまう空論となりかねないことには注意する必要があろう。

第5章

DNA鑑定の解釈をめぐって

1　DNA鑑定と数学

(1)　法律家の頭を悩ませる確率や統計

　本章ではDNA鑑定をいかに解釈するかの実践的な問題に関わって、数値的な評価を行う方法の中身について検討することにする。

　多くの法律家にとって頭を悩ませることの1つに、DNA鑑定をどう評価するかについて、確率や統計あるいはその他のコンピューター解析などでそれを数値的評価に置き換える方法による難解さがあるのではないだろうか。なぜなら、これらの計算や数値が何を意味しているのかがたいへんわかりにくいからである。ただし、これが用いられ始めたのは15年ほど前からで、個人識別用のキットが普及し、検出できる遺伝子部位が多数になってきたことが背景にあり、①それら複数の検査を総合的に判断する必要が生まれてきたことと、②検査の感度が上がって不規則な結果を解釈しなければならなくなったことに起因する。

　しかし、①に適用される数式と②に適用される数式とは少し性格が異なる。まず①について説明しよう。たとえば、本邦において初期に鑑定に用いられたMCT118型（D1S80）法であれば、出た型おおよそがどのくらいの頻度で日本人に見られるかさえ知っていれば何の問題もなかった。稀な型が検出されるほどに、偶然性が排除できると判断できるからである。しかしながら、調べる遺伝子型が複数（多数）になってくると、これらをあわせて評価する必要が出てくる。これはいったい、どう考えるべきであろうか。

　そもそもDNA鑑定においては、たとえば証拠試料が容疑者と一致したとい

う場合、どの程度の一致率であるかということを、それなりに評価する必要がある。ただしこれが90％の一致率であろうが、99％であろうが、99.9％であろうが、確率的表現なるがゆえに100％になることはありえないという性格があるから、どれをどのように評価するかも主観的に線引きしなければならないという問題がある。とはいえ、このような数値は大まかな意味づけには役に立つので、それが数値的に表現できれば、それはそれで意味のあることである。

　しかしながら、単純なたった1つの遺伝子に関わる遺伝子検査についての評価という場合には、計算上の問題点はまだ小さいが、複数の遺伝子部位を組み合わせた評価となると、現実から独り歩きして、観念的に数値が積み重ねられていくということが起こりうる。その結果、最新のキットのDNA鑑定では4兆数千万人に1人、というところまで絞り込まれると宣伝されている。しかし地球の人口を超えた確率など現実的にはありえない数値であることがわかるであろう。ならばなぜこういう桁外れの数値がはじき出されたのであろうか。

(2)　**絶対的な意味があるわけではない数値**

　DNAではわかりにくいので人間で説明してみよう。たとえば、瞳の色が青い人間、茶色の人間、黒色の人間がいるとして、容疑者の瞳の色が青いという検査結果が出た場合（最新の検査では可能である）に、全体の人口の中で瞳の色が青い人が何％いるかということは、この瞳の色が青いということの結果の評価については重要である。なぜならば、ほとんどの人の瞳の色が青いのであれば、これはまったく証拠たりえないし、そういう人が稀なのであれば、その結果については極めて重要な意味があるということが言えるからである。

　しかし、西洋人で瞳の色が青い人の割合と、東洋人で瞳の色が青い人の割合はまったく異なってくる。東洋人の場合、瞳の色が青い人は極めて稀である。したがって、西洋人であるとした場合にはあまり意味がない「瞳の色が青」という証拠も、東洋人であるとした場合にはそれが大きな意味を持つことになる。したがって、ある特徴を西洋人から評価するのか、東洋人から評価するのか、全世界レベルで評価するのかによって出現頻度は当然に異なってくるが、通常は、全世界レベルでのデータの収集というのは不可能に近いので、研究者が属

する小社会でのデータのみが参考にされるという問題がここにはある。つまり参照した母集団によって遺伝子頻度は異なるという問題がある。

つまり、母集団の種類と数によっていくらでも出現頻度の数値が異なってくる可能性がある。

したがってそういう意味では、ある1つの証拠に対しての、その出現頻度というものはあくまでも参考にすぎないのであって、それ自体の数値に絶対的な意味があるわけではない。なぜならば、それを算出した計算の根拠となるものは、あくまで局部的ないし偏在する母集団からの評価という限界があるからである。

これでわかるように、数値なるものはあくまで何らかの仮定、ないし制限に基づいて作られた数字である。全体を調べることは不可能である以上、完全に正確な数値というものを出すことはできないし、したがって数字はいかにしても全体からある部分のある側面を取り出した概算的なものである。したがって、これはあくまで参考的なものにすぎないことを理解しておく必要があるだろう。

ならば、このような証拠が2つ組み合わさったらどうであろうか。たとえば瞳が青の特徴と、髪が金髪である特徴と、容疑者に2つの特徴があることがわかったとする。このときに目の色が青い確率が仮にドイツ人において40％、金髪の人が31％であるとした場合、通常この2つが組み合わさった人は0.4×0.31＝0.124、すなわち12％しか存在しないと計算されることになる。

しかし実際には、瞳が青の特徴と、髪が金髪である特徴を共有する確率は、ドイツ人では極めて高いことが知られている。この2つの特徴を持った人は、サンプルの取り方にもよるが100人のうち30人以上は存在するとも言われている。となると、実際に目が青い人で金髪である人は30％もいるにもかかわらず、計算では12％と実際の3分の1にまで低く見積もられることになる。

いったいどうして現実と計算が食い違うのかといえば、計算の場合は瞳の色が青いことと金髪であることをまったく無関係な特徴であるという前提が置かれているからである。これは遺伝学においてはプロダクト・ルール（product rule）と呼ばれているものである。通常、これは何の抵抗もなく受け入れられているが、すべての事象はつながりあっている以上、それぞれの形質は完全に

独立ということはありえないにもかかわらず、無前提に仮定されてしまいがちである。

　これは、人間の体は1つであり、すべての特徴はつながりあった全体をなしていることからも明らかである。たとえば髪の毛が金髪であることと、瞳の色が青いということを考えてみると、東洋人にはほとんどないが、西洋人には当然に両者を共有している人は多いであろう。というのも、西洋人としてはよく見られるこれらの特徴は、長い間の環境と生活によって創られた遺伝子としての歴史を持っているからである。

　研究が進むことによって、実際、遺伝子として相互につながりがある可能性があることが、極めて多いこともわかってきた。これは遺伝子同士の直接のつながりがあることもあれば、同じ環境にさらされることによって、互いにつながりあって変化した可能性もある。しかしながら、この遺伝子相互のつながりの法則性というものは、われわれは一切把握していないので、本当はつながっている遺伝子の働きが別々のものとして切り出された結果、誤った計算がなされ、誤った数値に置き換えられてしまうということが起こりうるのである。このことから、複数の遺伝子部位はセットとして見たほうがいいという観点から複数の遺伝子をまとめて計算する「ハプロタイプ」という概念が生まれてきたが、これは合理的である。しかしいかに、たくさんの部分の遺伝子を調べたとしても、全体の微細部分でしかないことには変わりない以上、ヒト遺伝子のすべてを総合したデータベース作成は実際には不可能であるという限界がある。

(3)　遺伝子部位の法則性をまったく踏まえない計算式

　実際の遺伝子というものは、全体として1つの働きをしているため、遺伝子相互がまったく無関係に規定されているということはありえない。そこには遺伝子を協調的かつ協同的かつ全体的に機能させる、生物の大きな法則性が働いているからである。したがって、DNA鑑定で用いられるいかなる単純反復配列構造といえども、それが遺伝子としてしっかりと残りかつ遺伝的に伝達されている以上は、この全体の遺伝子の機能の連鎖の中に組み込まれていると見なければならない。

ハーディー・ワインベルグの法則と呼ばれているものがある。これはある遺伝子部位について出現する型に世代間で偏りがないということ以上の意味はなく、突然変異や進化を否定する法則にすぎない。

　したがって遺伝子についての正しい法則性を捉えて、それを公式化して、それぞれの遺伝子部位の出現率を計算するのであれば、ある程度、真実に迫ることができるのである。なのにそれぞれの遺伝子部位の法則性をまったく踏まえないで、それぞれの遺伝子は無関係であるという、人類にとって未知に基づくところの誤った前提をし、それを単純に掛け合わせるという計算を行ったのでは、まったく誤った数値を引き出してしまう可能性があるわけである。

　本当は遺伝子の法則性に従った公式で計算しなければならないのに、われわれはその法則性を知り得ていないから、その代わりに、観念的に数学としての公式を創造して計算を行うことになる。これが遺伝子計算における根本的な問題点なのである。

　さらにこれらの計算式を組み合わせて、単純なる人間の手計算ではできないような公式が導入されるとなると、コンピュータの力を借りなければならないということになる。ところが、コンピュータなるものは、いかなる公式と手順でその数値をはじき出したかの過程を見ることができない。つまり、結果のみが提示されるにすぎないのである。しかし、DNA鑑定が数値データで出ることを歓迎する背後には、世間一般の人が抱いている数学への盲信があることは否めない。

　そもそもDNA鑑定の結果は、型そのものが繰り返し数を表現していることから、数値的表現で表せるがゆえにこのような数式的解析になじみやすい面があるばかりでなく、数字というものは有無を言わさない説得力があり、絶対的なものだと考えられるのでDNA鑑定の評価をより補強する根拠にされかねないという背景がある。これは根本的には数値的表現が科学的表現の一つの代名詞であるかのように思われているという、一般的な風潮があることに加えて、このような高度の数式を振り回すことが、専門家としての知的な作業であるかのような巨大な錯覚がその背景にあるように思う。

　しかしながら、これは大いなる錯覚であり、そもそも数学とはいかなるものか

について大きな誤解が一般的にあることを、少し考えてみる必要があるだろう。

2　数学の歴史と科学との関係

(1)　数学で求められる能力と科学者としての頭の働きとは無関係

　数学という教科については、頭を悩ませた人が少なくないのではないだろうか。というのも、日常的な数字を実際の日常生活の場面とのつながりで学ぶことができる小学校の算数から進んで、中学校以降になると数字は文字に代えられ、また、その文字も変数や未知数、定数などといくつかに分類され、また扱う数も整数や小数、分数などの実数だけでなく、虚数、あるいは数列、ベクトル、三角関数、などと形式の幅が一挙に広がることになるからである。

　したがって中学校から高校にかけては、このような数式が理解できる特異な才能を持つ生徒は稀で、多くの中学生、高校生は数学が理解できなくなるというのが現在の学校教育のあり方であると思われる。そして最近ではこの数式をコンピュータに処理させることができるようになったため、あるいはコンピュータのソフトウェアの開発といった分野で数学的な才能を生かす人もいるだろう。そして一般的にはこのような数学ができる人間ほど頭が良く、能力もあると考えられている。しかし、これは本当だろうか。

　確かに数学の問題が解ける学生は頭がいい、という中身を持っていることは間違いではない。しかしその中身は？と言えば、与えられた数式を理解し、あるいは問題に合わせて数式を立て、公式に従って数式を変形し、答えを導き出すという純粋に観念的な作業をなしうる頭の良さである。つまり、数学は事実からではなく定理や公式が正しいということからはじまるのである。しかしながら頭の良さにはいろいろな種類がある。暗記ができることも頭の良さであれば、空想力を働かすことも頭の良さであり、将来を予測できることも頭の良さである。もちろん数学の問題が解けることも頭の良さの1つであることはいうまでもない。しかしながら、頭がいいことと、科学者としての頭の働きが優れていることとは異なることには注意する必要がある。

　本書の読者は法律に関わる専門家が多いと思われることから、数学ができる

人間に対しては、違和感がある場合もあれば、何かしら特別な能力があるかのように敬意を払いたい人もいるのではないかと思われる。しかしながら、数学で求められる能力というものは、科学者としての頭の働きとは無関係というより、まったく逆さまつまり事実より主観を優先してしまうのであるから、それが得意になればなるほどに、観念的に想像を膨らませる方向で問題の解決を図ろうとしてしまう傾向になり、想像力が必要な技術者としてはそれなりに才能を発揮することはあっても、科学者としてはむしろマイナスになるといえるのである。

(2) 現実の問題の解明には直接関係のない数学の発展

そもそも科学とはあくまで、事実を対象にして、事実の構造に分け入り、さらにそこから論理を引き出し、理論レベルで体系化することを本分とするものである。つまり、あくまでも観念の問題ではなく、現実の問題を扱い、それを解決する能力こそが求められるのである。したがって、数学のように観念の問題を解く頭の働きとはまったく異次元のものであるにもかかわらず、一般的には数学なるものは科学の基礎であると錯覚されていることから、理科系のすべての大学の受験科目で、それが課されているという現実がある。

なぜこうなったのか、といえばこれは歴史性を受け継いでいるからにほかならないし、これ自体は歴史的には正当性があったことは事実である。なぜなら、歴史的にみて初期の数学というものは、現実の自然科学の問題、とくに宇宙の問題を解くために、人類の最高峰たる叡智が創り上げたものであって、自然科学者が数学をやっていたのである。つまり純粋な数学者なるものはいなかったし、現実抜きに数学を考える学者もいなかったのである。

巨匠たるケプラー、ニュートン、ガウス、ラプラスらは、天体観測から数式を導き出したのであって、決して観念的にのみ数式を創造したのではなかった。つまり彼らは自然科学を解明するための武器として数学を創り上げていったのであって、それ以外ではなかったのである。これは統計学についても同様である。統計学の基礎的法則である正規分布は、天体の観測データからガウスが創り上げたものであって、現実の法則性がその基礎にあった。この問題について

関心のある読者はぜひ拙著（本田克也＝浅野昌充＝神庭純子『統計学という名の魔法の杖』〔現代社、2003年〕）を参考にしていただければ、と思う。

　しかしながら、近世から近代になって、個別科学がさらに発展し、あまりにも微細な部分の研究に入ってみると、そこでは数学が役に立たなくなる場面がやってくる。つまり数学的に公式化が図れないような問題に直面したのである。そこから自然科学者は数学を捨て、また数学は自然科学から独立して、数学としての発展を遂げるようになっていったのである。つまりこれまで一体であった自然科学者から数学者が分かれていき、数学者なるものは観念上の法則性としての数学を追究することになっていったのである。その結果、数学者は現実の問題の解明には直接関係のない数学を創り上げていく。結果としてそれは思考法の訓練としての意味合いしか、持たなくなっているのが現実である。

　このように歴史的には大きな役割を果たした数学であったが、現在では現実の解明とは無関係なレベルにまで数学が発展してしまい、単なる知的好奇心を満たすか、もしくは技術の分野での創造に役立つものにしかなりえないのが現状なのである。にもかかわらず、この数学が歴史的に果たした役割を、その形式のみで受け継いでいるのが、現代の理科系大学である。大学の医学部にあっても入試問題に数学がないところは皆無である。これは数学ができる学生のほうが頭が良いし、そして優秀な医師になると思われているからである。頭が良い学生ほど医学をより学べるはず、というのは本当であるが、医師になるための頭の良さは数学で測れるのだろうか、と考える人は少ない。

　しかしながら、医学部の教員としての立場からはっきりと述べておきたいことがある。それは、このように数学ができる能力というのは医師になるため、あるいは優れた医学研究者になるため、法医学者になるためにはまったくというほど無関係であるばかりか、かえって有害になるということをしっかりと認識しなければならないということである（瀬江千史＝本田克也ほか『医学教育概論（1）～（6）』〔現代社、2006～2014年〕参照）。

　なぜなら数学というものは、現実の問題を解くのではなく、観念的に作り出した仮説、モデル、公式などに従って、数値から別の数値を引き出す方法であり、それによって逆に事物を解釈するものであり、観念を現実に押しつける思

考方法だからである。したがって、数学において「仮説」とか「モデル」と名のついたものが出てくれば、それは現実から引きだしたのではなく、単なる観念的な創造にすぎないと考えて間違いはない。したがってそのような計算式はその式の創造者の独自の考え方に基づくものにすぎないと言っていいだろう。

このように数学というものは、机の上で頭の中で観念を繰り広げるような、恐ろしく現実と乖離した頭を作り上げるものであるから、DNA鑑定でもよりよい検出法を用いたり、新しい方法を開発する研究をするより、机上で計算を楽しむような頭になってしまう危険がある。その結果、現実につきつけられた問題を現実的に解決するのではなく、仮設として作った問題を頭で解決する、ということに満足してしまいかねないのである。

3 検査の不完全性を解決する方法

(1) 不完全な結果が得られたときにとりうる方法は計算だけか

ところで、もう1つ、前記②検査の感度が上がって不規則な結果が出るので、解釈のために計算が必要になる問題について述べてみたい。検査の感度が良くなれば、結果の出方に不規則性、たとえば、1人の型ではなく、2人以上の型と思われる複数バンドが検出されたり、また不整なバンドを型として読み取るべきなのかどうか、判断に迷うような結果もでてくることもある。このとき何らかの計算をしてそれを解決できるのでは、と思ったときには特殊な計算方法への依存の誘惑が始まるのである。つまり、データの解釈が単純でなくなるような不確定的な結果が出てきたときに、これを計算で何とかできないか、と考える専門家が出てくるのである。このような研究者は、現在では国内に限らず、海外にもたくさん出てきているので、無視できない勢力となっているが、その問題点については後で述べることにしたい。

まずあらかじめ強調しておきたいことがある。というのは、こういう解釈に苦しむ結果が出た場合に、とるべき方法は計算だけなのであろうか、という問題である。なぜなら、不完全な結果が得られたときにはとりうる方法は計算だけではないからである。つまり解決を観念に求めるのではなく、現実に求める

という科学的な方法があるからである。

　どういうことかといえば、それを計算で何とかしなければならないような、不完全なデータが出てきた原因に遡り、それを現実的に解決するという方法がある。つまりもう一度試料を取り直し、あるいはDNAを抽出し直して、再検査し直すということが最も重要なのである。つまり、もう一度同じ検査か、あるいはより厳密な方法を用いて結果を出すということがそれである。なぜなら、誤差の大きい結果からいかに計算しても真実に迫ることはできないからである。そしてこのことは一般の検査にとっては常識であることを想起する必要がある。というのは、検査にはスクリーニング的な検査もあり、厳密な検査もあって、それは検査の目的や方法によって異なるのは常識であるからである。

　「失敗したならやり直す」ということは日常的には常識である。ただこれができない場合があるのは、やり直しができない場合に限られる。DNA鑑定で言えば、試料が限定されている場合がそれである。そういった場合には検査不能とするよりも、不完全な結果ながら何らかの情報が引き出せないか、と考えることは承認できないわけではない。しかし、多くの場合は鑑定の検査を実施した人と、それを解釈する（計算する）人が別であるので、再検査が可能であるのに、むやみに計算で答えを出している事例の方が多い。これは避けられるべきである。

　病気の検査を例にして考えてみよう。私の専門である医学・医療には、癌を診断するために、癌があることが疑われる臓器から、検査機器により細胞を採取して、血液を採ったり顕微鏡で検査するという方法がある（病理検査）。このとき、採取された血液や細胞に明らかに癌細胞が介在していると判定できる場合は明確に判定できるが、癌なのか正常なのかが判然としない場合、あるいは他の所見から明らかに癌が疑われるのに、癌細胞が見つからない場合がある。このときは検体不良として再検査を要請するか、すでに採取した試料からの標本作製に失敗していたとすれば、そこからやり直すということを行うのが普通である。また、試料採取や標本作製には成功しているとしても、細胞が癌なのかどうかがわかりにくい特徴を持っている場合には、検査そのものに確信を持てないこともあるのである。

(2) DNA検査ではなぜ再検査をやらないか

　このような、頭で考えるより、現実に立ち返り、検査を繰り返すことが検査を正確に行うための一般性として重要である以上、再検査というのは最も科学的な方法であるといえる。ところが、DNA検査に限っては、どういうわけか、再検査をやらずに不完全な結果を何とかしようとすることがよく行われる。どうするのかといえば、実際に検査をもう一度行うのではなく、頭の中でこの結果を思案するのである。これがすなわち、データを数値化し、それを公式に当てはめて、別の数値に置き換えていくという方法である。

　確かに、先に述べたように、もしも再検査ができないほどに試料を使い切ってしまったとすれば、計算で解決しようとするのもやむをえない方法といえなくもない。しかし、鑑定というのは試料が限定された、また結果は極めて重大なものであるから、細心の注意を払って行っているはずである。したがって、検査ミスがありえないとすれば、もはや試料の限界であるから、出た結果をありのままに提示するところにとどめるべきであり、一方的な解釈を押しつけるのは不当である。もしそれが試料の取り方の不適切さによるとして、試料が残っていれば、絶対に再検査をすべきである。現実に検査を重ねる労を疎んで、観念的なデータの解釈に走るとすれば、それは決して科学的ではない。

　しかしながら、DNAは生体から離れ外界にさらされると劣化や分解が始まるから、このような試料からの検査には当然に誤差ともいうべき、不完全さが必ず伴ってくるという必然性がある。DNAに関してもこれには例外はないにもかかわらず、DNA検査についてはどういうわけか、そのような誤差はありえない、ということが盲目的に信じられている。このことが、DNA検査においてこのような計算方法が重視される所以の最たるものである。かつてはこれは「DNA鑑定神話」とまで揶揄されたこともあり、これは捜査機関が流したスローガンでもあったが、これが逆に自縄自縛になっていることは指摘しなければならない。その結果、その容疑者が真の犯人であれば、DNA検査結果は100％一致する、といった検察側の仮説なるものが疑いもなく前提として受け入れられている現状があるが、現実にはこういうことはありえないのは当然である。

たとえば、捜査機関だけでなく、あるいは一部のDNA研究者たちにとっても、DNAは生体から離れた後、分解が進むことは知っていても、それが劣化による分解であることをまともに考える人がいない。つまり、DNAは時間が経つと単に分解という量的な変化を伴うだけなのであるから、短い断片を増幅するPCR反応は必ず可能であるはずだ、という誤解である。しかしながら「量的な変化は質的な変化を伴い、質的な変化は量的な変化を伴う」というのは自然科学の常識である。つまり、DNAが分解していくのは、DNAそのものに質的な変化（劣化）が起きているからであり、その結果が分解として現象するからである。質的な変化があるからこそ、分解せざるをえなくなるということは理解していただきたいと思う。

4　DNA鑑定に用いられる基礎的概念

(1)　検査結果のディテールは数値化することによってすべて捨象されてしまう

　以上を前提にしてDNA鑑定における数値的解釈についての基礎について論じてみたい。

　自分で鑑定をやった経験のほとんどない鑑定人は（実際はあってはならないことではあるが）、実験は部下にやってもらって、その結果をもとに鑑定書を作成することが仕事になっている人もいるであろう。そしてこのDNAの生データを数値に置き換えたものを用いて、バンドのサイズやピークの高さという数値のみに化けさせ、そこから計算にかかろうとする。しかしながら、本来、DNAを知るために、それを単なる数値で表してしまえば、その中身はそっくり抜け落ちてしまうことは忘れてはならないのである。これは病気を数で表したらどうなるか、人間を数で表したらどうなるか、ということを考えてみればわかるであろう。

　しかしながら数で表すことなしには、数式は当てはめられない。しかしDNA検査結果のディテールは数値化することによってすべて捨象されてしまうのである。つまり数値化してしまえば、いかにしても生データに含まれる情報の一部しか抽出できなくなるということである。

(2) 遺伝子検査における基礎的な数値

　まず遺伝子検査における基礎的な数値について考えてみたい。遺伝子検査において用いられる基礎的な数値には3つある。1つはある型が検出された場合、それが全体の母集団においてどれほどの出現率であるかを計算した数値である（遺伝子頻度）。これは数値が少ないほど、稀な型が検出されたことになるから証拠価値は高いことになるが、数値が低いほど評価が高いと言うものは感覚に合わないので、1から遺伝子頻度を引くという計算がなされることになる。これを排除率という言葉で呼ぶこともあるが、使っている数値は遺伝子頻度だけなので中身はまったく同じである。また1と遺伝子頻度の比をとって尤度比と呼ぶこともあり、これは尤度比＝1／偶然の一致率（すなわち偶然の一致率の逆数と等しい）という数式になるとされる。これはそもそも遺伝子頻度しか計算に用いていない以上、中身は何も変わらず、この数値に新しい意味はないといえる。

　この尤度比なるものは確率統計の分野では高度なものと見なされがちであるがゆえに、最近多用される傾向にあるが、これは簡単に言えば2つの独立した確率の比のことで、目的とすることがその対立することに対して何倍起こりやすいかを示した値である。ここでは2つの独立した確率が計算に用いられなければならないが、同じ確率値と「1」とを分母と分子に用いて尤度比とした説明がなされているものが多い。しかしこれはある確率値を逆数にしただけにすぎずナンセンスである。ましてや、「DNA鑑定には誤りはない」というのが検察側の仮説とされ、その確率は1と仮定されることがあるが、こんなことはありえない。DNA鑑定のがいつも正しいということが、すべての場合において100％成り立つはずはないし、また試料それ自体が偽物であったり、検査に誤差があることはまったく考慮されていないところの机上の空論なのであるが、このことを指摘する専門家は誰もいなかったのである。ここには機械がエラーを起こしたり人間の意図にかかわらず誤りをおかしたり、実験室でミスが生じるなどということはまったく考慮されていない。つまり、出たデータはすべて完全であると見なしているのである。

　しかし実際には、1人からの由来であるはずの試料の検査結果から複数のバ

ンドが出たり、小さなピークが混じってくることは当然にある。このときに、そのバンドを本来のバンドとみなすのかそれを人工的なもの（エラー）とみなすのか、バンドのピークの高さを参考にするのかしないのかによって、それを解釈するための前提となる仮説が異なってくるはずである。しかし実際は検査に誤差が生じうることを前提としていないため、誤差ではなく真実のデータとして計算してしまうため答えは完全に誤ってしまう。ここでの計算には誤差を考慮したものではないからである。

　こういった計算は「○○モデル」とか「○○法」と呼んでいることでもわかるように、これをどう解釈するかは、単なる観念的な仮説にすぎないことがすでに標榜されている。それぞれにどの仮説をとったら正しいかはまったくその評価者の主観に基づくもので、客観的な根拠はないから、自分の目的に合った方法が選ばれてしまうという危険性がここにあることになる。もっといえば、これらの計算方法は規定された実験方法にのみ当てはまるように作られたものであるから、適用する実験方法が違えば根底から作り直さなければならない。

　このような不完全なデータを完全にしたいという欲望を、数値的な表現で実現しようとして自ら立てた観念的なモデルないし仮説から主観的にDNAデータを解釈しにかかる、というのが現在の数値的表現の実状なのである。ましてやそれをコンピュータのソフトウェア上で計算させれば、その計算が正しいかどうかはまったくわかったものではない。DNA鑑定の精度をより高め、結果として正しく評価できるようにする王道は現実的な解決を図ること、すなわち、より精度の高い方法を開発し適用することであり、観念上にあるのではない。ここで数学的な公式を適用するのであれば、現実の遺伝子の法則性をしっかりつかみ、それを数式化することである。しかしながら、われわれにとってはまだ遺伝子そのものの法則性についてはまったく未知のままであるから、現時点においての数値的計算方法は１つの参考値であるという理解が必要である。いずれにしても数学を用いる計算が絶対的かつ科学的なものであるという盲信は捨てなければならないであろう。

(3) DNA鑑定に関わる数値的計算方法（確率的解釈）

次にはDNA鑑定に関わる数値的計算方法（確率的解釈）について少し詳しく説明していきたい。

まずDNA鑑定については、大きく分けて2つの計算の適用がある。その1つは個人識別における遺伝子出現確率の評価であり、もう1つは親子鑑定における親子の肯定確率である。またDNA検査一般においては、それぞれの遺伝子部位が一般的にどれほどの識別力を有するか、という数値があり、もう1つは個別の型の出現に関する評価の問題がある。

なぜこれを強調するのかといえば、この両者に同じ意味の用語が当てられていて、混乱されることが多いからである。たとえば「一致率」といっても、それが「特定の遺伝子検査についての一致率」（Match probability）の場合もあれば、「個別の型での一致率」（Probability of accidental match）という概念の場合もある。前者はある検査系の総合評価であり、後者は個別の検査結果への評価である。「排除率」といっても、「ある遺伝子検査で、異なった人間が異なった型と判定される、当該遺伝子検査一般に関わる場合の排除率」（mean exclusion）と、「個別の型が出現したとき、それと不一致と判断される値」の両方に、ほぼ同じ用語が当てられているのである。これも同様に前者はある検査系の総合評価であり、後者は個別の検査結果に関する評価である。さらにそこに複雑な演算式が与えられているから、何がなんだかさっぱりわからない、という感想をもたれることも多いと思う。

このうち刑事事件においてもっとも重要になるのは、個別の検査に関する評価の問題であると思われる。なぜなら、前者の遺伝子検査一般にかかわる数値は、研究のレベルでは重要であっても、その個別の適用である鑑定結果の評価とは直接の関係はないからである。今回はこれについて順を追って具体例を挙げながら、さらにわかりやすく説明していきたい。

まず断っておきたいことは、これらの個別の型の計算については、現状では型が不一致の場合には何らの計算もなく100％不一致（同一性が排除される）とされているということである。これは弁護したい立場としては大変に有利なことであるが、しかしこのような場合でも、その不一致の検査結果の公表は捜

査側に委ねられているため、「検査不能」とされてしまいあるいはその結果が隠されて、非公表になることが多く、現実的にはこれが弁護側に有利になることはほとんどありえないという問題がある。

　しかしここには、もっと根本的に検査のエラーということはまったく想定されていない、という前提がある。しかしDNA検査には本当にエラーがないのだろうか。というのは現実にはいかなる検査についてもエラーはありうるのであるからである。しかしエラー率というものは、どういうわけかDNA検査についてだけは算出されたことはないのである。これは、本当は一致しているのに、エラーによって不一致の結果が出ているときには、検察側にとっても身動きが取れなくなってしまうという、自縄自縛のおそろしさがあるのではあるが、その結果を隠されてしまっては意味がない。ただ、これについてはここではひとまず棚上げして、つまりDNA検査は100％誤りはなく、そのように行われている、という前提に立ってまずは話を進めていきたい。

　したがってここで取り上げる基本的な計算は、DNA型が一致したというとき、それは正しく検査結果が出ているという前提の上で、どれくらいの確率で一致したと言えるのか、ということを明らかにするところにある。

　最近のSTR部位の分析においては、ある１つの遺伝子部位についていえば、多くは正規分布、つまり中央に確率分布の大半が集まっているから、分布図の周辺に位置する型できわめて出現の頻度は小さくなるので、希な型が出た場合にはこの検査だけでも十分に情報価値があることになる。

　このとき、いかなる数値的評価を与えるかが問題になるとき、ここで用いられる数値は確率という概念である。そもそも確率というのはある複数の事象が起きることがわかっているとき、ある特定の事象が起きる割合がどのくらいかを表した数値である。たとえばサイコロの目が６つあるとき、１が出る確率はいくつになるだろうか。すべての事象は１、２、３、４、５、６の６通りであり、そのうち１が出るのは１通りであるので、全体の６事象に対して１事象であるから、全体を分母に、問題にしている事象を分子にとって、１／６というのがサイコロを振って１が出る確率である。ただし、このとき、通常のサイコロは特別に偏って作られていない限り、すべての目は均等に出るという前提に

基づいているからこのように計算できるのはいうまでもない。

　しかし、もしサイコロの目の出方に偏りが疑われる場合には、それが実際にどういう出方をするかのデータを集めなければわからない。つまりできるだけ数多く、サイコロを振ってみて、どの目がどのくらい出るかのデータを集めておかなければならなくなる。このように、確率というのは多量のデータの収集により算出されるものなのであるが、これはゲームや賭博など人工的なものから考案されたのである。

　現実の世界で考えると、たとえば人間には男性と女性がいるが、だからといって子供の生まれ方はそれぞれ１／２であるのではない。世界的に見ても男が女より生まれやすいことが知られているという。このデータを集めてみると、日本では男が0.51、女が0.49という統計が得られているという。したがって、男が生まれる確率と女が生まれる確率は、２通りあるから必ずしも0.5というわけではなく、正確に数えて計算してみてはじめて確率と言えるのである。ここで学ぶべきは人工的に作られたサイコロの確率と、自然現象における確率とは異なるということである。現実の世界の確率は多数の経験ないし実験の積み重ねが必要なのである。

(4) 遺伝子の出現確率は均等ではない

　DNA鑑定における遺伝子出現率の計算もこれとまったく同じで、たとえばその遺伝子部位の多型（バリエーション）が５種類あるといっても、それぞれの出現確率は１／５になるわけではない。たとえば１から５の型があるとき、通常に正規分布している場合は３の割合が最も多く、１や５は少ないという傾向があるのである。これは血液型もABOの型があるといっても種類ごとに均等に出現しているわけではなく、日本人ではA型が約40％であることを考えてもらえればわかるはずである。したがってそれぞれの出現率がどれくらいかはデータをとってみなければならないのである。繰り返すがすべての型が均等に分布しているとすればそれは人工的なものに限られるし、あるいは客観的なデータを集める前の単なる主観的な仮定を置くしかないことは注意しておかなければならない。

あえて付言すれば、このような科学的立場、すなわち事実に基づいて確率を決める立場に対して、主観的に確率を決めることを積極的に肯定する学派が現れた。それはトーマス・ベイズ（1702〜1761）に代表されるベイズ確率というのがそれである。ベイズは客観的なデータに基づいて確率を決めることができない場合には、主観的に確率を決めた後、実際に起こったことの情報を加味して、新たな確率に修正していけばよいと主張したと言われている。しかしいかなる主観といえども、客観的な事実から離れて作り上げることはできない。そういう意味では、主観的確率もまったくデタラメに作り出すことはできないのであり、また結果としての事実により修正されるのであるから、そこにベイズ確率が今なお保持されている理由もあるのである。

5 遺伝子の型は対になっている

以上についての詳しい説明は後回しにして、まず基本から始めよう。遺伝子出現率の計算において、1つだけしっかり理解しておかなければならないことから説明したい。こんなことはわかっている、という読者もいるかとは思われるが、大事な基本であるので、少していねいに説明しておきたい。

まず理解しておかなければならないのは、常染色体の遺伝子は対立遺伝子として対になっている、すなわち遺伝子の型は父親からもらった遺伝子と母親からもらった遺伝子が対になっており、型は反復配列数で表記する場合には2種の数字で表されるということである。

このときAさんのZという遺伝子部位において、Aさんの対立遺伝子としての型が10-12型と判定されたとする（10と12のように違った遺伝子型の組み合わせをヘテロ結合という）。一方、Bさんは10-10型、Cさんは12-12型であったとする（同じ遺伝子型の組み合わせをホモ結合という）。このときこれまでの調査により、遺伝子10の出現率は0.2、遺伝子12の出現率は0.4であったとする。この場合、それぞれの遺伝子型（2つの遺伝子の組み合わせ）としての出現率はいくつになるのか、という問題がある。

6 足すか、かけるか

　10-12として判定されるということは、10型と12型を併せ持つということであるが、これはそれぞれの遺伝子出現率を足せばいいのか、かければいいのか、という基本的であるが大事な問題がある。ここで足すとすると、10型出現率0.2＋12型出現率0.4＝0.6となり、かけるとすると10型出現率0.2×12型出現率0.4＝0.08となりまったく異なった値になる。ならばここは足すのかかけるのか、どちらが正しいのであろうか。このような基本的な問題というのは通常はあまり考えずにやっているので、いざ問い詰められると答えるのは大変に難しいことがわかるであろう。

　ところで、計算上、足すという論理は、「同じ次元のものを集める」という計算である。したがって、10型、あるいは12型を持っている人の割合は併せてどのくらいか、というときには0.2＋0.4＝0.6となる。ただしこの計算はオーバーラップを無視している、つまり両方を持っている人はいないということが前提となる。

　しかし、今回は10型、あるいは12型を持っている人の割合を計算するのではなく、10型と12型を併せ持つ人という意味で、10型を持った上で12型を持った人が10-12型を有する人の割合となる。ならばつまり10型を持つということに加えて12型を持つということが、重なっているときにかけるという計算が成り立つのである。つまり「『集める』ときが足す」で、「『重ね合わせる』ときがかける」という理解でまずはよいと思われる。となるとここでの計算は10型出現率0.2×12型出現率0.4＝0.4×0.2＝0.08であろうか。しかし残念ながらこれは誤りである。

　いったいなぜ、という素朴な疑問を持つことは大変良いことである。というのは多くの学生はこれを公式に当てはめて何らの疑問もなく答えを出してしまっているからである。しかし本当はこういう基本的な問題をとことん考え抜くことこそが最も大事なことなのである。

　なぜ0.2×0.4＝0.08ではまずいのか、といえば、実は10-12型には2つあり、10-12型と12-10型を合わせたものが、10-12型であるからである。とはいってもひっくり返しても同じはずなのに、いったいどこが違うのかさっぱりわか

らない、という人は机上で考えているからそうなるのである。というのは父親から10型をもらい母親から12型をもらった人は10-12型、それとは逆に父親から12型をもらい母親から10型をもらった人は12-10型であり、それぞれは同じ型として分類されてもその中身が異なっている。しかし結果としては区別することができないし、区別されていないためにいずれもが10-12型の中に含まれてくるからである。したがってここでの計算をていねいにやれば、$0.2 \times 0.4 + 0.4 \times 0.2 = 0.08 \times 2 = 0.16$というのが正しい答えとなる。

　ならば次にBさんの10-10型、Cさんの12-12型はどう計算すればよいのかは、すでにおわかりになったと思われる。Bさん（10-10型）については、$0.2 \times 0.2 = 0.04$であり、Cさん（12-12型）については$0.4 \times 0.4 = 0.16$であって、ここでは2倍する必要はない。というのは、Bさんでは父親と母親から10型、Cさんでは父親と母親から12型をもらう場合しかありえないから、この型の中身には1通りしかない以上、わざわざ2倍する（2つを加える）必要がないからである。

　したがってより厳密に言えば、10-12型の場合には、父親から10型をもらい母親から12型をもらった人と、父親から12型をもらい母親から10型をもらった人が含まれているが、もしも仮に両者を区別して表記できるとすれば、それぞれを異なった型として区別して、それぞれで表現するということもできる。このときは2倍する必要はないことになる。つまり客観的には異なった事象でも主観的に区別できない場合は、同じものとして扱うしかないのであり、これがヘテロ結合においてそれぞれの遺伝子出現率をわざわざ2倍する理由なのである。

　ここまで非常にていねいに説明してきたが、多くの数学の先生は、このようにして生徒にていねいに思考過程を辿らせることを省略し、また秀才ほどにこの過程をすっ飛ばしてしまうから数学が苦手な生徒を作ってしまうのである。このように「答」さえ合えば良い、という態度が数学をわからなくさせ、応用のきかない頭を創ってしまうことを付言しておきたいと思う。これがDNA鑑定でも過程を抜きにして結果だけ合わせる、という態度にもつながっていくのである。

ところで、今度は複数の遺伝子部位が検査された場合を考えてみよう。このときはそれぞれの遺伝子部位は完全に独立しているというプロダクト・ルールを認める限り、それぞれの型が重なっていると考えられることから、すべてをかけ合わせていくことになるが、それぞれの遺伝子部位が絶対的に独立しているということが、単なる仮定にすぎない以上、必ずしも正しくない。この仮定が正しいとした場合には、それぞれの遺伝子部位には順序はないので、すべて並列的にかけ合わせることになる。

　DNA鑑定における個別の確率に関する問題については、ここまで述べた以上の計算は必要がない。もしも型がすべてきちんと出れば、必要な計算方法はこれだけである。しかしながら、型が必ずしもきちんと出なかった場合、あるいは結果に不確かさが含まれている場合にはどうしたらいいのか、次の問題はこれである。

7　尤度（比）とは

(1) 難しい議論になっている理由

　以上のような基本的で大事なことは、現在のDNA鑑定の教科書にはさらりと説かれてあって、実際に詳しく説かれてあるのは、条件付き確率とか、ベイズの定理とか、あるいは事後確率（逆確率）、尤度(ゆうど)（比）などの、いうなれば応用的な確率概念であるので、難解に思う読者も多いことと思う。尤度はそれ自体は確率という意味であるが、比を取る形式でしか使わないので、尤度比と言っても意味は同じである。また類似した言葉ばかりが出てきているし、同じような使われ方をしながら微妙に意味が異なっているように思えるにもかかわらず、それについてわかりやすく説明された本がほとんどない。いったい、なぜこのような難しい問題が説かれているかについては、著者としては首をかしげるところであるが、もしかしたら難しい概念を使うことによる過大なる権威付けの傾向があるとすれば、それらは正しく位置づけておく必要があろう。

　いったいなぜこのような難しい議論になっているのだろうか。そもそもDNA鑑定は鑑定結果が得られたという条件のもとで、それが得られた原因に

ついて遡るという、いうなれば条件付き確率の一つである事後確率（DNA検査がある型で一致したという条件のもとで、その原因が被告人が犯人であったか、あるいは否かの確率＝２つの尤度）の考え方をあえてとろうとしているからである。すなわち、時間をさかのぼってその解釈に適用するもの（ベイズの定理）の公式に当てはめられることが多い。しかし結果にいたる過程にはいくつかの場合があり、あるいは不連続性もあるのが通常なのであり、その場合にはこの事後確率も意味をなすが、DNA鑑定にはそれがないため、形式的に事後確率であるかのように見えるだけ、という問題がそこにはある。ここで「ベイズの定理」といっても、数学では定理というのは単に公式にすぎない。そしてベイズの定理（公式）にしたがって、２つの対立する仮説に基づく確率の正当性についての確率（２つの尤度）の比をとったものを尤度（比）という。言葉だけでこれを述べてもなかなか難しいと思うので、具体例で説明したい。

(2) **尤度（比）**

　尤度とは２つの仮説の正当性についての確率の比である。

　具体的にいえばこういうことである。DNA検査を行う前において被告人の細胞が証拠試料に付着している確率と、DNA検査の後に被告人の細胞が証拠試料に付着している確率は異なる。なぜなら検査後は、一致したか不一致かの結果がすでに出ているからである。しかしここでは、不一致の場合は０となり、それだけで犯人性が排除され、一致した場合にのみ確率計算がなされるので、ここでは結果が一致した場合のみ計算される。

　一例を挙げてみよう。ここで、証拠試料に付着する細胞が、被告人に由来する場合に、DNA検査が一致する確率が0.6、そうではないのにDNA検査が一致する確率が0.2とする。ここで前者の場合に、DNA検査が一致する確率を0.6として１としていないことに注意していただきたい。これは、多くの場合のように検査結果がが誤る場合が想定されているからである。このとき尤度はそれぞれ0.6と0.2、尤度比は0.6／0.2＝３、事後確率（検査結果が一致したとき、被告人の細胞が証拠試料に付着する確率）は0.6／（0.2＋0.6）＝0.75ということになる。0.75とは、本検査において検査が一致している以上、被告

人の細胞が証拠試料に付着することは、そうでないことより3倍（0.75／（1−0.75）＝3）確からしいということであり、また被告人が犯人であることは75％の確率で正しいということである。これは同じ意味の数値であることはわかるであろう。なぜなら、いずれの評価も、同じ数値情報を使っているからである。またこれは真の犯人であるのに、DNA検査が一致しない場合にも同様に計算できるのであるが、DNAが一致しない場合は100％不一致とみなされているので、不一致の場合はこの計算が行われることはない。

ところで尤度（比）というのは前述したように、「尤度比LRは、二つの別の条件下で、その証拠の確率を比較する方法である」（J・M・バトラー『DNA鑑定とタイピング』共立出版、2009年）とされている。「これら互いに排他的な仮説は、検察側の立場、すなわち被疑者由来で犯罪現場のDNAと一致した場合の立場と、被告の立場、すなわち大きな集団に属する未知の人物からのDNAがたまたま被告に偶然に一致した場合の立場をとる」（バトラー・前掲書）という。しかしこの説明は後に述べるように本当は正しくない。

司法研修所編『科学的証拠とこれを用いた裁判の在り方』（法曹会、2013年）92頁の脚注119にも次のように書かれてある。

「それぞれ導かれるべき確率P（H_0）；P（H_1）は、

P（H_0）：血痕がその被疑者のものである場合に血痕の型が被疑者の型と一致する確率

P（H_1）：その血痕は被疑者とは無関係である場合に血痕の型が被疑者の型と偶然一致する確率

となる。尤度比はこの両者の比P（H_0）／P（H_1）で表される」。

このバトラーの説明で、本当は疑問を感じてもらいたいことがある。それは「（互いに排他的な）仮説」という言葉である。ここで「仮説」というのはいったい、どういうことなのだろうか。

およそ裁判なるものは「仮説」を検証するために行うのではない。どちらの仮説が何％正しいかを論じる場所ではないはずである。事実を明らかにして、それに正しく法律を適用することに裁判の意義があるはずだから、数学で使う

「仮説」という言葉を安易に引用して良いわけはない。こういったところに、内容を理解せずに数式を引用する怖さがある。「仮説」の優劣で判決が下されてはたまったものではないはずである。つまりある人が何％犯人と言えるか、という議論をしていることと同じなのである。実際に明らかにしなければならないのは、被告人が犯人であるか否かであり、ここには確率が入ってくる余地はないはずである。

　問題はそれだけではない。同じバトラーの本には次のように述べられている。「言葉で表現すれば、尤度比とは、検察の仮説を被告の仮説で割り算したものである。検察の仮説は『被告が罪を犯した』ということであるから、そのときにHp＝１（100％の確率とする）となる」（バトラー・前掲書）。ここではおそろしいことに、DNA検査で犯人であるかどうかが決められるという前提で説明されているのがこれは大きな誇張である。実際の裁判を考えてもらいたい。第１に、ここで何らかの試料からそこからのDNAと被告人のDNAが一致したからといって、それが100％犯人であるという証拠にはなりえない。たとえば、殺されたある女性被害者の膣内の精液のDNAと一致する型を有する人は、その女性と性交渉を持っていたことを示すだけで、その女性を殺したということを意味しているわけではない。たとえば、その後、ほかの男性との接触があり、その人が犯人である可能性があるとすればそれをも考慮にいれなければならないし、もしも２人、有力な容疑者がいて、甲乙つけがたい場合には、そこからある人の精液が検出されたとしても、それは0.5をかけなければならなくなる。仮に、容疑者が１人しかいないとしても、それは他の証拠と合わせてDNAの結果が評価されるのであるから、検察側の仮説としても、「もしその人が犯人なら犯罪現場のDNAと100％一致する」ということはありえない。もしもそう考えるとすれば、弁護側の仮説とすれば、「その人が犯人でないなら犯罪現場のDNAと100％一致しない（０％の一致）」ということになるだけであり、両者の比をとっても何の意味もないのは明らかであろう。

　したがってここでもしも尤度比を取るとすれば、検察側はその検査結果と犯人であることの関係性の確率や検査が正しく行われる確率、さらには偶然の一致を排除した確率が参照されなければならない。一方、弁護側はその逆、検査

結果と犯人であることが無関係である確率、検査が誤っている確率、さらには偶然の一致が起きる確率が参照され、両者が比較される必要があるだろう。またこの尤度比の誤りはもっとある。というのは、DNA検査を市販キットで実施して、たとえば16部位で一致した場合には、もはやこのような尤度比なるものを計算するまでもないほどの、いうなれば高い一致率（あるいはその他の人を除外できる高い排除率）になってしまうから、このような計算を行う余地はなくなってしまう。つまりこの計算は実際には使われることのない、机上の空論にすぎないのである。MCT118検査のように１部位の結果しか得られない場合に偶然の一致率が比較的高い検査結果が出た場合などは、算出価値はなおあるが、このような検査は今は行われていないのが現状である。したがってこれは古典的な意味しかなく、実際には使われないがゆえに、その欠陥を問題にする必要もなかったのであり、また誤りに気づく人もいなかったとも言える。しかしこのような無意味な中身を教科書に載せる意味もまたないことになろう。実際、この教科書の尤度比の説明はなんの意味もなく、また計算したとしてもただ遺伝子出現確率を基にした数値を逆数にしただけのものである。中でも問題はDNA鑑定だけですべてが決められるような前提があり、またDNA鑑定は100％正しいとしている点である。これは実際にはありえないことであるが、数学というのは頭で立てた仮設を頭で解決するものであるから、現実の裁判に形式的に適用するのは大変に危険である。

　本当の尤度比は、結果が一致した場合だけでなく、不一致の場合にも同様に計算されるべきものである。これはたとえば、一致したという結果が得られた場合には、犯人である場合に一致する確率と、犯人でない場合に一致する確率の比が問題になる。また不一致の場合にも同様に、犯人である場合に一致しない確率と、犯人でない場合に一致しない確率の比が問題になる。不一致の時は安易に鑑定不能とすべきではない。これはしたがって、遺伝子頻度確率以外に、その証拠が犯人以外に由来する確率や、検査にエラーが生じる確率などが導入されてはじめて尤度比を計算する意味が出てくるのである。DNA鑑定のみで犯人が決められる、あるいはDNA鑑定にはミスはありえない、というそれこそ単なる仮説を支持する限り、この尤度比の計算は有名無実でしかない。

被告人が有罪である場合に、DNAが一致する確率を1であると見なしている限り、「1」なる数値は確率論的にはありえない以上、そこに確率的考察を加える意味はないものといえるだろう。科学的に正しく、確率論をDNA検査に適用し、尤度比を計算するとすれば、DNA鑑定が誤っている確率、および正しいとしても犯人とは無関係の場合の確率とその逆、すなわち、DNA鑑定が正しい確率、および犯人と関連性がある確率を考慮した比をとるのが正当である。これにはいろいろなケースが個別の事例ごとにあるはずであり、そのような条件を適用した計算ならそれなりに意味があろう。しかし、数値で人を裁いていいはずはなく、ただ単に、遺伝子出現頻度確率を変形しただけの数値に特別な意味を持たせるのはナンセンスきわまりないと言うべきである。

8　事後確率とベイズの定理

(1)　遺伝子型出現確率以上でも以下でもないDNA検査の確率的評価

　そもそも事後確率というのは、ある事象がおきたとき、その特定の事象が起きたという条件のもとで、次の事象が起きる確率、あるいはその原因である事象に遡って（逆確率）、それが起きる確率を計算したものである。このうち逆確率を計算する数式（公式）は、特別にベイズの定理と呼ぶことがある。ベイズの定理というのは条件付き確率を時間をさかのぼって適用するための数式なのである。

　もしも本当にこのような確率論をDNA検査に応用するとすれば、次のような事例が考えられる。それは、データが不完全な場合であり、また犯人とDNA検査との結びつきが不完全な場合であり、また検査にエラーが生じうる場合である。このようなときにそれぞれが起こりうる確率がある程度、数値化できるとすればベイズの定理や事後確率もそれなりに役に立つ場面がある。しかしながら、犯人とDNA鑑定結果との結びつきは完全であり、検査にはエラーはないという現実離れした仮説を支持している限り、ここには事前確率も事後確率もなく、ただ遺伝子頻度という1つの確率があるに過ぎず、DNA検査の確率的評価は、これだけで十分であることはあらかじめ断っておきたい。

(2) 練習問題

　ここで、確率の考え方が理解できたかどうかを読者のみなさん頭の体操と思って、少し楽しんでいただきたい。よく問題にされるタイプの問題を出してみたいと思う。

【問題１】

　犯人であることが疑われている被疑者が３人いるとする。
　真犯人は３人のうち２人であることがわかっている。
　この村の裁判官はその２人を死刑にする予定である。
　誰を処刑するかは裁判官が自らの判断で決定する。
　このとき被疑者A（自分）はもしもAが処刑されるとしても、もう１人はBかCかが処刑されるはずであるから、少なくともどちらが処刑されるかを裁判官にたずねた。裁判官は被疑者Bは処刑されると回答した。
　質問する前は被疑者AはA、B、Cのうち誰が助かるのかわからなかったはずであるから、自分が助かる確率は １／３、自分が処刑される確率は ２／３であったと考えた。
　Aは裁判官の回答を得たあと、被疑者AはBが確実に処刑されるとわかった以上、もう１人、処刑されるのは被疑者Cまたは被疑者A（自分）なので、自分が助かる確率が１／２、処刑される確率は１／２になって、助かる確率が上がったと喜んだ。これは正しいか。

　裁判官が勝手に根拠なく処刑者を決めるというのは、あってはならないことであるが、これは単なるパズルと割り切って考えていただきたい。多くの読者はこの解釈には惑わされるのではないだろうか。というのは、２人処刑される以上、自分以外のだれか１人は確実に処刑されるのであるから、それがBであることがわかったからといって、自分にとっては何らかの利益となるような情報にはならないとも考えられるからである。したがってここでの素朴な疑問は、何かごまかされているような気がする、ということではないだろうか。裁判官に質問する前は、単純に自分が助かる確率は１／３、自分が処刑される確率は

２／３であったというのは誰しも異論がないものと思う。しかしこれは裁判官の立場から、これを決める前の確率であることは注意する必要がある。しかし、Bが確実に処刑されるとわかった後では、裁判官はもうどの２人を処刑するか決めているわけであるから、AとCがともに処刑される確率は０になるだけでなく、AかBのうちどちらかが処刑されることはすでに決まっており、それが裁判官の心の中の事実（公表していない）だけのことであって、裁判官が決心した後にはすでに確率計算はできないのである。したがって、はじめはAとB、BとC、CとAの３通りの処刑される組み合わせがあったのに対して、裁判官からの一部とはいえ、回答を得たあとは、処刑はAとB、BとCの２通りしかなくなり、自分が助かる確率が１／２、処刑される確率は１／２になったというのは計算上は正しいように見えるが、これは１人ずつ２段階で処刑者を選んだ場合にのみ当てはまる計算で実際とは異なっている。

　どういうことかと言えば、先のAの助かる確率が１／２になったという計算が正しいのは、裁判官がA、B、Cのうち誰が処刑されるかを、Aを除外しない条件で３人のうちからまず１人を選択して、Bの名前をあげた後、改めてAとCから１人を選ぶ前の段階でのみ成立する数値であるといえるだろう。もしも裁判官が２段階で選抜を行ったとき、BとCからまずBを選んだという事象が起きる前の、Bを選んだ後のAが助かる確率である１／３を事前確率、後者のAが助かる確率である１／２を事後確率とすると、事前確率は事後確率とは異なっているのである。ただし、この場合は裁判官が２人を選ぶ前の確率だけの問題に過ぎず、選んだ後、それをAが知っているかいないかというだけのことなので、Aが助かる確率としては裁判官の回答（情報）によっても何ら変化することはないのである。

　したがって、この説明は、実際の事象が起きた（裁判官が処刑者を決めた）ことと、その情報を得ているかいないか、ということを混同させたトリックがしかけられた問題である。つまり事後確率があるかのような形式をとらせながら、実は事前確率しかないという問題である。したがってここでの確率計算はあくまで、事実がまだ起きていない前の単なる主観にすぎないとも言えるのである。いずれにしても、確率とはあくまで多数回、同様の事象が起きたときの

一般的な傾向を示しているにすぎない。つまり個別の事象については、それが起きるか起きないかの２つしかないともいえるのである。そういう意味では確率とは個別の問題を判断するためのものではなく、多数の事象を観察したときにはじめて意味を持つ数値であるといえるだろう。確率とはあくまで全体ないし多数を対象にしている以上、いかにつきつめても１や０の数値にはなりえず、一方、裁判では個別の事例において１か０かを決めるものであるし、DNA検査も正確無比ではないのであるから、その適用に過大な期待を抱くことは戒めるべきであろう。

　ならば次の問題はどうであろうか。

【問題２】
　３つのドアがあり、そのうち１つのドアの裏に景品が隠してあるとする。残りの２つのドアには景品はない。あなたはドアの向こうに何があるか分からないが、景品のドアを引き当てるとその景品がもらえる。あなたがこのうち１つのドアを選んだ後、ドアの向こうに何があるのかを知っている司会者が残り２つのドアのうちハズレのドアを１つ開けてみせた。その後、あなたは自分が選んだドアと残っている開けられてないもう１つのドアを交換してもいいと言われた。交換した方が当たる確率は上がるか否か？

　この問題はモンティ・ホールの問題と言われ、先にあげた裁判官の問題と答えが違っているように見えるが本質的には同じである。というのは、当たりを知っている人間がいるかどうかは意味がないからである。ドアを選ぶこととそれをあけて当たりかハズレかが起きることを混同させて、悩ませている問題に過ぎない。今なお確率論者を悩ませている有名な問題でもある。これについては前者は自らは選択権がない代わり、後者は選択者自身に選択権があるから、選び直した方が確率が高くなると説明されていることが多いが、これは答えを知っている人の情報を得ることに意味がある場合に限られる。読者の皆さんはどう考えるであろうか。

第５章　DNA鑑定の解釈をめぐって　　121

はじめ3つあるドアのうち、1つを選んだときは当たる確率は1／3であることは誰しも認めるであろう。しかし次に答えを知っている人は、選ばれたドアは除外して、残り2つのドアのうち、1つを除外しているのである。まずここでいえるのは答えを知っている人がが対象にした3つのうちの2つのドアのどちらかに当たりが含まれている確率は2／3である。これを1つにしたのであるから、残り1つのドアが当たりである確率は2／3の確率のまま1枚のドアに絞られたのであるから、選びなおした方が2倍、当たる確率が高いということになる。これを自らに選択権があるか否かの現象面で比較されることが多いが、こちらの問題は選択された後ではなく、自らなお選択権を有する前の確率が議論されているという違いがある。肝心な点は司会者は当たりを知っており、それにしたがってドアを選択しているということであり、その情報を使うことができるという点にある。ここで付言すれば、もしも司会者があなたが選んだドアを除外せずに選択対象に含めて、はずれのドアを選んだのなら、あなたが選んだドアはハズレとして除外されなかった以上、当たりの確率は1/2になることから、当たりである確率そのままで高くなるため、あえて選び直すまでもないことになる。つまり、ここでは司会者はあなたが選択したものを除外して情報を与えている、というところに選び直すことの利点があるのである。
　このことは仮にドアの数を10枚にしてみるとわかりやすいと思う。
　まず10枚のドアのうち1枚が当たりであるとき、あなたがそこから1枚選び、司会者（当たりを知っている人）が残りの9枚のうち8枚のハズレを開ける。残りの2枚の中から1枚を選びなおすことができるとすれば、あなたは選びなおした方がいいか、という問題はどうであろうか。この場合には、あなたが選んでいない残りの9枚に当たりが含まれている確率は9／10であり、司会者はその9枚のうち8枚を選んで捨ててくれているのだから、当たりの可能性のある1枚を意図的に残してくれていることになる。したがって、司会者が残してくれた1枚が当たりである確率は9／10にほかならない。したがって選び直した方が9倍当たりの確率が上がるというのが答えになる。つまり司会者が残した1枚を選んだ場合には、9回クジをひいたことと同じことになるから、1回クジをひいた場合より当たる可能性が高いことになる。

【問題3】

　ある夫婦にできた最初の子供は男であった。次の子供も男であった。3人目の子供が男である確率はどうなるであろうか。

　これはもしも男女の生まれる確率が1／2とすればいつでも1／2であると考えるのが普通である。また先に男（女）が生まれたということが次の子の生まれ方に影響を与える場合には、事後確率の考え方を応用しなければならなくなるからこのときは少し答えが違ってくる。しかし現実にはこういう可能性は生理的にはないとされているから考えないことにする。またここに、男女の生まれる確率が1／2ではなく、夫婦によって男女の生まれ方に差がある場合には、これは1／2にならない。しかし個別の夫婦での子供の数は限定されている以上、男女の生まれ方についての確率を得ることはできないのであるから、これも計算できない以上、ここは1／2と仮定するしかない。
　ところで、次の問題はどうであろうか。

【問題4】

　3人子供がいる家庭で、3人とも男、3人とも女、3人のうち2人が女で、1人が男の生まれる確率は同じであるか否か。

　これはどれも同じであると思われるかもしれないが、そうではない。3人とも男、3人とも女の確率はそれぞれ0.5×0.5×0.5の0.125、つまり1／8になる。ところが、3人のうち2人が女、1人が男となると、生まれる順番は問われていないから、女−女−男、女−男−女、男−女−女の3通りであるので0.375、つまり3／8とぐっと確率は上がる。これは遺伝子出現確率におけるホモとヘテロの計算方法の違いと同じである、ということがわかっていただければ、本稿の基本の理解は十分であるといえるであろう。

第6章

劣化試料と混合試料の鑑定

1　混合試料と汚染試料の違い

(1) 純粋に試料の状態を示すものか、捜査あるいは実験のミスか

　PCRは、プライマー対に挟まれた塩基配列のみを選択的に増幅する。そのことについては、本書第2章などですでに説明してきたが、現在の鑑定用キットのように多数のプライマーセットを用いて複数のバンドを検出する場合にあっては、不完全な試料からは不完全な結果が生じやすいことになる。このとき起きることは大きく分けて2つある。その1つはある部分の遺伝子部位の増幅が欠けることであり、もう1つは実際以上に、多数のバンドが出現することである。

　このような場合には、状態のよいDNAからの鑑定結果と異なり、ほとんどのローカス（遺伝子部位）でピークが低かったり、ピークにアンバランスがあったり、まったく増幅のないところもあったり、またピークがあっても一部しか判定されていなかったりすることがある。

　本当は、このような結果になった場合には、検査をやり直すということが望ましい。しかしながら、試料が限定されている場合にはやり直しがきかないこともあるし、このようなデータからも情報を引き出せるとすればそれはないよりはましである、ということもできるが、しかし誤った結果になっているとすれば、その結果が「ある」とすることが害になることになる。

　かつてDNA鑑定に過剰な期待が寄せられていたときは、あらゆる捜査に優先してDNAデータとの照合が求められていたことがあった。著者が経験した解剖事例でも、死体からは犯人に結びつくようなDNAは検出されていないは

ずなのに、そこからDNAが検出されてしまったとされ、そのDNAと合わないことから真犯人が逮捕を免れているという例がいくつもある。DNAが検出されてしまった場合には、事件と無関係のDNAかもしれないし、あるいは試料採取時や検査時の外来汚染であるかもしれない。あるいは衣類に付着した唾液などになると、衣類を着た人と唾液に由来する人との混合試料の形態をとってしまい、量のバランスによっては、事件とは無関係の型が優先的に検出されてしまうことにもなりかねない。

ここで混合試料とは、試料を採取したときにすでに複数の人に由来する細胞が混じっているものであり、ここで試料の汚染とは試料採取後の捜査段階、あるいは試料検査中に生じた外来細胞の付着のことで、厳密に区別されるべきである。つまり、前者は純粋に試料の状態を示すものであるが、後者は捜査段階でのミスあるいは実験のミスによるものなのである。

前者については、鑑定人はそこに付着した複数の細胞の型を混合形態としてみることになる。後者も結果としては、複数の細胞の型を混合形態としてみることには違いはないが、しかし、混合してしまったのは本来の事件とも、試料そのものとも無関係な型にすぎないから、そこから誤った解釈に誘導されたとすればかえって害になるものである。

どういうことかといえば、もしも汚染した細胞の型が証拠試料から優先的に検出されたとすれば、それが犯人の型であるという誤解釈を生んでしまい、結果として架空の犯人の型が一人歩きしかねないということである。こうなってしまうと、その人以外はすべて犯人候補者から除外されることになり、そのことに気づかない限り、事件は永久に解決しない。

かつてある重大事件で、被害者に付着していた細胞が捜査員のものであったということが報道されたことがあった。そのことに気づいたのはよかったが、なぜこれをあえて報道する必要があったのか、ということに疑問を持った人は少なかったのではないだろうか。たしかに、被害者を調べるのは捜査関係者の業務であるから、試料を汚染したこと自体は責められることではない。ただ、問題はそのことに気づかずに鑑定を行い、その結果を抱えたまま長時間経過していたというところにある。なぜなら、汚染のある試料の鑑定結果においては、

特定のサンプルのみ異常な結果の出方をしたり、不規則な結果が得られることから直ちに疑われなければならないはずである。にもかかわらずそれを確認せずに、汚染に気づかずにいた時間が長ければ長いほど、長期間にわたり容疑者との照合に誤って使われていたことになるから、それにより容疑から免れてしまった真犯人がいた可能性は否定できないからである。

　本来は被害者に付着していた、真犯人との接触を示す試料に、鑑定人などの外来細胞を汚染させることなどは、あってはならないことである。というのは、捜査員の汚染は捜査によって偶発的にも起きうるからある程度、避けえないが、鑑定人の汚染となると実験段階でのミス以外はありえないからであり、しかもこれは直ちにわかるはずのものであるからである。このような致命的な失敗によって、真犯人に迫る唯一の証拠を無にしたとしたら、取り返しがつかないことになる。したがって、重要な証拠試料についてはその取扱いには細心の注意が必要であり、また鑑定にあたっては決して汚染のないようにすべきであり、常に陰性コントロール（試料を入れないときに結果が出ないことを確かめる実験）をおいて、汚染の可能性を排除し、さらには鑑定人の型が混じっていないことの確認を行うのは実験者の常識であるはずである。

　また、実験者は自分の型をあらかじめ調べておき、自らの細胞汚染の可能性の有無はつねに監視する必要がある。結果を出してから数カ月後に、「実は自分の型が混じっていました」というのはあってはならない。ただし、一部の型に類似性があったというだけで、汚染者を特定することも危険である。なぜなら、STR型（短い反復配列の繰り返し数で構成される多型部位）の場合には多くの遺伝子分布は正規分布しており、その中央に位置するアリール（対立遺伝子：ある遺伝子部位の型のそれぞれ）はTHO1の7型のように遺伝子頻度が40％を超える（日本人）ものもある。このように全体の型から一部しか一致していなかったり、さらには頻度の高い型での一致をご都合主義的に解釈して、強引に証拠として解釈したり、証拠から排除することはあっては限らないのである。

(2) 汚染細胞の結果は引き算すべき

　混合試料と汚染試料は、いずれも単一人の細胞に由来する試料ではない、ということから、両者が混同されることが多いのであるが、先に述べたように、その本質がまったく異なっている。正確には混合試料というのは、当該事件に関連する2人以上の細胞が混合している試料であり、汚染試料というのは、当該事件に関連しない第三者の細胞が付着している試料であるが、このことは区別されることなく混同されている場合が多い。

　混合試料の例では、2人以上の犯人の血痕が付着したシャツとか、あるいは被害者の細胞（血液や体液）と加害者の細胞（血液や体液）が混合した部分を拭った綿棒などがそれである。汚染試料とはたとえば、犯行衣類が屋外や室内に放置された結果、そこに事件とは無関係の他人の体液が偶然に付着した場合などがそれである。これでわかるように混合試料には2つあり、1つは加害者と被害者の細胞の混合試料であり、もう1つは加害者2人以上の混合試料である。

　混合試料と汚染試料は結果としては複数人に由来する細胞の混合であるかのような結果を生じるが、前者は出た結果にすべて意味があるのに対して、後者は汚染とみられる細胞のDNA型も併せ検出されたとすれば、その結果は無効とするか、汚染細胞の結果は引き算すべきものとなる。

　混合試料はそれとしてすべてをきちんと型判定すべきである。混合試料としての結果が出てもそれは実験者の責任でもなければ実験ミスでもない。鑑定は正しく混合試料として検出されているということになる。一方、汚染試料は汚染した細胞の型は除外すべきである。汚染試料の場合も鑑定としては正当に行われていることにはなるが、第三者の型が含まれているとすればそれは除外して解釈しなければならない。つまり混合試料は可能な限り、混合しているもののすべての型を明らかにして解釈しなければならないのに対して、汚染試料は第三者細胞の混合については、その型を除外して解釈しなければならないのである。ただし、これは理論的な目標ではあっても、現実的に可能かどうかはまた別問題である。

　しかし、問題はそれ以前にある。というのは検査結果が複数の人由来の型（バ

ンド)を呈しているという点では、混合試料も汚染試料もまったく同じなのであるから、結果のみからは、混合試料も汚染試料も区別できない。したがって混合試料とされうるものは、被害者と加害者の細胞の混合がありうるような状況で採取された試料であること、ないし、複数の加害者の細胞が残されている可能性があることが、あらかじめ想定されるような客観的事実が必要である。

　前者の例では被害者が着ていたシャツに付着した加害者の血痕、被害者女性の膣内容に含まれた精液、後者の例では複数の加害者の血痕の滴下物などであり、こういった客観的な状況を抜きにして単に空想で混合試料と仮定するのは意味がない。つまり細胞レベルでの混合ないし、汚染の証拠が客観的に存在することが、肉眼ないし他の検査で確認されたという客観性がなければならないのである。DNA鑑定で複数のバンドが出たから、混合試料ではないか、という逆立ちした発想はたいへん危険である。

(3)　ターゲット細胞を見極める

　ところで、現在ではPCRの精度が上がったことと、高精度カメラによるバンドの読みとりを行っているので、バンドの強さを測定することができる。したがって混合試料の判定、あるいは汚染試料との区別もある程度は可能となってきている。

　混合試料とされるものは通常は細胞の付着した時期は同じであるので、量的に大きな変異がない限り、増幅のされかた(バンドの出方)は類似しているということが多い。それに対して、汚染試料の場合は通常は事件に関わる細胞の付着時期とは異なる時期に汚染細胞が付着してしまっているので、両者の増幅のされかた(バンドの出方)は異なってくるということになる。ただし、これは理屈としてはそうなる、ということに過ぎず、現実的にはなかなか識別が困難なことが多いのは言うまでもない。なぜならPCR反応には不規則性がつきまとうからである。

　さらにもっと困ったことがある。それは試料に細胞が混合していたり、汚染されたりすることと、それが検出されることとは別であるということである。

　厳密に言えば、いかなる鑑定試料も実験室で管理下におかれたのではなく、

現場から採取されたものである限り、1人の細胞しか付着していないということは稀で、大なり小なり混合ないし汚染している、ということが言える。

しかしながら結果としては、仮に複数の細胞が混合ないし汚染していても、結果としてはたった1人の検出したいターゲット細胞のDNA型だけがしっかり出る、ということも少なくない。これはなぜであろうか。

答えは単純なことである。PCR反応において、そこに含まれる状態の良い（新しいないし量が多い）ターゲット細胞が、反応のほとんどを起こしてしまい、それ以外の細胞からの反応が起きる余地がなくなるからである。つまりターゲット細胞のDNAが量的、質的に確保されている場合には汚染の影響は小さくなるということである。検出すべきターゲット細胞がしっかりと付着している場合には、その他の細胞の混合や汚染は背景に隠れてしまって、検出されない場合が多いといえる。

これとは逆に検出したい細胞DNAが微量ないし劣化が進んでいた場合には、わずかな新鮮細胞の混合でも悪影響を及ぼしうることになる。ただし、この場合でもターゲット細胞が付着している限り、そのDNA型がまったく検出されないということはありえない。

最近のDNA鑑定で行われているような、何がどこについているかわからないような試料、つまりターゲット細胞が確認されていない試料からの鑑定には、注意が必要である。なぜならそこに汚染細胞が加わったとすれば、汚染細胞のほうが強くPCR反応を起こし、汚染細胞をメイン細胞とみなしてしまうような誤った結果に導かれる可能性があるからである。

2　混合試料の解釈方法

(1) **判断を避けるほうが賢明である混合試料**

たとえばD18S51においてA、B、C、Dと4つのバンドが出ている場合には、これが2人に由来すると仮定した場合（これも仮定に過ぎないが）その組合せは4つの型（A、B、C、D）から2つをとるすべての組合せ、ABとCD、ACとBD、ADとBCの3通りもの組合せがある。ましてやそこに3人目が重なっ

ていると仮定すると、その組合せの3人目には、上記2名の3通りの組合せそれぞれに、ヘテロで6通り（AB、AC、AD、BC、BD、CD）、ホモでは4通り（AA、BB、CC、DD）あることから3×10＝30、つまり、すべてで30通りの組合せとなり、何がなんだかわからなくなってしまうであろう。したがって、混合試料のDNA型を解釈する場合には、それが何人の混合であるかはあらかじめ仮定するしかない。

　これをパソコン上で計算するソフトウェアも考案されているが、条件の設定で解釈には幅が出てしまうのは否めない。したがって、本来は混合試料は判定すべきでない、という考えを持つ法医学者（P. Gill）もいるが、これは正当というべきであろう。

　ならば混合試料を解釈する方法はないのかといえば、比較的劣化が少ないサンプルにおいて複数の混合比率に大きな違いがある場合には、それぞれのPCR後のバンドピークの高さに混合比率に対応した定量性が現れることも期待できる。つまり、バンドの高さが高いものと低いものとを区別することができる、ということである。しかし、机上で考えると有用であると思われるこの識別法も、PCR後の低分子領域のアリール（100〜200bp）と高分子領域のアリール（200〜400bp）のバンドの高さが異なっていることも多いため解釈が難しく、また、ある程度以上のバンドの高さがないとその高低が混合比に対応しないということもあるため、適用には限界があるといわざるをえない。つまり個々のデータによっては千差万別に形態をとりうるのであるから、これは専門家のチェック抜きにはとうてい判断することはできないのである。こう考えると、混合試料の鑑定は、非常に幸運な場合にのみ専門家の鑑定眼によってのみ可能であるに過ぎず、それを無理に辻褄をあわせて読むとすれば真実を歪めてしまうおそれがある。したがって、混合試料の鑑定はその判断を避けるほうが賢明であり、ましてや難しい計算方法を開発して、ここから形式的に答えを出そうとすることは避けるべきであると考える。

(2) STRでは全体像を見て総合的に評価すべきエレクトロフェログラム

　汚染試料については捜査ないし鑑定ミスであるから論外として、混合試料と

いうのは鑑定対象となる試料に、すでに複数の細胞が混合しているものである。たとえば、容疑者が２人以上いて多数の血痕が混じっているとか、被害者と加害者の細胞の混合がある、という場合がそれである。後者は、性犯罪などで膣内容液に被害者と加害者の体液が混合している、という場合を考えてみればいい。通常はこれらの細胞をあらかじめ分離できればいいのであり、これには抽出段階で分けるか、PCRで分けるしかない。しかし通常は、試料に細胞の混合があるかどうかがわかっていない場合が多く、その場合には抽出したDNAが複数の人に由来することになる。

　このような場合には、DNA検査の結果は混合したものになるはず、と読者は考えるかもしれない。確かに最近のDNA検査キットはかなり鋭敏なので、極微量のDNAも拾い上げてしまうから、細胞が混合していれば混合した型がでるはずと考えるであろう。しかしながら、最新のSTRキットでは混合DNAの検出力はおよそ５％（バトラー〔福島弘文ほか監訳〕『DNA鑑定とタイピング』〔共立出版、2009年〕）とされているので、５％以下の混合では少ない方のDNAはPCRにかからず型として検出できないことになる。

　ここで５％という数字には注意が必要である。というのは検出したいDNAが10ngある場合には、この５％は0.5ng、つまり500pgになる。つまり10ngのDNAには500pg以下の混合があってもメインのDNA型には干渉しないことになる。これが１ngの場合には50pgでかなり小さい量になるが、この50pgというのは一般的なSTRキットにおいて、すべての型（16アリール）が検出できる下限値にほぼ一致する。一方50pg以下の汚染は検出されないことになる。

　この計算を推し進めると、もしも検出したいDNAが100pgしかない場合には、混合試料の検出限界である５％は５pgになる。この５pgというのは本当にわずかな汚染でしかないが、結果に微妙に影響しかねないことになる。したがって、検出したいDNAが、極微量である場合にはほんの痕跡的な汚染も致命的であるということになる。これは具体的には、STRのエレクトロフェログラム（電気泳動図）でピークの長さ（RFU）が100前後しか出ていない場合に相当し、このときシングルソース（単一の人由来）の型が出ていればまだしも、混合型としての複合バンドが検出された場合には、積極的に評価しないほうがいい、

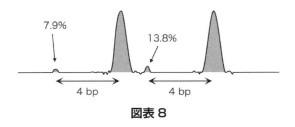

図表8

ということがいえる。

このように、STRのエレクトロフェログラムは全体像を見て総合的に評価すべきものであり、単純にRFU150以下は読まない（司法研修所編『科学的証拠とこれを用いた裁判の在り方』〔法曹会、2013年〕）という、あまりにも単純な解釈の仕方は極めて不合理であるといえる。

(3) 真の混合試料なのか、PCRのエラーなのかの判断基準

試料が極微量の場合、また劣化が進んでいる場合には、エレクトロフェログラムのバンドの出方が不規則になることがしばしばある。この場合には、それが真の混合試料なのか、あるいはPCRのエラーなのか、についておよその判断基準を設けておくことはそれなりに意味があるといえる。これについては、キットの開発や評価に関与した多くの研究者が繰り返しの実験を行った結果、おおよそ次のような傾向があることが明らかにされており、これには国際的なコンセンサスが得られている。

まず、試料が微量であることや劣化の程度、あるいは鋳型を過量に投入した場合など、PCRが適正にかかる範囲を逸脱した場合には、次の4つの現象があることが知られている。

①スタッター・バンド

これはPCRの滑り現象ともいうべきもので、鋳型DNAの伸長反応が反復配列の1単位分（多くは4塩基）短いバンドや長いバンドが生成する現象である。長いバンドができるより、短いバンドができることのほうが多い。これはどち

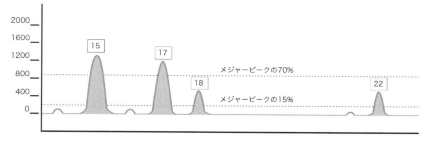

※上記試料では、2種のバンドのピークの高さが15%〜70%の範囲にあるので2人以上の混合試料（15-17と18-22型の2人由来）として、判定できる。

図表9

らかといえば、鋳型DNAの量が多い場合や、PCRサイクルが多過ぎる場合に生じやすい傾向がある。また劣化試料でも生じやすい。本来のアリールより1単位小さなサイズのバンドピークが検出される。これは通常、メインバンド（メジャーピーク）の15%の高さを超えることはないといわれているが、増幅されるローカス（遺伝子部位）により出やすいものと出にくいものがあるため、解析ソフトウェアにはその情報が組み込まれている（**図表8**参照）。

②ピーク・アンバランス

あるローカスで2本のバンドが出た場合に、それぞれのバンドの高さにアンバランスが生じることである。鋳型DNAの量が少ない場合などに、対立遺伝子相互の増幅バランスが崩れる場合に起こるといわれている。通常、このアンバランスは平均的には70%以下になることはないといわれている。

③アリール・ドロップアウト

あるローカスで本来はヘテロ接合体であるのに、対立遺伝子のうち1本のアリールのみが増幅されてしまう現象。複数の部位のSTRを増幅した場合に、多数の部位でホモ接合体であるかのような部位が頻出した時にアリール・ドロップアウトを疑うが、対照試料がない場合には、それが本来のホモ接合体なのか、ヘテロ接合体のアリール・ドロップアウトなのかは判断することができない。

どちらかといえばDNAの劣化が進んだ試料に起こりやすい。

　ただし、ピークの高さが250RFUを越える場合には、アリール・ドロップアウトを考慮する必要はないという基準が考案されている（文献、JM Butler, Advanced topics in forensic DNA typing: interpretation. Elsevier, 2014, pp38.)。

④アリール・ドロップイン

　これは鋳型DNAには存在しないはずのアリールが増幅され、本来のバンド以外の位置に入り込むことである。これが複数の部位で見られる場合には、アリール・ドロップインというより試料の混合や汚染を疑うが、単発で出現する場合には、劣化した鋳型DNAが引き起こしたPCRエラーであると考えたほうがよい。アリール・ドロップインの解釈については国際的には統一されていない。

　上記を読んでいただければわかるように、PCRエラーではない真の混合試料を疑うには、スタッター・バンドの最大値を超えて（15%以上）、ピーク・アンバランスの判断基準を下回るバンド（70%以下）の高さのバンド（15%〜70%）が、メインバンドの2本に加えて合わせて最大4本（一方がホモ接合体や、アリールの重複がある場合は、同様にメインバンドを含め3本：**図表9**（前頁）では15-17型と15-18型が混合して15、17、18が出た場合など）以上、複数部位で出現することが要件となる。

　ただし、このようにピークの高さ（RFU）値を比較して、イレギュラーなバンドを評価できるためには、ピークの高さが少なくとも鋳型DNAの量と相関可能なレベル、少なくとも500RFU内外を超えていることが条件となる。したがって50〜200RFU前後のピークしか出ていないような、比較的ピークの低いエレクトロフェログラムについては、定量性を判断するデータとして読み取ることは難しいといえる。それに加えて、多型の少ない遺伝子部位では、複数の細胞に由来するの型が同じ型（バンド）にオーバーラップしてしまい、混合試料であることが見抜けないことも多い。その点D18S51部位のように多型の種類が多い部位では、型のオーバーラップの確率が少ないため、混合であるこ

とを見抜きやすいことから、そのような部位を中心に見ていけばよいことになる。

　したがって大事なことは、エレクトロフェログラムの出力データを丁寧に調べることであり、決して数値化したデータのみに頼ってはならない。ただし、もっといえば、エレクトロフェログラムの出力データですらすでに生データではなく、コンピュータソフトウェアにより特定のアルゴリズムにより計算されたデータであることには注意が必要である。生のデータの角をとってスムーズに表示されたデータに変えられているのである。いうなればデジタルデータにフィルターをかけ、きちんとしたかたちに整え直しているということなのである。

　私たちがDNA鑑定の研究を初めて行った頃は、コンピュータによる検出や解析などはなく、自前で作成したゲルで電気泳動して、バンドを紫外線により光らせて肉眼的に確認する方法をとっていた。したがって、バンドの強さや形状などでデータの真偽を確認することができたのであるが、今は毛細管電気泳動の像（エレクトロフェログラム）をデータレベルできちんと見ることはできなくなった。そういう点では、コンピュータで出力されたデータを感覚レベルでとらえることは難しい。

　とはいえ、エレクトロフェログラムの出力データのみが現在の鑑定では生データに最も近いものなのであるから、それを添付することなく、表で数値のみを記載してデータであるかのように提示することのみで終わらせてはならない。というのは、いかにデータとしての体裁を整えているように見えても、表に記載されたDNA型の数値は単なる文字にすぎず、あくまでいかようにも自由に書き換えられるような主観的なデータにほかならないからである。ここで主観的とは、客観的なデータにかかわらず、文字として作成できるレベルのものでしかない、ということだからである。もっとも、これは、そもそもはコンピュータで出力されたデータを読み取ったはずのものであるから、その主観的なデータの根拠が存在するし、それを呈示することは可能であるはずである。よく警察関係（科捜研）の鑑定では、コンピュータで出力されたデータの添付なく、それを読みとってDNA型を数値化した表のみがデータとして呈示されている

ものがある。このような場合にはデータの客観性を疑われかねないし、本当のデータなのかどうかと疑われても否定することはできない。このようなデータの呈示ではなんら客観的証拠たりえないことは、きちんと認識されておく必要があるだろう。

　もっとも、このエレクトロフェログラムの出力データすらが、対照サンプルを所有していれば、それを流用して容易に恣意的に作成できるものであることは注意しておく必要がある。私がDNA検査は対照試料を所有する前に行うべきであると主張しているのは、このような対照試料の流用の嫌疑をかけられないようにするためである。具体的に言えば対照試料の実験を証拠試料の実験にすり替えて、同じものを濃度を変えて実験しただけなのに、あたかも同一性が確認されたように見せるような捏造実験でのデータも、エレクトロフェログラムの出力データを丁寧に見れば、実際以上にきれいすぎるデータであったりすることから不自然なデータの徴候を見出すことができる場合がある、したがって、ここでもやはり、エレクトロフェログラムの出力データをきちんと呈示することこそが、それが科学的かつ客観的なデータであることを主張できる最低の要件であることには留意しておく必要があろう。

(4) 不完全なデータをできる限り完全に近づけうる技術の開発を

　近年、一般的になってきた市販の個人識別キットの解析ソフトでは、これら混合試料について解析することが可能なものも少なくない。これによると各遺伝子部位ごとに起こり方が異なるスタッター・バンドの比率などを、各遺伝子ごとに判断しうるデータが含まれており、鑑定人が悩む必要はほとんどなくなった。また判断に注意を要する結果については警告を出すようにもなっており、崩れた結果に対しても、誤った判断をしないような歯止めがなされている。しかしながら、いかに検出の精度が上がっても、無から有は生じえないし、劣化したDNAからはそれに応じた不完全なデータとなるのは当然であり、それが科学的な鑑定にほかならない。

　不完全なデータを完全なものにしようとして、実験を捏造したり、解釈を歪めたり、理解が困難な数式を持ってきて高い数値で評価したり、また都合の悪

いデータを黙殺しようとするのは、DNAのせいでもなければ検出機器のせいでもなく、人間の主観のなせる業であることは認識しておく必要があろう。本稿で繰り返し強調していることは、不完全なデータをできる限り完全に近づけうる技術の開発の必要性であり、ここに全力を傾注すべきである。数学はあくまで出た結果の解釈に関わる主観的な判断に関するモデルの提案であり、それ自体、科学ではなく、観念の世界に関わる方法であることは、あまり認識されていない。数式や数学を使い、数値化したデータこそが科学的であるという妄想は捨てるべきであり、DNA鑑定にあっても机上で結果を動かそうとするのではなく、現実の実験そのものの精度を上げ、誤りなく実行しうる技術こそが求められるのである。

　一般的に言えば、2人以上に由来するとみられるバンドが出るような反応が出た場合には、それを積極的に解釈すべきでなく実験をやり直すか、試料を取り直した方がよいというのが私の意見である。なぜなら混合試料の解釈を困難にする最大の理由は、データのみからは何人の混合であるかが正確にはわからないことと、ホモ結合がヘテロ結合かがわからないこと、そしてPCRに起きたエラーの有無の判断とその解釈は大変に難しいことが多いからである。

　ならば混合試料の鑑定は不可能なのであろうか。現在、市販されている試薬を用いても、その大きなハードルをクリアしうる方法がある。それは、Y染色体のPCR法である。しかこの方法は性犯罪以外には適用が難しいという限界があることは指摘しておきたい。

(5)　Y染色体のPCR法

　Y染色体には優れた長所がある。それは男性のみにしかないこと、そして男性では相同染色体を持たない（ヘミ結合体という）からPCRにおいてバンドが1本しか出ないことである。したがってY染色体の鑑定をやれば、女性試料の混合があっても女性の型は検出されない。つまり被害者が女性の場合には男性の型のみしか検出されないのである。また男性の混合があっても、型に重複がない限り、それぞれは必ず1本バンドとして同定できる。もっともどのバンドがどの人に由来するかはわからないとはいえ、たとえばPPY23（プロメガ社）

というキットでは23部位の増幅ができるから、このうち最大のバンド数をもった座位（型の重複がなかったとみられる部位）に注目すれば、何人の混合なのかはほぼ確定できる。

図表10はY染色体上のDYS635という部位の増幅であるが、ここには18、21、22、23型という4本のバンドが同定できる。ということは4人の男性の混合ということになるが、実際の実験もその通りなのである。

いずれにしても、混合が疑われる試料については、常染色体のSTR法で解釈すべきでなく、試料を取り直して再実験するか、Y染色体の検査をするというのが合理的な方法である。このように極めて有効なY-STR法も、どういうわけか警察では通常の検査方法として導入されていない。これは男性のみのデータベースしか作れないせいかもしれない。国際プロジェクトとしてY-STR法の開発に貢献してきた著者としては残念な限りである。

一方、混合試料を実験方法の選択で解決しないで、混合バンドの解釈に数学的な要素を持ち込み、何らかのアルゴリズムでコンピュータ計算し、強引に解釈するという試みはまったくの机上の空論であり、現実のこの鑑定の何が真実であるかを見抜くことには無力であり、かえって誤った結論に導きかねないのである。

いずれにしても試料の混合や汚染は、それを前提することによって不一致の結果にも一致の含みを持たせ、あるいは不都合なデータは汚染試料と見なして排除させうる狡猾な逃げ道になりかねない。あらゆる実験手法を駆使してもなお、混合の可能性がある試料に対しては、あえて強引に解釈したり、判定不能にして結果を隠すのではなく、ありのままのデータから読み取れる結論のみを科学的に提示するべきであろう。

3　DNA鑑定における陥穽とは

(1)　検査結果と鑑定の見解が対立した場合

これまでDNA検査とDNA鑑定の違いについて、繰り返し説いてきたが、以下は検査から鑑定へと向かう過程に介在する問題点について、具体例をあげな

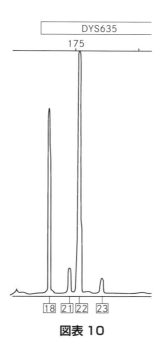

図表10

がら説いていきたい。というのはDNA鑑定にかかわらず多くの法医学の専門家は検査データから事実を丁寧に読み取って鑑定を行うのではなく、誰から嘱託されたか、あるいはどういう結論を出したいかという観点から検査データを選び、部分的に解釈するということが鑑定であると錯覚しているのでは、と疑わせる事例は少なくないからである。

　法医学も科学である以上、事実をきちんと踏まえて、結論を導き出すのは当然であるとして実践を重ねてきた私にとっては、目的にそって観念的ないし恣意的に事実を解釈するなどという観念論的な鑑定などはありえないはずと思ってきた。しかし現実はこのような学問の基本すら法医学界では必ずしも常識になっていないことに驚かされることが多い。これはもしかしたら、事実に関わるのではなく、机の上で頭を働かせてきた弊害なのかもしれない。

　結果として検査データが直接に語る事実と、鑑定として記載された内容があたかも別物であるかのような、ちょうど二律背反的に並べられた鑑定書になっ

ているものが少なくないのである。たとえば、DNA鑑定の検査結果では「不一致」の結果であるにもかかわらず、鑑定では「一致している可能性もある」と説明されているようなことである。またこれはDNA鑑定だけではなく、司法解剖における死因鑑定でも同じである。しかし裁判では結論だけしか問題にされないことが多いから、これは偽装鑑定とも言うべきであろう。

(2) 客観的な事実や検査データに忠実で、事実に立脚する立場を崩してはならない

　内容に一貫性のない矛盾を含んだ鑑定書が出されるとがあると、当然に検査結果とそれを解釈した鑑定とどちらが正しいのか、ということに疑問を持つはずであるが、実際には鑑定の結論（解釈）の方のみが取り出され、「不一致」でも「一致しているともいえる」などと説明されてしまう。それなのにさらに進んでそれと検査データとの照合まで踏み込むことはなされることがない。たしかに鑑定が導かれた過程に立ち入ることはあまりにも専門的すぎるのかもしれないが、鑑定結果が裁判所として受け入れやすいものである限り、それを文字通りに信じた方が都合がよい、という事情も無視できない。

　ただし、あえて言えば、裁判所や検察官の主張に合わない鑑定結果の場合であれば、直接関係ない議論にまで拡大して、議論を迷走させるということがよくあることはいうまでもない。極端な場合には鑑定の検証と銘打って、鑑定試料とは無関係な実験を行うという無意味な試行に時間を費やしてしまう場合もある。つまり、裁判で大事なのは事実の追求ではなく、導きたい結論に沿うような形式上の整合性が優先されてしまうのであり、そこにまた専門家としての法医学者の鑑定も協力させうることを期待させる背景がある。本来は、真実を追究していくのが法医学者の重要な責務であるはずなのであり、ここが崩れると裁判はその科学的な基盤を失うであろう。

　鑑定の結論として書かれた文言のみが鑑定書から取り出されて採用されてしまう。仮にここに疑問点があったとして、他の専門家の意見を聞こうとしても、同じ専門家同士の対立を嫌って、決して反論せず関係を持ちたくないとして逃げられることもある。しかし、これでは法医学者としての責務を果たしたこと

にはならないはずである。なぜなら法医学というものはいかなる業務であっても、客観的な事実や検査データに忠実でなければならず、あくまでも事実に立脚する立場を崩してはならないはずの学問だからである。それゆえに真実を追求することができるのである。何らかの仮定に基づいて、あるいは偏った仮説を証明するために事実を部分的に選び、あるいはないはずの証拠を作るために、法医学が悪用されてしまうと、誤判を積極的に誘導するといった、怖い結末になりかねない。

4 DNA鑑定において出力されるデータとは

(1) DNA鑑定の試薬や機器の限界

　客観的事実に立脚しなければならないことは、DNA鑑定についてもまったく同様である。ただしDNA鑑定においては客観的なデータとされているものが機器とコンピュータを通したものであり、加工されたデータしか見られないという、それ以前の問題がある。事実の確定、それ自体から困難になっているのである。DNA鑑定においては、データそのものをどう読み取って事実として確定、ないし推定するかというデータの解読のプロセスが前提とされてくることを見逃すわけにはいかない。

　多くのDNA鑑定の専門家は、コンピュータが叩き出すデータをそのまま採用するのが科学的であると錯覚している。しかしながら、このような立場は鑑定によっては正当な場合もあれば、誤ってくる場合もあるのである。これが正当な場合というのは、検査機器の性能の範囲内で、機器が正しい結果を導きうるような対象（試料）から検査された場合である。たとえば、生きた人間からとった新鮮な細胞から検査する場合は、そこに誤りが生じる余地は通常ありえない。機器が正常に作動している限り、まだ正しい手順で検査されている限り、誰がやっても同じ結果になる。しかし一方では鑑定が通常のDNA鑑定の試薬や機器の限界に近い場合、あるいはその限界を超える場合に問題が生じてくることに留意する必要がある。

　機器の性能の範囲を超えた対象を調べた場合とはどのような場合であろうか。

たとえば、試料が著しく古く、劣化が進んでいたり、ほとんどあるかないかわからないくらいの、ごく微量レベルの試料であった場合などがそうである。このような試料からの検査においては検査に誤差が入り込んでくる。したがって、このような難しい鑑定を行った場合には、そこに誤差が入り込んでいるのかどうか、入り込んでいるとすればどういう部分なのか、それをどう解釈すべきなのか、については鑑定人の高度な判断力が要求されるのである。

多くの犯罪捜査におけるDNA鑑定では、このような場合がほとんどであることは現実が示している通りである。DNA鑑定に誤差などはなくキットを使用している限り誤りはないという、単純な盲信は避けなければならない。なぜなら、いかなる検査にも誤差が生じることは常識であり、DNA鑑定についても検査一般の性質を免れることはできないからである。

(2) コンピュータはどこまで判断できるか

ところでDNA鑑定については微量かつ劣化あるいは混合試料にもなりうるような、試薬や機器の性能の限界に近いか、あるいはそれを超えた試料が対象にされることが少なくない。このような検査の場合にはデータの全体を見て総合的に判断することが求められるが、個々のDNA検査は個々の遺伝子部位を、個々別々にコンピュータが自動解析しているため、全体としての判断は鑑定人に委ねられることは留意する必要がある。

まずここでおさえておかなければならないことは、コンピュータが扱えるのはデータをデジタル化したものであり、その集合でしかないということである。つまりコンピュータの判断というものは、あくまでも部分的かつ平面的なのである。しかも一つひとつのデータは、数値化と言う生の事実のディテールを捨象された加工データであり、形式的な表現しかとれないのである。つまり数値化したデータの集合体がコンピュータの解析の特徴であり、また限界でもあるのである。

ここでデジタルデータというのは、本来は連続した全体としての事実をできる限り細かく区切って、あるいは連続した全体である対象物を出来る限り細く分けて、全体から部分を切り離して一つひとつを数値化した上で、それらを結

合していくものであり、これを行うのがコンピュータである。したがって、コンピュータのできることは、それはすべてデジタルデータ、つまり、数字のつなぎ合わせであり、元々の全体を模像化してみているのではなく、画像を細かく分解してデジタル化した数値がつなぎ合わせされているものを見ているのである。

　これはデジタルカメラが全体の画像を細かく画素として分けて数値化して、それをタイル状につなぎ合わせているという事実で理解していただけるものと思う。それゆえにデジタルカメラの画像は画面を拡大すると、連続性が失われた不連続な点で構成されていることがわかり、拡大するほどにぼけた画像になってしまうことを経験したことも少なくないと思う。つまり、データは不連続なのである。それゆえにデジタルカメラでは本物とは違った画像になりうることは、経験的に知られているものと思われる。

　かつて印画紙を使った光学的なカメラに代わってデジタルカメラが普及し始めたときに、警察では証拠写真にはデジタルカメラを使わないということが強調されたことがあった。これはデジタルカメラは本当の本物のデータを、いうなれば加工したものであるという本質があることを皆が意識していたからである。しかしながら時代が流れてデジタルカメラの画質が上がり、データの保存性がいいという長所も見直されてから、現在ではこのようなことを言う人がなくなった。しかしながら、デジタルカメラの性能がいかに上がろうと、それは実際の画像そのものではないという本質があることは変わりがないのである。それが実用的に問題がないレベルになっていることと、本質的にそれが生の映像そのものではないということは区別して考えなければならない。

　これと同様にDNA検査のデータは、通常エレクトロフェグラム（以下、電気泳動図とする）として示されている。これを生データと錯覚している人も多いが、これはコンピュータがとった数値データから作成したグラフであり、生のデータではない。毛細管内を電気的勾配にしたがって移動（電気指導）させられたDNAの断片を、高感度カメラが撮影し、強度を次々と測定して、それを連続する数値としてつなぎ合わせてアナログ化されているのである。

　ビデオカメラを考えればわかるように、カメラの性能の範囲内において、時

間的にも平面的にも部分的に区切られ、かつ数値化された部分のつなぎ合わせが表現されている。不規則な部分を切り捨てられ規則的であるかのように直線でつなぎ合わせているのであって、実際のバンドの形状はここで示されているようなシャープな形をしているとは限らないのである。曖昧な部分は２つの部分に自動的に分けられていることもある。しかし、悲しいことに、我々が見ることができるのは機器が描いたこの直線のみであって、そこから大元のDNAの形状を読み取ることはできない。カメラがとった数値（デジタルデータ）からコンピュータがデータ変換して作ったグラフ（アナログ）のみしか見ることができないのである。したがって、この電気泳動図は作られた図であって生データではない。しかし問題はこれだけではない。

　コンピュータが作り出すこの波形データとしてのグラフはキットを用いる場合には、10数カ所以上の遺伝子部位について集められているのであって、遺伝子部位の相互の連関はまったくない。全体としてはバラバラにされた遺伝子型データの寄せ集めであって、コンピュータはそれぞれの遺伝子部位を総合して結論を出すことはしない。なぜならコンピュータには総合というプロセスはなく平面的に集めるということしかできないからである。コンピュータには全体を総合し統合するプロセスはないから、鑑定人はコンピュータがデジタル化したデータをつないでアナログ化した図から、さらにすべての遺伝子部位の結果を併せ解釈をして確定する作業が必要になる。全体としての総合判断はあくまで人間の頭脳で行わなければならないのである。

5　データはどう総合的に解釈すべきか

　混合試料の鑑定にデジタルデータだけを扱った場合には、出たバンドの型やバンドの高さという数値だけを比較するしかなく、解釈が無限に出てくる。したがってここではPCRの特性を踏まえた、柔軟な総合的解釈が要求される。
　そもそもDNA検査のデータは生データをアナログとしてとらえたのではなく、デジタルデータがアナログ化されたものなのであるから、そこから出発するしかない。

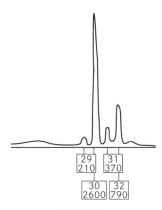

図表11

　ここを理解するために、実際のシミュレーション事例を使って具体例をもって説明したい。

　図表11に示したものは、ミニファイラーキットで増幅したD21S11という遺伝子部位の電気泳動図である。四角に囲まれた数値はそれぞれ、上の数値が遺伝子型、下の数値がピークの高さである。

　ここには４本のバンドが示されているが、もし１人由来の型だとすると、父親からと母親からの遺伝で、最大で２本のバンドしか出現しないはずである。したがって、４本あるということは、たった１人由来のDNAということはありえない。少なくとも２人以上のDNAが混合している可能性があるのでは、とみなければならない。

　もしも同じ遺伝子型を持つ他の人のバンドも重なっているとしたら、もしかしたら３人以上の人由来のDNAが混じっているかもしれない。したがってここでは２人の遺伝子型に重複はなく、またヘテロ結合体（２本のバンドが異なる組み合わせ）であったと仮定して議論することにしよう。このような前提をも

第６章　劣化試料と混合試料の鑑定　　145

ってはじめて、ある解釈ができるようになる。

　その場合にはこれは２人のDNAの混合ということになり、ここに現れた29型、30型、31型、32型の２つずつの組み合わせであるということになる。これは紙に書いてやってみればわかるとおり、３通りの組み合わせが存在することになる（29-30と31-32、29-31と30-32、29-32と30-31）。３通りしかないのなら、なんとかなるのでは、と思ったら大間違いである。というのはここでは２人の人のどちらがどの型かが分からないから、それぞれの入れ替えを考慮するとこの２倍のパターンがあり、計６パターンになってしまうのである。

　しかしながらこれはあくまで由来する人間が２人であり、その２人の遺伝子型がヘテロでありその型に重複がないという仮定をおいた場合にすぎないから、この前提が崩れれば、その解釈も崩壊する。そして他の前提をおけば、他の組み合わせを考慮することが必要になるが、それをあらかじめ知るすべはないのである。何人の混合であるのかに加えて、それぞれの型がホモなのかヘテロなのかの組み合わせを考えると、起こりうるパターンは検討できないほど膨大な数になる。

　つまり、このような複合バンド、複数のバンドを見た場合には何らかの仮定をおかない限り、何とも解釈できないのであり、その仮定の仕方が多数であり、またそれぞれの仮定において多数のパターンが生じてしまい、とうてい確定できる代物ではない。結果として純数学的に考えると、このたった４本のバンドは２人の混合もあれば、３人の混合の場合もあれば、また極論すれば100人の混合の可能性も０とは言えないのである。もっとも４本のバンドに100人の遺伝子型がまったく重なると言うことはありえないのでは、と言うかもしれないが、もしもこの遺伝子型の種類がたった４種類しかないとすれば、何人重なろうが、これ以外のバンドが出ることはないから、これはありえないことではない。また仮にこの遺伝子型の種類が４種類以上、たとえば６種類あったとしても、ほとんどの人がこの４種類以外はほとんどない、つまり５種類目と６種類目が出ることは極めて稀であるとすれば、多数の人間由来でもこのことは成り立つのである。

　このように出された遺伝子型のみを参照すれば、その組み合わせに多くの場

合が出てくるが、先の例においてもピークの高さに法則性がない限りこの３通り（６パターン）のうち、どれが正しいかを判断することはまったくできない。仮にどの組み合わせが起こりやすいかということを考慮したとしても、実際の鑑定は個別であり、確率が高いことが起こっているということを保証する根拠はないのである。つまり個々のDNA鑑定における確率的表現なるものは、個々の事例について確率が高いことが起こっているという保証がない以上、個別の事例の判断に対しては無意味なのである。

6　混合試料の鑑定をめぐる危険

(1) PCRは指数関数的に増幅が起きるから、数値の大きさはそこを踏まえて判断を

しかしながらここにバンドの高さ（単位はRFU：相対蛍光強度）やその形を考慮すると、もう少し何か言えることはないのであろうか。ここで高さというのは、PCRによる増幅バンドの量であり、原理的には元の鋳型DNA量と増幅効率の双方の影響を受ける。ここでPCRというのは１サイクルで２倍ずつになるので、２サイクルで４倍、３サイクルで８倍、４サイクルで16倍、５サイクルで32倍、６サイクルで64倍、７サイクルで128倍になる。これは増幅効率が100％の場合であるが、もしも増幅効率が80％とすると、７サイクルで128倍×0.8＝102倍ということになるので、100倍の違いは７サイクル分の増幅に相当する。

機器のバンドの検出閾値は、工場出荷時では50RFU（3130xl, 310機器など）に設定されていた。これは28サイクルの増幅で通常達するレベルを5,000RFUとすると、その100分の１であり、７サイクル分の増幅不足に過ぎない。したがって総サイクル数が28サイクルとすると50RFUの高さというのは、このマイナス７回である21サイクルの増幅には少なくともかかっていることになり、これは十分に評価すべきバンドであることになる。PCRは指数関数的に増幅が起きるから、数値の大きさはそこを踏まえて判断しなければならないのである。

以上を前提にして図表11のデータを見てみよう。よく見ると30型バンドは

2,600という高さをもっており、32型は790、31型は370、29型は210である。もしも1人由来のヘテロ結合のバンドとすると2つのバンドの高さがあまりにも異なるということはありえないだろう。なぜなら、同一の鋳型DNAに由来する同じ量と質を持ったヘテロ接合体のPCRであるからである。したがって、だいたい同じぐらいの高さのバンドの組み合わせではと考えることには、それなりの妥当性があろう。

　そうするとこの場合、30型というバンドは他と比較するとこれだけあまりにも高いから、もしかしたらホモ結合体で30-30型というDNA型を持った人が含まれているのではないか、とも考えられる。そうするともう1人は29-31型でもう1人は32型のホモ結合体の3人の混合であることも考えられる。また30-30型に加えて、31-32型と、29型のホモ結合体の3人由来かもしれない。あるいは、29型に見えるバンドが30型のスタッターバンドとすると、29型のホモ結合体の混合は否定でき、30-30型と31-32型の2人の混合の可能性もある。

　いずれにしても、D21S11で4本のバンドが出てしまえば、このような多数の組み合わせの可能性を考えることができ、その中に同一性を証明したい人のDNAが混じっているという解釈を見出すことができる場合が生じてくる。

　しかし実際は意外なことにこの事例の真の型は以上のいずれでもなく、29-30型と30-32型の2人由来の混合試料なのである。両者ともヘテロ結合で、30型を共有しているのでそのバンドが高く出たのであって、30型のホモが混じっていたわけではない。言われてみるとなるほど、と思われるかもしれないが、ならば31型のバンドはどこから来たのか。考えられるのは、PCRのエラーの1つであるスタッターバンド（PCRの滑り）ではないか、ということが考えられる。これはあるバンドのピークが高い場合に、それより1つ下の型か場合によっては上の型のバンドが小さく出るものである。となるとこの31型は32型と30型のスタッターバンドの混合ではないか、と考えられる。しかし、このバンドを見ただけでは、このような解釈はありうる可能性の1つでしかない。なぜならスタッターバンドの基準の15%は超えており（370／790＝0.47）PCRエラーを想定せざるをえないからである。

　ここで付言しておくと、一般的にはPCRにおけるヘテロ結合のピーク・アン

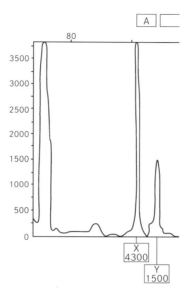

図表12

バランス（2本の高いバンドと低いバンドの高さの不均衡）は60％以上でなければならず、スタッターバンドは15％以下であるとされているが、このような混合試料の場合にはPCR反応がバラつくのでこのような数値は当てにならない場合がある。以上でわかるように、ある由来不明のバンドを見たときに、これがもう1人別の人によるものか、あるいはPCRのエラーになるのかは、このデータのみから判断することはできないのである。

このようにDNAバンドの高さまで考慮したとしても、混合試料の場合はその高さは必ずしも両者の混合比を反映しないし、またPCRのエラーであるスタッターバンドや、アレル・ドロップアウト（増幅の欠失エラー）も容易に起こりうる。こうなると解釈が大変に難しくなってくるのである。このように数値化されたデータを数値化された基準のみで考えるとたちどころに限界にぶつかり、正しい解釈はとうていできなくなってしまうのである。

ならばほかに手がかりはないであろうか。もう1つの手がかりとしてはアメロジェニンという性別判定に用いられる遺伝子部位がある。これは女性はXX、

男性はXYとなるので、男女が1対1の量で混合されていると、Xは3Xの高さになりYは1Yなので高さの比はおよそ3：1になる。**図表12**（前頁）はこの事例のアメロジェニン部位のバンドである。Xの高さは4,300でYは1,500であり3倍にはわずかに達していないが、PCR反応の終局は増幅効率が落ち、増幅産物が飽和してそれ以上に増幅されない平衡状態（プラトー）になることを考えると、厳密に3：1に達しないまでも、この試料には、男女比が1対1に混合されたものではないかと予想できる。実際にはこの試料はD21S11でみると、29-30型が男性、30-32型が女性の混合試料なのであるが、これを前提とした限りにおいてバンドの出方を説明することはできるが、逆にバンドの出方から遡って混合試料の型を区別することは無理がある場合が多いのである。しかしDNA鑑定に必要なのは、あくまでも科学的に解釈することであって、後者の立場を貫かなければならないのである。

(2) **なぜPCRの起こり方に不確定性が生じるのか**

それにしてもいったいなぜPCRの起こり方に不確定性が生じるのか。その理由としてまず挙げられるのは、PCRがランダムな反応であるということに起因する（PCRについてのより詳しい説明は、本書第2章参照）。

たとえば2つのDNAが混合されていたとしてその混合比率があまりにも異なっていると、多いほうのDNAにその反応が流されてしまうことがある。したがって検出したいDNAが量と質ともに十分に確保されていれば、微量の混合や汚染は増幅にかかることは少ないことはすでに述べた。また、複数の部位を同時に増幅するような現在のマルチプレックス・キットの場合は、反応しやすい部位の反応（低いバンドなど）に全体が流されてしまい、他の部位の出方が悪くなるということが起こりうるのである。

またDNA検査では確率的変動（stochastic effect）といって、偶然に一部の反応のみが強調されることがあるが、これは反応がある部分の反応の進行が、さらにその部分の反応を加速し、他の反応を抑制してしまうというPCRの性質に基づいている。一般的には商品化されているキットは全体の反応のバランスが取れるように試薬が混合されているはずなのであるが、これは新鮮な試料を

適正量用いたときに適正反応が起きるように調整されたものであることを忘れてはならない。検査キットというのは1人分のDNAをあるDNA濃度の範囲内できちんと反応できるように作られており、複数のバンド、複数人に由来するDNAを増幅するのに適正な条件では作られていない。

したがって、混合試料などのように、複数の部位で多数のバンドが乱立してしまうような場合には、試薬の過不足が生じ、出るはずのものが出なかったり（アレル・ドロップアウト）、本来、出ないはずの位置にバンドが出ることも起こりうるのである。この後者はアレル・ドロップインとも言われており、あたかもゴーストバンドともいうべきもので、由来が不明のごく小さなバンドが出現することである。しかしこれは実際は幽霊などではなく、本来出るべき位置のバンドが不規則な位置にできてしまったとすればなんら不思議な現象ではないしこれが乱立することもない。キットはあくまで古い劣化DNAや複雑に混合したDNAに対応したものではないのであるから、難しい試料の場合には鑑定人が試料に対応して試薬を個別に調整したほうが結果はよく出るはずである。

以上、総括すれば混合試料の解釈はたいへん面倒である。英国のDNA鑑定の権威者であるPeter Gillが、「Don't do mixture interpretation unless you have to（あなたがそうしなければならないのでなければ、混合試料の解釈は行うな）」(JM Butler, Forensic DNA typing , second edition, 2004, p.166)という見解を述べたとされるが、これはまったく正当であると思う。

捜査機関としては、DNA鑑定は証拠試料と被疑者との関係性を証明したいのであるから、結果の一致が求められる。一致とするにはDNA型はすべてが一致しなければならないと考えられている。警察で用いられているアイデンティファイラー・キットの場合には、16部位が同時に検出されるのであるから、16部位のすべてで一致することが求められる。一方、不一致の場合には検査した型のうちたった1つでも異なっていれば、他人と判断されることが一般的な判断なのであるから、不一致の証明は容易である。

しかしながら、不一致とみなされる場合には、きちんとすべての遺伝子型が出ている場合と出ていない場合がある。また後者には1つの遺伝子部位に3本

以上のバンドが出ていたり、また1本も出ていない場合も含まれている。1本も出ていない場合には、PCRのエラーが起きていると判断するしかないが、3本以上出ている場合にはPCRのエラーの場合と、細胞が混合していた場合と2つあるのである。

　このときPCRのエラーで本当は2本しか出ないはずのものが、3本以上出ているのか、複数の細胞のDNAがそこにあって、それが忠実にPCR増幅にかかって3本以上のバンドになっているのかは、その結果をみただけでは判断ができない。しかし、いずれにしてもこのような結果が出た場合に確実なデータ部分をしっかり識別して、比較したい単一由来の細胞のDNA型に違いがあれば、結果を忠実に解釈して不一致と判断するのが妥当である。

(3) **不完全な結果をすべて鑑定人の鑑定方法の欠陥の問題にするのは筋違い**

　しかしながら、いかなる試料も混合試料や汚染試料の可能性があるのであるから、複数のバンドの中に一致させたい型が矛盾なく含まれていると見ることができる場合には、混合試料ではないかと仮定することによって、あくまで一致の可能性を残すことができる。この1つの例が先に挙げた飯塚事件の鑑定であったが、これを別の例で具体的に説明してみよう。

　たとえば証拠試料の鑑定で、THO1という部位で8、9、10という3本のバンドが出ているとき、容疑者の型が8-11であれば、11という型が出ていない以上、結論は不一致である。一方、もし8-10であった場合には、そこに9のバンドを持っている人の細胞のDNAが含まれているとすれば、なお一致の可能性を残すことになる。

　また前者の場合でも強引な解釈も成り立つ。つまり結果には8、9、10しか出てなく、容疑者が8-11であっても、たまたま11のバンドがドロップアウト（増幅なし）するようなPCRエラーが起きたと仮定すれば、一致の可能性の解釈を残すことになる。こうして細胞の混合ないし汚染や、PCRエラーの可能性を自在に駆使して解釈すると、結果はいかようにでも都合よく解釈することができる。

　たとえば袴田事件では、検察側は、味噌漬けシャツには、血液型判定が明瞭

にできるレベルで血液が付着していることが確認できているのに、そこから抽出したDNAには血液由来のDNA型はまったく出ずに、味噌以外の汚染細胞があったのでは？　という、架空の前提を入れさせて、そのうえで汚染細胞のDNA型のみしか検出されない、という解釈が可能であることを証明するための検証実験を行わせようとしているのである。これはまさにご都合主義的DNA鑑定の歪曲的解釈であるとしか言えない。

　したがってDNA鑑定の解釈に当たって、最も大事なことは、試料に細胞が混合しているとか細胞の汚染があるとか、劣化試料に伴うPCRのエラーが起きている、などといった、憶測としての前提や仮定などの主観を入れないで解釈することである。またやむをえず主観的な判定基準を用いる場合には、その基準を客観化し、結果にかかわらず一貫した判断をすることである。鑑定によって、解釈の仕方を変えて、都合のいい判断をするとすればそれはもはや科学的な鑑定ではありえない。「不一致」のDNA検定結果を否定するためだけに、試料の汚染やPCRエラーを持ち出すのは不当である。

　少し余談をまじえると、袴田事件における静岡地裁では、いわゆる「5点の衣類」からの検察官推薦の鑑定人によるDNA鑑定書では、証拠試料からいくつかのDNA型を明確に提示していた。ところが、対照試料としての袴田巖氏の型と不一致であることを確認した後では、「鑑定内容には自信がない」とする証言を法廷で行ったという。自分の合わせたい結果と合わないことを知った後に、鑑定結果を取り下げるなどは、鑑定人としてはあるまじき態度というべきであろう。

　いずれにしても柔軟に考えないで、つねに全部の型の検出を、という形で硬直的に縛ってしまうと、DNA鑑定の適用限界はきわめて小さくなることになるし、ほとんどの鑑定が鑑定不能になる可能性もある。原鑑定を維持したい場合には再鑑定が不能であるのはよいことかもしれないが、可能な限り試料から情報を引き出せたほうがよいに決まっている。不完全な結果は不完全なままに提出することが試料に見合った鑑定であって、不完全にしか出ないのは鑑定人の責任ではなく試料の限界である場合も少なくない。にもかかわらず、不完全な結果をすべて鑑定人の鑑定方法の欠陥の問題にするのは筋違いというべきで

あることはしっかりと理解していただく必要があるだろう。

　そうでないと、どうしても不完全なデータを完全なデータにしたいという悪魔の囁きに耳を傾けてしまいがちになる。このときに誘惑のもととなるのが、照合したい容疑者の生の試料である。たとえば捜査機関の依頼や警察内の検査機関（科捜研等）で鑑定を行ったとすれば、自分たちの手柄にしたい、嘱託者の期待に応えたいという不純な動機のもとに、なんとか一致させたいという誘惑に負ければ、どうしてもその試料を流用して、立件や裁判が有効に進むようなデータを作れないかと願ったり、あるいはそれに合わせて不完全なデータでも無理矢理に都合よく解釈したりということも起きるであろう。指紋検査でもこのようなことが行われたことがあるという事実も聞いたことがあるが、対照データを入手していれば、どうしても不一致とみられる場合には鑑定不能として偽ったり結果を隠すこともできてしまう。

　したがって、難しい試料から鑑定したいとき、あらかじめあるいは同時に対照試料を入手するということは、流用の誘惑に駆られかねないことから、鑑定の信用性を議論するうえで危険であると私は考えている。袴田事件のDNA鑑定において、証拠としての試料と袴田氏の血液の鑑定を分けて実施することを私が提案し、裁判所に認めてもらったのは以上の理由によるのである。こうすると鑑定結果をありのままに提出するしかなくなり、捏造の余地がなくなる。この方法をとることによって、鑑定が正しかったか否かの検証に多くの労力をさく必要がなくなるであろう。

(4)　劣化試料の鑑定では増幅部位を絞るほうがベター

　話を戻すが、DNA検査において部分的とはいえ正しく結果が出ている場合はまだよい。そうではない場合には十分な吟味を要する。どういうことかといえば、鋳型となるDNAが極微量かあるいは劣化が進んでしまった結果、本来の鋳型へのアニーリング（吸着）過程が障害されて、目的としたバンドが検出できず、プライマー同士が不規則な反応を起こしてしまうことなどがあるのである。つまり、本来の正常な反応が抑制された結果、それを補うように他の異常な反応が誘発されるということである。これはたとえば、無理に結果を出そ

うして、劣化が進んだ鋳型DNAをたくさん入れすぎたり、PCRのサイクルを増やし過ぎたりする場合に起こりやすい。つまり正常な鋳型DNAの不足をプライマーという短い人工DNAや劣化した部分の歪んだDNAが補ってしまうということになる。

　これが純粋なプライマー相互の会合反応（プライマー・ダイマー形成という）ならば、わずか20塩基の短いプライマー相互の反応なので、通常のPCR増幅（100～400塩基）の範囲以下のごく小さな断片にすぎないので、容易に判定から除外できる。ところが、まがりなりにも、歪んだ鋳型DNAと相互作用を起こしたら、通常はありえない位置にプライマーが吸着してしまい、本来のそれ以外の増幅断片が生成されることになる。もっとも、PCRは二本鎖の段階を経由しなければ反応が持続しないので、このようなできそこないの断片が類似した配列を持って相互に結合する（二本鎖になる）確率はきわめて小さいといえる。したがって、よほどのことがない限り、本来はない増幅断片が形成されることはなく、あったとしてもその反応が持続して、明確なバンドを生成することはないと考えられる。ゆえに、多くの場合は明確に形成されたバンドは鋳型DNAを忠実に反映していると考えて間違いはない。また、最新の機器では増幅バンドは、片側のプライマーでラベルした蛍光色素を検出するようになっているから、プライマーが付いていない断片は検出にかからず、増幅バンドが確実にプライマーの延長線上にあることは間違いないことになる。したがって、いかに微量かつ劣化した試料であっても、検出されたバンドについては明確に判定してもよいといえるのであるが、最新の機器は感度が良過ぎるので、本来はないバンドの検出を可能にしてしまう危険はつねに存在する。したがって人間の目視による確認は常に必要である。

　実際には、プライマーの吸着する部位の塩基配列が壊れていてプライマーの吸着（アニーリング）が阻害されている場合も多い。つまりPCRにかからないということのほうがむしろ多いのであるが、この部位についてのみ鑑定不能とすればよく、だからといってすべてのデータを捨てる必要はない。これはアイデンティファイラー・キットのような多数のマルチプレックスPCRではよく起きることである。したがって劣化試料の鑑定ではむしろ増幅部位を絞った単一

のPCRをデザインするほうが、特定の反応に集中する分、増幅感度が高くなるので、そのほうがよいと考えられるが、キット化された検査の経験しかないと、基本的な方法を応用することが難しくなってしまいかねない。

第7章

DNA鑑定をめぐる論戦
──足利事件、飯塚事件、袴田事件

1　足利事件──なぜ不完全とはいえバンドが出てしまったのか

(1)　鑑定書に添付された電気泳動写真

　足利事件では、簡単に言えば科警研はMCT118で、菅家利和氏の自宅から出されたとされるゴミから採取した試料のDNA型が、事件の被害者である幼女の半袖シャツに付着した精液から検査した型と一致したとして、菅家氏は逮捕された。

　このとき提出された鑑定書には、1枚の電気泳動写真（**図表13**〔次頁〕）が添付されていたが、その電気泳動で流されたPCR増幅バンドは、下のバンドは濃く（写真右側）、上のバンドはほとんど見えていない（写真左側）。しかし上のバンドには赤点がつけられていた。そして赤点がつけられていない生の写真（あるいはネガ）は添付されていないのである。それだけではない。同じ位置にあるとされる上下のバンド位置は泳動の歪みのため、同じ位置にあるとはとうてい読み取れない。にもかかわらず、両者は市販のサイズマーカーと比較して16-26型で一致しているという、判断過程を省略した結論のみが示されていた。

　ポリアクリルアミドゲル電気泳動に不可避な泳動誤差により、この型判定はまったく誤っていることを科警研自ら認めたが、菅家さん由来とされるバンドと、半袖シャツに付着した精液との型の同一性は肯定し続けてきた。しかし問題は下のバンドの濃度と、上のバンドの濃度の著しい差があったことである。とくに上のバンドはバンドとして同定できるレベル以下であることは、当時の技術でも明らかであったはずのものである。つまりこの鑑定では、少なくとも

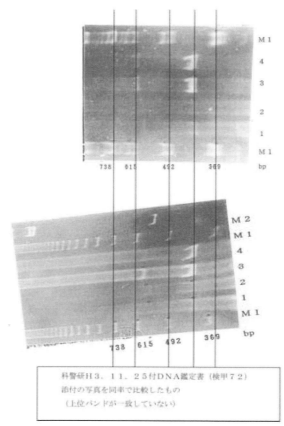

足利事件のDNA鑑定(科警研鑑定書による、笹森学弁護士より提供)
2回の電気泳動写真、レーン3,4はいずれも菅家氏。レーン1,2は遺留精液。バンドが薄いため赤点が付されているが、特に上位バンド(左側)が薄くなっている。(1,2)と(3,4)が同一の型であるとは判断できない。

図表13

上のバンドの増幅に失敗しており、このままでは真のバンドなのか、また真のバンドとしても型はいくつなのかを読み取ることができない。検査は明らかに失敗しているのである。

　にもかかわらず、鑑定ではこの写真しか添付されていない、ということは、この写真が鑑定の目的に最も適合した、最善の結果であったということになる。

この点については、鑑定を実施した技官は、写真に添付した鑑定しか行っていない、と裁判にて証言したとされるが、このようなバンドの（見え）ないところに人為的な赤点をつけなければならないような不完全な結果しか得られない場合に、それ以上検査を行わないということは鑑定人の立場からは本来はありえない。なぜなら、鑑定人の立場としては真実が知りたいのであって、確実な結果を得たいのが通常であるからである。しかし、足利事件の鑑定ではそれ以上に検査は行わなかったと証言したという。試料の使用に制限があったわけではないにもかかわらず、である。

　ここで考えられることは、本当はこれ以上の検査をやったにもかかわらず、一貫性のない結果しか得られなかった中で、唯一、鑑定書に添付した写真のみが、捜査機関の目的にかなう結果に近づけうるものではなかったか、ということである。そしてこのことは、同時に検査を試みたHLADQα検査については、菅家氏由来とされる結果のみが示されており、半袖シャツについては鑑定不能とされたことにも表れている。「HLADQαの方が検出感度が低いせいである」と、鑑定を行った技官は説明したという。しかし鑑定書に添付されたMCT118法による電気泳動写真でも、上のバンドの型は何かとうてい読み取れず、同様に鑑定不能とされるべきレベルでしかない。少なくとも科学的鑑定を標榜するのならば、この写真からは下のバンドの一致のみを主張することしかできない。ただしこの場合は、下のバンドの16型と誤って判定された型（正しくは18型）の出現頻度はたいへん高く、その一致率は20％を超えてしまうので、半袖シャツから検出されたとされる血液型B型での一致と同等レベルでしかない。これでは、DNA鑑定として血液型を凌駕すると宣伝したいほどの精度はとうてい主張できなくなったことであろう。いずれにしても、最大の問題がすでに電気泳動による型判定以前のPCR段階にもあったということは、これまであまり問題にされてこなかった。それにしても、このように古い試料からもなぜ不完全とはいえバンドが出てしまったのか。その結論を述べれば試料の性質にあったことは指摘しておきたいと思う。

(2) MCT118鑑定の誤りは最後まで認めなかった科警研

にもかかわらず科警研は、数字で表記される型判定が誤りであることを認めてもなお、そしてDNA再鑑定において、菅家さんと半袖シャツ精液の型が異なっていたことが判明してもなお、福島弘文・前科警研所長の裁判での証言にもあるようにMCT118鑑定の誤りは最後まで認めなかった。いったいなぜか。考えられることはただ1つ、足利事件での冤罪は、根本的なMCT118鑑定の欠陥に起因していることを認めたくなかったからにほかならない。これを認めてしまうと、日本の捜査機関と科警研の権威がゆらぐと考えたせいではないか、と言わざるをえない。そもそもは、欠陥的鑑定方法を強引に現実の鑑定に適用しようとして、功を焦ってしまったことが、根本的な問題であったのであるが、そこまで踏み込まれることは避けたかったのではないだろうか。

2 飯塚事件——誤解釈による誤鑑定はなぜ起こる

(1) ただの1つもない真犯人の試料

そしてさらに恐ろしいことは、飯塚事件のDNA鑑定で起きた。この鑑定は、真犯人の試料として確認されているものはただの1つもない。事件では幼児への性的ないたずらが疑われているものの、真犯人の精液や血液はどこからもまったく検出されなかったからである。にもかかわらず、傷ついた被害者の膣から流出した血液に、真犯人の血液が混入している（混合血）という架空の前提がたてられてしまったことはたいへん奇妙であった。これを「架空」というのは、その根拠が、これら試料からMCT118検査を実施したところ、複数のバンドが出たということのみしか根拠がないからである。現在の技術でも混合試料の鑑定はたいへん難しいのに、当時のMCT118検査の検出力はとうてい混合試料を鑑定できるレベルにはなかった。にもかかわらず、そこから強引に、被疑者とされていた久間三千年氏と型の一致するバンドのみが取捨選択されてしまったのであった。多数のバンドの組合せの中で、目的にあるもののみが強引に選択され、被疑者由来として同定されてしまったのである。

ここで思い出していただきたいことは、MCT118のPCR条件はそもそも、非

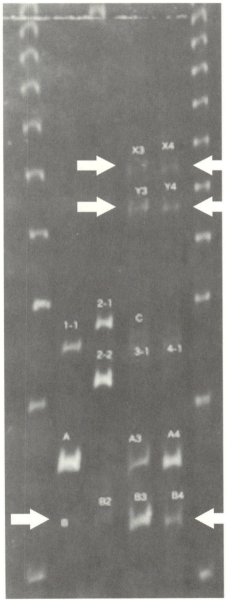

写真 飯塚事件電気泳動図(ポリアクリルアミド電気泳動;可視光のネガの全体像を黒白反転したもの。バンド名を規定)。左から2番目と3番目が2人の被害者の心臓血であるが、そこには被疑者の型とされたB＝B2＝16型バンドが写っている。それだけでなく、真犯人の試料が混入していることが仮定された証拠試料である、被害者1の膣内容物(4レーン目)と被害者2の膣内容物(5レーン目)には、鑑定書では切り取られたX_3Y_3およびX_4Y_4バンドが写っている。(左端と右端は123マーカー)

被害者のみの試料からの検査を含め、すべての泳動レーンに被疑者の低位バンドと判断された16が認められる(非特異的バンドであると引用者は推定)。

証拠資料にはいずれも鑑定書の写真では切り取られていた位置に被疑者の型とは一致しないXおよびYバンドを認める。

図表14

特異的なランダムな反応が起こりやすい、非常に特殊なものであったということである。しかし、この飯塚事件の鑑定では、有利な結果を導くために、この検査方法の欠陥が悪用されてしまったと言える。

そのとおりに、驚くべきことに、後であらためて電気泳動写真のネガを解析したところ、鑑定書に添付されていた写真では高位のバンドがカットされていたことが判明した（**図表14**〔前頁〕）。根拠を提示することなしに「目的とは異なるバンド」として切り捨てられたのである。実験の失敗であるならやり直せばいいが、それすら行った証拠はついに提出されなかった。

(2) 明らかな実験ミス

またそれだけではない。被害者の血液そのもの（心臓血）からMCT118検査を行ったものからも、被疑者・久間氏の下位バンドとされるものが増幅されていたことがフィルムには写っていたのである。つまり、久間氏の下位バンドとされるものは、絶対に出るはずのない被害者の血液からも出てしまっているのであるから、明らかに実験ミスによって「一致している」という判断が生じていることが判明したのであった。

そしてHLADQαについては、同じ試料から検査したにも関わらず、被害者の型以外は出ていないことにされてしまった結果、検査不能とされてしまったのである。

いずれにしても、久間氏が犯人であるという目的に合った結果が解釈できるMCT118検査は正しく、目的に合わない結果が出ているHLADQα検査は正しくないということの根拠が示されないままに提示されている。つまり、「MCT118では複数のバンドが検出されたこと」と、「HLADQαでは被害者のみの型しか検出されなかったこと」とは整合性がないのであるが、MCT118検査は正しいことが無前提に承認された結果、飯塚事件の試料には真犯人の細胞が含まれているという「架空」の前提がいつの間にか真実として認められてしまったのである。しかし、もし百歩譲ってMCT118の結果に真犯人の型が含まれているとすれば、当然に最もはっきり出ている、ネガからカットされた高位バンドの検討が必要になる。さらには、HLADQαも本当は正しく出てい

る（真犯人の型は検出できなかったのではなく被害者に型と重なっている）可能性も検討する必要もある。そうなると、真犯人の型は２人の型に共通に重なっている型であるはずであり久間氏のそれとはまったく異なっている（3.3）型ということになるのである。

(3) 誤った血液型鑑定

飯塚事件のDNA鑑定では、殺害された幼女の膣内をぬぐった脱脂綿に、被害者から流出した血液と加害者の血液がわずかに混じっていたという極めて稀な試料に基づいている。この場合、被害者の膣内に精液が残されていたとするなら事件としてはまだ自然であるが、この場合は精液ではなく血液である。しかし被害者の膣内は傷つけられていることから多量の血液が流出するため、加害者の血液が残留することは通常はありえない。

上記の試料については先に血液型鑑定が行われたが、その結果、A抗原とB抗原が陽性とされた。通常この場合はAB型と判定されるのであるが、このときはA抗原とB抗原の抗原としての反応の強さの違いが強調され、弱いAと強いBがあるとされ、これはABではなく少量のA型血と多量のB型血の混合であるとされたのである。

しかし血液型試験においては異なった血液型の混合血では、異型輸血と同様に凝集反応が起きるため、判定が不可能であることは常識である。また血液型試験は陽性か陰性かの定性試験でしかなく、強弱を測る定量試験は不可能であることもまた常識であるので、ここはAB型としか判定できない。にもかかわらずなぜこのような解釈を強引にやったのかといえば、久間氏の血液型がB型であったためで、彼が犯人であることに合理性を持たせるためにほかならない。

この事件においては、犯行現場あるいは被害者の体内から発見された血液に、真犯人由来のものが混じっていると判断できる根拠は一切ないし、混合血が鑑定できたという根拠もない。したがって、このような試料からのDNA鑑定は意味がない。にもかかわらず、足利事件とほぼ同様の取り扱われ方で、飯塚事件のDNA鑑定もそれなりに重視されたのは不幸なことであった。これは、DNA鑑定はすべての問題を解決する「魔法の切札」であるかのような盲信が

あったゆえであろう。つまり、事件の構造と無関係にDNA鑑定が一人歩きしてしまった恐ろしい捜査がそこにあった。

　以上を要するに、飯塚事件ではそもそもDNA鑑定の意味がないような事件であったのに、強引にDNA鑑定が押し切られたのは、何らかの別の意図が強引に働いたものと言わざるをえない、科学的な鑑定とはとうていほど遠い、主観的かつ恣意的なデータの削除と捏造、そして誤解釈による誤鑑定ともいうべきものであろう。

3　捏造を疑わせるデータ

　このように事実を見てみると、足利事件や飯塚事件のMCT118鑑定は、鑑定を誤ったという問題ではない。不完全な鑑定であるものから、強引に目的に合うような鑑定書を作成してしまったことが問題なのであり、中立性を把持すべき科学的な鑑定としてはありえない結果が提示されていると言えるだろう。むしろ目的には合わない結果を出していた、HLADQαのほうが正しかったかもしれない以上、こちらを採用したほうが真犯人に迫れた可能性が高い。となると、これは「難しい鑑定を誤った」というレベルではなく、はじめに「結果ありき」、すなわち、容疑者の型に合わせることだけが目的の鑑定書が、結果を合わせるように作成されたということが問題の本質にある。

　科学的な鑑定の恐ろしさは、鑑定人以外には理解できない高度な知識が必要であるところにある、とよく言われるが、その中身は、鑑定人自身がいかようにでも結果をコントロールできるという怖さにある。鑑定人自身の資質こそが問われるところが、最も強調されなければならない問題なのである。

　このような場合を除外して、科学的な立場から言えば、そもそもDNA鑑定がどこまで正当か、を問題にする場合には、いかなる試料に何がどのくらい付着し、またどのような条件で、どのくらいの時間保存されていたかを評価することなしに論じることはできない。そしてそこからどのような方法でDNAを抽出し、どのような方法で検査すればいいかを、個々の事例に即して適用していかなければならないのである。そのためには、DNAは生命物質であること

を踏まえた生命科学、とくに細胞生物学の素養が不可欠となるのである。人の生死を左右するようなDNA鑑定は、特定の立場を守ることに拘泥する鑑定人や、単なる技術者にはとうていなしうることではないのである。

　司法鑑定においては科学論文以上に、捏造は人の生死に関わる決定をもたらすゆえに結果は重大である。ところが捜査機関で実施された多くの科学的とされる鑑定書において、鑑定結果が表のみでしか示されていなかったり、写真が添付されてはいても、一部のみが切り取られていたり、人為的な印がつけられていたり、なぜそのような結果が読み取れるのかが不明な、不完全な写真しか提示していない、ということを見聞する機会は少なくない。

　飯塚事件の鑑定でも血液型の鑑定については表のみ、すなわち単なる文字ないし記号が記載されているだけで、そのようになる、という結果を客観的に示す写真は一枚もない。DNA鑑定の結果についても、複数のバンドから被害者以外のバンドの特定が不可能な写真しか添付されていない。したがって鑑定は完全に破綻しているにもかかわらず、そのような重大な証拠に関わる議論が黙殺されたままであることは恐ろしいことである。

　いかに科学者が記載しても、単なる文字や表は客観的データではない。また電気泳動写真や電気泳動のクロマトグラムそのものは事実を記録したものであるので、そのような生データの提示が最低限、鑑定書には必要である。もっとも生データにも捏造が起こりうる。とくに、合わせたい対照試料を入手した後での鑑定は、それを用いて証拠試料からのデータを作成しうるだけに、恐ろしいことになる。現場試料からの鑑定は、試料に限界があるがゆえに不完全であるのがあたりまえであって、それが試料の状態からはありえないほどきれいなデータであるのは、むしろ捏造を疑わせるものであるともいえるであろう。そういう意味では、以下に説明する袴田事件のDNA鑑定は対照試料を入手する前に証拠試料からの鑑定を実施しており、このようなデータの捏造や恣意的解釈が介入しえない手続がとられたことは大いに評価されるべきであり、これから実施される鑑定のすべてはそのような手続がとられるべきであると考える。

4　袴田事件と飯塚事件とで判断がなぜ分かれたのか

(1)　判断が分かれた理由は再鑑定試料の有無か

　2014年には、DNA鑑定に関する2つの大きなニュースがあった。1つは、袴田事件の第2次再審請求審において、新たにDNA鑑定を行った結果を正当に認めて、3月27日に静岡地裁が再審請求を認める決定をしたことである。もう1つは同月31日に福岡地裁が古いDNA鑑定に依拠して死刑が執行された飯塚事件の再審請求については、過去のDNA鑑定の正当性についての積極的な判断を避け、再審請求を棄却する（原判決を維持する）決定をしたことである。偶然に著者自身はこの両方の鑑定に関わっていた以上、この結果には無関心ではいられなかった。

　一般的な見解としては、前者は再審請求が認められ、後者は再審請求が棄却されたという結果のみが強調され、なぜ両者の見解がこうも異なるのかわけがわからないと思われがちであるが、多くの専門家の中では、前者は再鑑定試料が残されていたのに対して、後者はそれがなかったから再鑑定ができず、過去の鑑定の再評価しかできなかったという違いがあると指摘した声が多い。しかし通常は、大事な試料を使い切ってしまうことは考えにくい。なぜなら鑑定に自信があれば、それを証明しうるものは残しておきたいはずだからである。

　しかし、仮に再鑑定用の試料を残すことができなかったとしても、過去の鑑定結果からどう結果を引き出し、どう解釈しているかの判断過程の正否を検討することは、「過去の証拠を新たに証拠化する」ことであり、ひいては過去の事実から新たな証拠が生まれる、という重大な意味があることを見逃すことはできない。この重要性を無視すると、再鑑定試料がない場合には再審請求はできないという形で短絡的に捉えられかねないが、既知の証拠から未知の情報と引き出したとすれば、それも新証拠ではないだろうか。

(2)　裁判官のDNA鑑定評価の違い

　DNA鑑定という側面からは、裁判官がDNA鑑定をどう評価したかが問題で

あり、そういう観点からすれば、前者はDNA鑑定を重視する判断がなされたのに対して、後者は過去のDNA鑑定を軽視する判断がなされたところに着目する必要がある。つまり司法の判断として、前者は審理を踏まえてDNA鑑定を認めたのに対して、後者は科警研鑑定を鵜呑みにせず、DNA鑑定の正当性判断を避けたにもかかわらず、それに立脚していたはずの確定判決を維持したという矛盾に満ちたものであって、決定の結論とその説明には著しい齟齬があるといわざるをえない。

　袴田事件にしても飯塚事件にしても、いずれも検察側と弁護側のそれぞれを中心とする鑑定人尋問が日を分けてそれぞれ2回にわたり入念に行われた。とくに袴田事件については、①証拠試料からの鑑定がなされた後、②袴田氏の血液鑑定を行い、③結果を照合するという客観性の高い方法がとられた。これは今後の模範になりうる手続といえる。また検察側からは、鑑定そのものの信用性を否定しようとして、とくに弁護側鑑定人である著者に対しては、執拗ともいうべき追加データの提出請求が、鑑定書提出後、1年以上にわたり数回も行われ、さらには鑑定結果に反論する意見書も5名の法医学や遺伝学の専門家から提出された。このように、鑑定人尋問の実施前に鑑定をなきものにしてしまおうという水面下の熾烈なる闘いもあったことも述べておきたいが、結果として、これはまったくの不毛に終わったと言うべきであろう。また、この中には鑑定人への予備実験の結果の提示請求という、研究者としての業績を公表以前に開示させることにより、その価値を減じさせるような、重大な研究内容の開示請求も含まれていた。著者に降りかかった有形無形の圧力は、到底ここで述べることはできないが、「自ら反みて縮くんば、千万人と雖も、吾往かん」（孟子）とする精神が著者になければ、とうに鑑定は撤回させられていたであろう。すなわち四方を敵に囲まれ、少なくとも公には味方は誰もいなかったのである。

　冷静に振り返ってみれば、純科学者としての立場からは、このような主観的な反論書も含めて、あらゆる議論を尽くすことは大事なことであるともいえる。袴田事件に関しては、証拠試料に関する限りは、最新かつ細心のDNA鑑定が実施され、すべての議論が尽くされての決定であったことは高く評価したいと思う。一方、飯塚事件については、同様の審理と意見書の応酬がありながら、

それらの審理に関わった裁判長ではなく、それを引き継いで尋問に関わっていない裁判長により決定がなされたことは大変に残念なことであった。結果として、重大な議論が理由なく決定文から切り捨てられていた。もしも、直接、審理に関わった裁判長の名による決定であれば、審理に沿った正当な結果になった可能性もあっただけにたいへんに残念であるが、今後の審理によって正当な決定がなされることを期待したい。

(3) 袴田事件と司法の新しい流れ

袴田事件にしても飯塚事件にしても、両者は決定としてはまったく異なった結果となりながら、専門家の鑑定として出されたDNA鑑定について、さらにその正当性があるか否かを、十分に審理を尽くしたうえで裁判官の裁量において判断したという点において、新しい時代に入ったことを意味しているように思う。ただし、飯塚事件では引き継いだ裁判官の決定では議論はまったく無視されたことはすでに述べた。この事実を見ると、科学的鑑定であるからというだけで100％認められるのではなく、その結果をどう判決や決定に取り入れるかは裁判官の判断に委ねられるような、厳しい時代になってきたといえるだろう。

ただ、いずれも非公開の審理であったために、審理に直接関わっていない検察官から情報が歪められてマスコミに伝えられている面が大きかったことは残念である。たとえば、袴田事件においては、袴田氏のDNA型と加害者の血液が付着したとされる試料のDNA型について「弁護側推薦の鑑定人は不一致、検察側推薦の鑑定人は一部一致で、結果が食い違っていた」などと当初は報道されていたが、検察側推薦の鑑定人も一致と判断するに足る結果はまったく出ておらず、鑑定書では加害者の血液が付着したとされる試料では明白に不一致の結果を出している。にもかかわらずその後、検察側推薦の鑑定人はこの不一致の結果を鑑定人尋問では「自信がない」として撤回しようとしたことも事実である。証拠試料からの鑑定書を提出した後に袴田氏の血液鑑定の後で、袴田氏の型と合わないことが判明した時点で「不一致の結果となったから自信がない」という論理は、科学的鑑定とはいえないのは自明であろう。袴田氏の血液

から鑑定するまでは、検察側推薦の鑑定人も自信をもって鑑定書を提出しているのであるから、結果が一致ならば自信をもって主張したはずであるだけに、鑑定結果を主観によって歪めてしまおうとしたことは許しがたい行為である。鑑定は都合のいい結果を得るために行うものではありえない。

　以上の新しい司法の流れを振り返ってみると、これまでは科学的鑑定については専門家の結論だけが無条件で取り入れられるという傾向があったが、最近の裁判では、入念なる審理抜きでは科学的鑑定といえども承認されなくなってきているのは事実である。ただDNA鑑定の結果だけが取り出されて争点になる傾向については、やや疑問を感じざるをえない。なぜなら、大事なことはあくまでも真実を明らかにすることであり、そのためのあくまでも1つの方法がDNA鑑定であるべきで、DNA鑑定の結果のみが大きな争点となり、その解釈の仕方によって真実が歪められることはあってはならないと思うからである。

　いずれにしても、鑑定人たる者は科学的鑑定の信頼性を疑わせるような行動はとるべきではない。足利事件において、専門家が自信をもって正しさを主張したDNA鑑定が結果として誤っていたという現実が、科学的鑑定のあり方に疑義が生まれた契機になり、その後遺症が今なお続いていることは忘れてはならない。権威を守ろうとして反省を怠ったままだと同じ過ちがくり返されるのは当然である。確かに、専門家が必ずしも正しい鑑定をするとは限らないということが、法曹界に大きな不安を呼び起こしているといえるだろうが、今こそ、鑑定人による真実の鑑定を世に問うことが必要なのであり、袴田事件の決定がその契機となることを期待したい。

5　劣化試料の鑑定

(1)　なぜ45年経た試料からDNAが検出できたのか

　袴田事件については、その証拠試料は精子（精液）ではなく味噌漬けされた衣類に付着した古い血痕である。なぜ45年も経た試料からDNAが検出できたのか。また味噌漬けされていたことで、なお条件は悪いのではないか。したがってその結果は信頼できるのか、という疑問が当然に起きるであろう。そして

これは鑑定結果を否定したい検察側としては、大きく強調したい点でもあったはずである。

　まず結論から述べておけば、試料による鑑定の限界なるものは、単なる時間経過だけで決まるものではない。先に述べたように、試料に含まれる細胞の種類や保存状態に大きく依存するのであるから、鑑定をやってみない限り、できるかどうかをあらかじめ予想することはできない。「45年を経ているから、また味噌漬けだから悪いはず」というのは単なる思い込みであり、科学的な態度ではない。科学的とはあくまで実際に事実を調べてみて結論を出すことであり、それ以外ではないのである。

　しかし、袴田事件ではすでに第１次再審請求審において、DNA鑑定が試みられていたことがあった。その結果は、科警研は検出不能であり、岡山大学は鑑定不能の可能性が高いため、鑑定を中途で放棄し試料は返還した、という結果であった。つまり、そもそも鑑定不能とされたわけではなく、鑑定を放棄したというのが事実である。しかし科警研は血液型の鑑定には見事に成功して結果が出されていた。一方、岡山大学では試料から味噌成分を除去するような抽出方法をとることにより、予備実験ではある程度の検出が可能であることを明らかにしていた。その方法で検出していれば、当時においても必ず「不一致」の結果が出ていたはずで、そうなっていればもっと早く再審請求が認められていたであろうと思うと残念であるが、だからといって当時の鑑定人が結果に自信をもって提示できたかどうかは別問題ではあることはいうまでもない。

　一方、科警研の結果も大いに参考になった。科警研が血液型を出せたというその事実である。それが本当なら、白血球にも存在することが確かめられている血液型の抗原（血液型に特有の細胞膜上の構造）はしっかり残っているはずであるから、それに対応した抗体を用いることによって血液細胞を集中的に集めることができる。味噌成分を除去することによって、DNA検出が可能なら、そのような方法で抽出を行えばよいと考えたのである。

　ここにヒントを得た方法により、予備実験は大成功した。まず実験的に作成した味噌漬けされた血痕試料を用いて予備実験を行った後、本試験として再鑑定を行ったところ、いくつか検出できない部分があったとはいえ、少なくとも

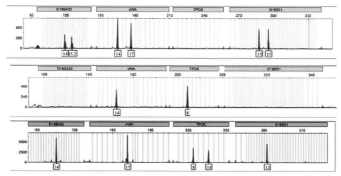

K, Honda, Forensic Science International: Geneitics16(2015) e5-e6 より引用
アイデンティファイラー検査の結果。上段と中段は証拠試料からの2回の検査結果。
下段は袴田巖氏の結果。明らかに不一致である。

上記雑誌添付の表。上段は証拠資料。中段は袴田氏。明らかに一致していない。

図表15

15部位のうち6部位は、犯行の証拠とされた血痕の型と、袴田氏の型とが不一致であることを明らかにできたのであった（**図表15**）。

さらに大事なことは、古いDNAはたいへん壊れやすいものなので、むしろ抽出しすぎないことである。また検出のための増幅反応であるPCRではサイクルを増やしすぎず、最低限のサイクル数におさえることが必要となる。

また試料として用いるDNAはできる限り薄くする。そもそもPCRでは細胞数個分のDNA量で十分に検出できるうえ、濃くしすぎると壊れたDNAが邪魔

をするからである。このような工夫こそ、科学性に立脚した熟練を要する技能であって、難しい事例ほどにそれが必要となる。そういう意味では科学者にとっては、未知なる難しい事例の鑑定においては常に新発見をなしつつ進んでいくべきであり、それこそが「独創性」を常に求められる科学者としての本領であることを強調しておきたい。検察側推薦の鑑定人は、核DNA型の検出にほとんど成功していないが、DNA抽出とPCR増幅法に最適な方法がとられていなかった可能性が高いと思われる。

(2) 味噌漬けされた血痕

このような方法で検査を行った結果、新たにわかったことは、味噌漬けされた血痕というのは、味噌によって保存性の高い状態、すなわち血痕が変化しづらい状態におかれた結果、比較的、DNAがよく残されていた、ということである。確かに一部は味噌によりDNAが変化させられ、一部のDNA型は失われてしまっていたとはいえ、なお検出しうるDNAは確かに存在していたことは事実であった。

ただし、鑑定では元のDNAはPCRにより化学反応をさせてから検出しなければならないので、そこに味噌が残っているとそれが化学反応を阻害しDNAの検出が不良となった。ここからいえることは、味噌そのものは血液のDNAをよく保存しうるが、DNAの検出のための化学反応は阻害してしまうから、試料から味噌を除去すれば、結果は出しうるということであった。いうなれば味噌は血痕をパッキングする働きをしたということであり、それにより45年を経ても、偶然にDNA鑑定が可能な条件が確保されていたということがいえよう。また木綿などの、DNAを阻害しない成分を含む衣類の上で乾いて固まり血痕化した血液は比較的保存性がよい試料であったことも幸いしたのであろう。

それにしてもなぜ味噌がDNAをあまり壊さなかったのかは、味噌が大豆の発酵成分であることに関わることが考えられる。DNAはあくまで生命物質であるから、大豆や酵母菌などの生物由来物質とは親和性が高いものである可能性がある。そうではなく、人工的な物質、たとえば薬剤や化学繊維、塗料など

には障害されやすいことがわかっている。DNAの電気泳動において、ポリアクリルアミドゲルではDNAは流れにくく、それによりDNA型判定を狂わすことの発見について前回述べたが、これはポリアクリルアミドゲルが人工的な化学物質であるからである。それに対してアガロースの電気泳動は寒天質、つまり海藻起源の生物由来の物質から作られたゲルであるから、DNAが摩擦なく、比較的スムーズに流れるのである。またポリアクリルアミドゲルに尿素を飽和させると流れ方に誤差が少なくなるのは、尿素が生物由来の物質であるからと捉えられる。

　ところで、話をもとに戻すが、もしも検察側の主張のように1年2カ月間も味噌そのものではなく味噌を生成させる樽に浸けられたままであったとしたら、味噌への発酵過程に血液のDNAが影響されるため、DNAも大きく変化させられた可能性は否定できないのである。当然に血液型の検出も不可能であったはずであるにもかかわらず、血液型もDNA型も比較的よく検出できたということは、味噌樽内で1年2カ月も経過したものとは考えにくい。すなわちこのことからも血痕付着衣類は、味噌そのものが短時間に、そしてあまり浸透しない状態で作成された、つまり作られた偽物の試料であった、といわざるをえないのである。しかるがゆえに二重の意味で、つまり袴田氏との不一致の証明のみならず、証拠捏造を示唆されてしまうがゆえに、検察側としては鑑定結果が出てはならなかったのであると考えれば、鑑定の実施に強硬に反対した真の理由がわかってくる。

　試料には血痕が付着していることはすでに十分に確かめられているのである。にもかかわらず「長期間を経た味噌漬け血痕からは、血液由来のDNAが検出できるはずがない。したがって鑑定はできないはずだ」ということを、確かめるには、実際に鑑定ができるような方法を用いて鑑定をやってみるしかない。つまり実施以前にできないと断言することはできないはずなのである。とはいえ、結果を出したくない場合にわざと実験に失敗して見せても、成功できないという証明にはならない。しかしこれは、真実を隠したい、過去の過ちを認めたくないという主観的な願望からの意見とすれば、よく説明できるのである。それにしても、このような重大なる過誤を白日のもとに晒した著者の鑑定を、

自らの主体的な判断として採用し、歴史に残る判決を出した、袴田事件の裁判官の英断にはあらためて敬意を表したいと思う。

(3) 不毛なDNA鑑定の信用性をめぐる論争

ところで袴田事件では、先に述べたように適正な手続として①まず証拠試料からの鑑定を行ったあと、②袴田氏の血液鑑定を行い、③それらの結果を照合した。検察側推薦の鑑定人は、確定審が加害者の血液が付着していたとする証拠試料（半袖下着の右肩部分）からの鑑定は一部とはいえ自信を持って提出しており、さらに対照試料を鑑定した後に袴田氏の型とは不一致とわかった後にもなお、真犯人の血が付いているはずもないのに「パンツに付着した血の一つのDNA部位では、袴田氏の型と一致している可能性がある」と鑑定書に書いていた。これは最も頻度の多い型での偶然の一致でしかないにもかかわらず、同一性が主張できるかのように拡大解釈していたのである。これが新聞記事になると、「検察側推薦の鑑定人の結果は、一部一致の可能性があり、弁護側推薦の鑑定人の結果と異なる」と報道されてしまうのであるから、マスコミというのは恐ろしいものだと思ったことである。

しかし鑑定人尋問では、検察側推薦の鑑定人はどういうわけか最終的には検察側の要望にあわせるかのように先の判断をすべて撤回し、「鑑定結果には自信がない」として、すべてのデータを引っ込めようとしたというのである。そして、これに便乗するかのように検察側は「鑑定結果が出るはずがないのに、出ているのはおかしい」と私の鑑定の信用性の批判に終始し、「鑑定はできないはず」という誤った意見書を自称専門家に作成させるに至っては、どうしようもなくなる。裁判の目的が、被告人の犯罪に関わる論争から派生したDNA鑑定の信用性をめぐる論争にのみ偏向していくのは、審理の歪曲化ではないだろうか。鑑定は客観的な検査が出す答を報告したもので、裁判は弁護人や検察官が論争し、裁判官という人間の判断という主観が絡むものである。裁判という観念上の論争とは直接の関係がない科学者にとって、このような審理につきあわされるのは、客観的事実から乖離した口論に巻き込まれるような苦痛があったことは述べておきたい。

また、袴田事件のDNA鑑定においては、審理中に突如として発見された、加害者の犯行着衣とされる、いわゆる5点の衣類に付着した血液からの鑑定がなされたが、このときの加害行為はナイフによる刺創であるので、かなりの量の被害者の血液が飛び散っていたはずである。この場合の鑑定上の問題は、そもそも犯行着衣とされるものは、本当は誰が着ていたかという問題であり、もう1つはそれ以前に本当に犯行着衣なのか、という問題がある。

　前者をDNA鑑定により証明するためには、その着衣に着ていた人の細胞が付着していなければならない。後者を証明するには、着衣についた血液が被害者由来であることを証明しなければならない。前者について加害者は右肩に怪我をしていたとされており、その血が着衣の右肩に付いているのでは、という仮定がなされていた。しかし、これも客観性を示す証拠が別に存在するわけではないので、本当に右肩のその部分に傷があったのかどうかはわからない。

(4) シャツ付着の加害者の血痕の不自然さ

　ここで、DNA鑑定とは直接の関係はないが、著者が法医解剖に長年、携わってきた専門家として述べておきたいことがある。法医解剖では、傷がどのようにしてできたかは犯行過程を証明するための重要な鑑定点であるから、傷の見方についてはエキスパートとしての実力を身につけてきている。その眼で見たとき、このシャツに付着した加害者のものとされる右肩の血痕の付き方には、たいへんに不自然な点があることを述べておきたい（**図表16**〔次頁〕）。

　第1の疑問は、加害者は右肩に傷を受けているとされているのに、その部位のシャツにはナイフにより傷ついた跡や、あるいは何らかの物体と接触して破れたような傷がまったくないということである。「擦り傷なら起きるのでは」という疑問があるかもしれないが、シャツを着ていたとすると、シャツが皮膚の代わりになり、皮膚には擦り傷はほとんど生じえない。皮膚に擦り傷ができるのはシャツが破れた場合に限られるが、私自身が鑑定試料の採取のときにこの目で確認できたように、それは存在しなかった。

　またこのシャツは、右肩以外の部分には被害者の飛沫血が付着しているとされている痕跡があるから、犯行後に着替えたということはありえない。つまり、

図表16　半袖シャツ

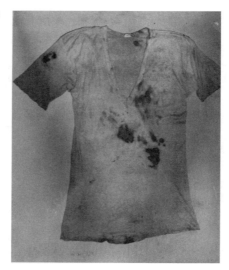

　それを前提にすると、やはり犯行時にそのシャツを着ていたということになるが、シャツの上にさらに上着も着ていたとされているのに、犯人が着ていたはずの上着やシャツが無傷のままで、衣類を飛び越えて生身の体（肩）にのみ強く傷がつけられるということはありえない。

　ここでの唯一の可能な解釈は、犯行前に何らかの形ですでに傷ついており、犯行前に新たなシャツに着替えたということになるが、着替える前にはこの程度の大きさの傷なら傷のまわりはすでに凝血しているはずで、その後にシャツに血液がにじみ出ることはありえない。また傷に何らかの治療処置を加えていたとすれば、それによって血液は吸収されているので、血が固まっていないことはありえない。さらに受傷部位からしても、右肩の当該部位の表面には動脈はなく、毛細血管のみであるため、血液が吹き出し続けることもありえない。

　どのように考えても、上着やシャツに傷をつけないで右肩に傷がつくということは不自然である。また疑問はそれだけではない。このシャツに付いている血液の辺縁部は直線状の部分がほとんどで、血が滲み出た兆候を示すような、弧状ないし曲線を描いている部分がない。とくに右肩部分は、辺縁が直線状で、あまりにも不自然である。これは、その部位にガーゼなどに付着させた血液を指先でスタンプ状に押し付けたような形状をなしている。とくに、この部分の

中央にある空白部分はあまりにも不自然で、2回に分けて血液を押しつけた隙間の部分であるとすればよく説明できる。また、前胸部にある被害者由来とされる、向かって左上から右下にこすりつけたような形状の血液も、よく見ると5つの指の跡や掌の形とも見える部分があることから、布片に浸した血液を手指と掌を使って直線状にこすりつけたとするとよく説明できる。

　血液が付いている部位と付いていない部位との境界もあまりにも明瞭であるが、自然の飛沫血ではこのようなことはありえない。通常、飛沫血はそれが飛んできた方向からバランス良く放射状に分布するはずで、その軌跡は重力に従った放物線を描くものであるがその特徴がまったくない。したがって、このシャツについている血液は、布や手などを媒介にして外部から染み込ませるように作成されたとしか考えられない。

　このシャツは味噌樽の中で発見されたとされ、味噌が付着していたが、味噌も作為的に付着させたとすれば、味噌漬けされる期間は短時間であるはずだから、味噌による外界との遮断効果でDNAがよく保存された可能性がある。また、シャツなどに付いていたとされる血液型検査結果が本当に正しいのかも不明である。それ以前に、それが本当に被害者からの飛沫血痕であるかどうかすら疑わしいものである。

(5) **検察側の論点のすり替え**

　しかしながら言うまでもないことであるが、DNA鑑定者の立場からはDNAとは直接関係のない他の情報や、他の前提をあらかじめ持ち込んで鑑定することを行ってはならない。なぜなら、DNA鑑定はそれ自体として、他の証拠からは絶対に独立的な証拠として提出しなければならないからである。弁護側からの推薦を受けたからと言って、弁護側が期待するような鑑定を行ったり、そうでない場合には鑑定不能にするとすれば、鑑定人の資格はないと言うべきである。したがって、本稿で説明したような証拠試料における血液の付着に関する考察により先入観を持ってDNA鑑定をしたわけではなく、すでにDNA鑑定を実施した後で、新たな視点から行ったものであることは、誤解のないように述べておきたいと思う。

ところで、これがそもそも犯行着衣であるならば、そこには被害者の血液が付いていなければならないので、それを証明することはDNA鑑定の役割である。しかし、残念なことに、被害者のDNA型を明らかにするための対照試料は存在せず、また照合しうる親族もいないことから、これは不可能である。ただ、被害者の着衣に残された焼けた衣類に付着する血液はあるが、それぞれは誰の血に相当するものかはわからず、また劣化がひどいため、対照試料としてはほとんど使えない。

　したがって袴田事件の鑑定でできることは、加害者の傷の部分に相当するとされる右肩部分の鑑定のみであったが、それは袴田巖氏とはまったく一致しなかった。しかし、翻って考えてみると、このDNA鑑定はそもそも対照試料が袴田氏の血液しかないこと、また右肩の血は加害者の血液であるはずという、未確認の前提によっていることから、そもそもDNA鑑定の実施には限界があった事例であると言えよう。

　しかしながら、少なくともDNA鑑定で明らかにされたことは重大である。というのは、これら着衣は少なくとも、犯人が犯行時に着ていた着衣であることと、その着衣が袴田氏のものであることを示す積極的な証明がまったくなされない、という結論が引き出されたからである。となると、本来なら、検察側はそれがまぎれもない真実の証拠であることを証明し、自ら潔白性を示すべきであるにもかかわらず、真実を暴いたDNA鑑定をなきものにしようとするという、自らに向けられた疑惑を、相手への攻撃によって矛先をずらすような、論点のすり替えを謀ろうとしている。結果として、東京高裁の審理では、DNA鑑定の結果ではなく、鑑定に用いたその方法が正しかったのかという点に関して、適用した方法の研究価値に関する審査をその方法の発見者とは無関係に行おうとしている。しかし、そこに適用した方法と鑑定結果とは直接の関係はない。つまり、鑑定方法とその適用たる実際の鑑定とは、前者は原理の問題であり、後者は個別の事実の問題で、次元が異なる。ここで、方法とは原理を対象に適用する手続であって、方法というものは具体的対象に従って、応用を加えて適用するものであるからである。たとえば、ある手術方法があったとき、基本的方法は1つでも、実際の手技は術者と患者によって異なってくると

いうのと同じである。ここで私が用いた方法は、血球凝集反応にしても遠心分離にしても、対象試料の性質に応じて適切な条件を設定しなければならない。にもかかわらず、法律の専門家が科学的技術の成否を依頼する研究者の実力を考慮することなく実験的に検討しようとするのは、やや無理があったのでは、と言わざるをえない。

6 今市女児殺害事件——汚染試料をめぐって

(1) 2つの汚染のされ方

すでに混合試料と汚染試料は異なることを述べてきたが、実は汚染試料にも2つある。その1つは試料そのものに第三者が接触したことによる汚染であり、これは試料発見時点ではさけられないものであるから、これが検出されることは、実験者の責任でも実験ミスでもありえない。

この例としては2005年に旧今市市で発生した女児殺害事件がある。被害者の体表を拭った試料から由来不明の人の型が検出されていた。それは結果として捜査員の唾液などによるものであった、ということが報道されたことがある。これなどは完全な汚染試料であるが、この結果自体は試料の採取段階における証拠試料の管理ミスであっても、鑑定人の責任に関わる検査のミスではない。

しかしながら、汚染試料には実験室段階での汚染があり、これは結果としてはたいへん深刻である。この実験室段階の汚染には2つある。その1つは、鑑定人が試料を受け取った後で、試料を汚染した場合である。通常、鑑定人は試料を細心の注意で扱っているので、このようなことはありえないし、やってはならないのは言うまでもない。なぜなら、試料を汚染してしまえば、証拠価値がなくなる可能性があるからである。そしてもう1つは、DNA検査段階での汚染である。

現実には、そのようなことはあってはならないはずであるが、旧今市市女児殺害事件では実際にこのようなことが起きたという。真犯人につながる重大な証拠であった遺体に付着していた粘着テープに、なんと鑑定人の細胞を汚染させたというのである。しかもそれは1人ではなく2人であるという。本当はこ

ちらはたいへんに貴重な犯人につながる証拠試料の汚染であるから、非常に重大な過失である。しかし、こちらのほうはどういうわけか新聞報道はされなかった。

(2) 本当に汚染はあったのか

本当にここまでの重大な汚染があったのか、起きたとすればなぜ起きたのかはたいへん疑問である。加えて、その鑑定の結果を見ると、汚染したとされる鑑定人2人のうちの1人のDNA型は、遺伝子型の16部位のうちわずか2〜3部位の一致しか認めていないため、そこに汚染があるとして説明することはたいへん不自然である。一致した部位より不一致の部位が多いことの説明ができないからである。だからといって、この1人の鑑定人の細胞汚染が本当はなかったとすると、それでは説明できない第三者の型（バンド）が残ってしまうことになる。このような事実を見ると、もしかしたら真犯人の可能性がある第三者のデータを隠蔽したいがために、実際にはなかった鑑定人2人目の汚染も「あった」として付け加えて、強引に説明したのではないかと勘繰りたくもなってしまうのである。

実際の電気泳動図のデータを見ていないから断定はできないが、「汚染試料である」と勝手に仮定されているだけではないか、という疑惑を否定しきれない。もっといえば、この鑑定に真犯人のDNA型が反映されているとすれば、被告人は犯人としては完全に除外される。それゆえにこの証拠試料は汚染されている、として鑑定を無効とした方が、被告人を有罪とするために都合がよかったのでは、という事情も無視できないのである。

それ以前に、そもそもDNA鑑定で汚染事故を起こすような機関は問題があるというべきである。それだけでなく鑑定人が重大な証拠試料を汚染させたとすれば、とりかえしのつかない失敗である。ここにはあえて杜撰な鑑定を行っているという恥を晒すことによって、被告人の犯人性に疑惑を持たれないようにするといった、背に腹を変えられない事情があったのではないだろうか。そうであるとすれば、DNA鑑定の結果を捜査側の目的によって、都合のいいように使い分けるということはとうてい正当とはいえないのは言うまでもない。

ところで実験室での汚染にのもう一つについても説明してみたい。これは、もとの試料そのものへの汚染ではなくDNA抽出段階やPCR以降の実験段階において、実験者等の細胞や他のDNA試料などで試料が汚染された場合である。これは、もとの試料そのものへの汚染に比べればまだ軽傷である。これが発覚した場合には、DNA抽出段階での汚染であればDNA再抽出を、PCR以降の実験段階ではその実験をやり直せばいいからである。ただし、DNA再抽出はもとの試料に残存部分がなければならないし、またPCR以降では抽出DNAの残存が必要であるが、いかなる試料でもPCR反応は数回以上は実施できるのが普通である。いずれにしても実験室での汚染はあってはならないことであるので、鑑定人は細心の注意をもって実験すべきであろう。

　そもそも試料そのものに汚染があったか否かは、対象とする付着細胞の場所が確認できる場合には、試料の複数の部位を対照としてとって調べるということが望ましい。これは「基質コントロール・サンプル」という。たとえばシャツについた血痕を調べたい場合には、血痕がついている部分だけでなく、血痕がついていない部分も調べるということがそれである。しかしながら、これが血痕のように色がついている体液ならいいが、唾液のように無色透明であったとしたら、どこを「基質コントロール・サンプル」としてとればいいのかは不明であるので、本当に取った部分がコントロールといえるかどうか、信頼性がないことになる。シャツの端っこであれば「基質コントロール・サンプル」としてもいいのでは、という単純なる憶測は避けるべきであり、「基質コントロール・サンプル」は必ずしも採取できるとは限らない。

　いずれにしても、血痕のついている部分から、単一の人間のDNA型として解釈できるものが検出されれば、もし背景に他の細胞汚染があったとしてもそれは非検出レベルであったと考えられる。このときに、他の「基質コントロール・サンプル」部分にわずかなピークを持つ型が検出されたとしても、それは避けられないことに過ぎず、ターゲット細胞のDNA型判定にはとくに問題にはならない。

　さらに実験室での汚染については、実験にDNAをまったく入れない「陰性コントロール・サンプル」を置くことで確実にチェックできる。このようにコ

ントロールには種々のレベルがあるのである。これはPCRと電気泳動の両方の段階で置くべきもので、PCRの試薬やチューブなどに汚染がないかどうか、あるいは電気泳動の試薬や機器に汚染がないかどうかをチェックするためのものである。陰性コントロールは何も検出されないことが目標であり、これに何らかの反応があれば汚染の除去と再検査を行う必要がある。

　また、実験室では実験者による汚染が最も起こりうるので、実験者のDNA型はあらかじめ調べておき、その混入がないかどうかは常に照合しなければならない。もし汚染が疑われれば検査はやり直しとなる。このようにしておけば、実験室内での汚染は直ちに検知できるので、これに気づかずに鑑定書を出した後に調べてみたところ「実は汚染があった」などということはあってはならないのである。旧今市市女児殺害事件のDNA鑑定では、なぜか鑑定書提出後に汚染が報告されていたが、通常はありえないことである。なぜこのような初歩的なミスが生じたのかについては検証が必要であると思われる。

　試料が分解化ないし劣化している場合には、PCRに不規則性が起きることがある。不規則性というのはPCR反応に偏りが起きることであるが、これが極端になるとPCRのエラーともいうべき、バンドの消失が起きることがある（アリール・ドロップアウト）と言われている。また本来はないバンドが挿入される（アリール・ドロップイン）ということもあると言われているが、このようなことが本当にあるのか、あるとすればどのような機序なのかについては説明されていない。いずれにしても、実験ミスがない限り、すべてのPCRがエラーということはありえない。これらはあくまで部分的な現象であるのに、これが起きているというだけの理由で、すべての結果を否定してはならないし、まして や自分が読みたい部分だけに注目して（不都合な部分は無視して）都合のいい解釈を行うことには大きな無理がある。

(3)　一致・不一致の判断基準

　ならば混合試料や汚染試料の疑いのある結果が出た場合にはどうしたらいいのであろうか。たとえば2人に由来する細胞の混合を疑う場合は、検出されたすべてのDNA部位で最大4つまでのピークが出ていることが前提となる。た

だし一般的に言えばPCRのエラーと本来の混合試料ないし汚染試料との区別は電気泳動図を見ただけでは判断が困難である。

　ただ、混合試料を合理的に解釈できる場合もある。たとえば4つのピークが出ているDNA部位のうち、ピークが高いものの組み合わせ2つと低いものの組み合わせ2つに分離できる場合などがそうである。このときは高いもののピークの強度値（RFU）2つと、低いものの強度値（RFU）の2つをそれぞれ足し合わせて比をとることによって、混合比率を計算することができる。ただし、これができるにはPCRの結果に定量性が反映されるような、比較的分解化や劣化が少ない試料であることが条件となるが、このような場合は実際にはあまり多くないと考えられる。このような稀によい結果がえられた場合以外は、検査をやり直すというのが最も科学的な解決法であると考えられる。それでもなお同様の結果であれば、一貫した判断基準をもって一致の可能性があるのか、不一致であるのか、検査不能であるとするのかを判断すべきであろう。

　世界的に広く使われてきたABI社製のDNAアナライザー310、3130xlという機器では電気泳動図のピークの高さ（RFU）によって、読み取るべき有効なバンドの基準は50RFUとされてきた。これを分析閾値とよんでいる。また逆にピークの最大閾値は5000RFUであり、高感度カメラの飽和条件とされており、これ以上の強度は測定できない。

　コンセンサスのある基準以外の鑑定基準を鑑定人が独自に設定する場合は、その根拠について説明すべきであるしその基準で一貫性をもって判断すべきである。たとえば同じ鑑定書内で、50RFUの基準を採用した型判定と、150RFUの基準採用した型判定を併用して結果を拡大解釈するなどといった、一貫性のない判断による鑑定はすべきでない。鑑定書ではあくまでも論理的な一貫性が保持されるべきであろう。

7　法医学的DNA鑑定への提言

(1) 限界があるキット頼り

　DNA鑑定というのは、現場から採取した試料から抽出された、種々の変化

を起こしたDNAを対象にしなければならないという難しさがある。したがって検出の方法には細心の注意を払わなければならない。そして、メーカーの作成したキットの鑑定を単に行うということのみでは、その検出に大きな限界があることは確かである。

　生きた細胞からとったDNAの鑑定と証拠としての試料からのDNAの鑑定とは天と地ほどの差があることは一般の人にはあまり理解されていない。種々の変化を起こした証拠としての現場試料の鑑定の限界を超える方法こそが求められているのに、キット頼りのみでは自らの鑑定の可能性をますます小さくすることになりかねないことは心しておく必要があるだろう。

(2)　DNA鑑定人の限界

　DNA鑑定を捜査機関が行う場合、DNA鑑定に仮に誤りや不正があっても、それを明らかにすることが難しくなる。そのような捜査機関によるDNA鑑定の独占の危険性については、繰り返し述べてきた。しかし2016年度からの司法解剖においては、警察庁通知「司法解剖に係る経費の執行手続等について」（2016年4月1日）に明記されたように、大学の法医学研究室は解剖に関わるDNA検査を行いたい場合には、DNA検査が必要な理由や、それを大学で行うべき必然性について文書で警察庁にお伺いをたてなければならなくなり、大学が自由にDNA検査を行う環境はすでになくなりつつある時代を迎えている。

　客観的証拠という面では、DNA鑑定はすばらしい武器であるが、その長所だけでなく限界も知っておかなければならない。本書の趣旨もDNA鑑定が可能にした世界を過大評価しないように、その限界をもきちんと認識しておくべきである、というところにあった。ただ言えるのは、DNA鑑定そのものの限界ということ以上に、DNA鑑定を行った人間に関わる限界が問題だということである。つまり場合によっては、DNAを錦の御旗として掲げて悪用することも可能となる恐ろしさがある。

　DNA鑑定の黎明期には、DNA鑑定を行うための技術はまだ複雑で、それなりの設備と技能を要するものであったから、大学の法医学の専門家が行うことになっていた。しかしそれから約30年を経た今、検査は自動化され、試薬キ

ットは市販化され、手技は簡略化されたため、検査そのものは誰でも可能となった。つまり、医学や生物学の素養がなくとも、単なる技師でも検査それ自体は可能となったのである。

(3) 客観的なデータに語らせる客観的な立場を貫かなければならない法医学

　ならば、DNA鑑定は誰がやっても同じであるということになるのであろうか。これはそうではないのである。なぜなら検査と鑑定は異なるからである。鑑定とは検査を駆使し、結論を導くための頭脳活動である。これは医療で言えば、臨床検査技師が出してくれる検査結果と、それに対する医師の診断との違い、と言えば少しはイメージできるのではないだろうか。医師は検査結果を参照しつつ、結果が正しく出ているか否か、あるいは結果に直接に現れていないけれどもそこから何が読み取れるか、また他にどういう検査を行うべきかを医学的観点から検査データを評価し、またさらなるデータを集めて判断し疾患を診断するのである。つまり見えているものから見えていないものを読みとっていくのが診断なのである。

　DNA鑑定もこれと同様である。DNA鑑定とは検査結果をただ記載することであってはならない。結果を法医学的観点から判断し、結論を出さなければならないのであり、鑑定人の法医学的実力が問われるのである。これは医師の診断と同じように、検査結果からどのような判断を導くかの専門的な実力が問われるのである。

　もっとも、どのような医師でも容易に診断できるような疾患なら、どの医師でも結果としての診断にはあまり変わりはないかもしれない。しかし、これが難病となると、医師の医学的実力が問われる場面が生じうるであろう。これと同様にDNA鑑定にもレベルがある。誰でもできるようなやさしい病気レベルのものと、一筋縄ではいかないような難病レベルの鑑定がある。たとえば著しく変化を受けていることが予想されるDNAの鑑定や、痕跡レベルの微量試料からのDNA鑑定などは、いうなれば難病レベルなのであり、これは高い法医学のレベルが問われるのである。

　ただここではっきり述べておきたいことは、DNA鑑定も人間が行う以上、

人間の主観に関わる錯誤が入りうるのは当然であるが、法医学なるものは徹頭徹尾、客観的な事実を踏まえ、あるいは客観的なデータを引き出して、その事実に語らせる客観的な立場を貫かなければならないということである。このような立場を貫けるがゆえに、法医学的な鑑定は犯罪捜査や裁判において、正しい判断を支えうる基盤足りうる。ここにこそ法医学の存在意義を見出すことができるのである。

　言い換えると、検査から鑑定へは主観を絡ませることができるがゆえに、ここに感情的なもの、ないしは主観的な願望を絡ませるとすれば、その瞬間にその人は法医学者としての資格を失う、という厳しい覚悟を持つ必要がある。なぜなら、単なる捜査側の太鼓持ちをやるだけなら、その存在価値はないのであるし、それ以上に、その権威を笠に着て誤った結論に導くとすれば百害あって一利なしであるからである。

第8章

法医学から見たDNA鑑定

1 法医学とはいかなる学問か

(1) 法医学と鑑定との関係

　法医学の業務は現在では、死因解明のための司法解剖がほとんどを占めているために、法医学というと「司法解剖か」と思う人が、ほとんどであるかもしれない。このように法医学は、あたかも死因の究明技術であるかのように錯覚され、大学の講座にも「死因究明学」なるものを標榜するものも出てきている現状があるが、これは法医学の専門細分化でしかない。本来の法医学そのものは「法への医学」であり、つまり学問ではあっても、それ自体は業務を意味する言葉ではないからである。ならば法医学とは何かというと、通常の医学が人間の誕生から死への過程で発症するあらゆる疾患の診断と治療を行うための病態論と治療論の統一であるのに対して、法医学とは医学とその基礎である一般科学をあらゆる法的かつ医学的な問題の解決に適用するための応用医学として創り上げたものである。そして法医学の現実の問題解決への適用が鑑定なのである。

　しかし実際には、法医学をこのような次元で考える人は少なく、法医学が悪用されることがある。捜査側に寄り添った鑑定人の主観を、権威ある大学の法医学教授という肩書きで裏づけることによって、あたかも科学的であるかのように装った鑑定が少なからず見受けられるのである。そして、捜査側が期待するものとは異なる鑑定について、本当はそれこそが科学的鑑定であるにもかかわらず、独自の主観に基づく非科学的なものとして吹聴することを許すような傾向もあるとすれば、法治国家としては危機的状況にあると言わざるをえない。

医学の基礎が解剖と生理学であるのと同様に、法医学の基礎も解剖と生理学であり、それを生から死への過程にも延長させたものであるから、当然に法医学は医学のすべてを含みながら、それをさらに細胞レベルへと展開した膨大な体系ないし大系なのである。そして死体解剖もDNA鑑定も、法医学を基礎として実践しなければならない。したがって、鑑定人の法医学的実力が検査の技能を含めた鑑定の中身を決めるのである。

　法医学者の中には「法医学というものは単なる推定の学問であるから、断定できないし、してはならない」ということを述べる人もいる。しかし、あらゆる学問は創り上げた学問体系から直接目に見えない世界を描くものであり、法医学も例外ではない。すべての事実は目に見えるとは限らないからこそ、それを見るために人類は学問を創り出したのであって、既知から未知を予測する方向へと前進していかなければならないのである。過去の文化遺産と自らの経験を重ねて、誰も見て取れなかった真実を引き出してみせるところに法医学者の面目があると著者は考えている。

(2) 〈確立された確実な方法〉とは市販キットの使用ではない

　法医学における鑑定というものは単なる研究ではないから、すでに確立された確実な方法を用いなければならない、ということがよく言われるが、これに対しては異論はない。しかしここでの「確立された方法」というのを、商品化された市販キットを使うことであるというように短絡して解釈してはならない。ここで確立された方法というのは、あくまで「科学的に確立された」という意味であり、商品として確立されたという意味ではありえない。つまりそれが市販されているか否かとは無関係であり、あくまで科学的な理論や法則に基づいて、その適用としての技術化がなされているか否か、の問題に帰着するからである。そもそも、市販キットはメーカーの利益のために作られた商品であり、商品化されたものには多くの欠点がある。その最たるものは、市販キットは使い方が確定してしまっており、対象に従った応用がまったく利かないことが挙げられる。

　しかしながら法医学鑑定が対象とするDNAは生体から切り離されて、長い

時間が経過して変性したものであり、いうなれば細かく破壊され、傷ついたDNAである。そしてすでに細胞が死んでいる以上、DNAにつけられた傷は永遠に修復されない、つまりDNAの生活反応が失われているのである。

　このようなDNAを検査するためには、崩れていないDNAを取り出せるように対象に見合った検査方法を適用しなければならないのであり、市販キットのそのままでの適用では、検査結果が得られなかったり、傷ついたDNAに見合った乱れた結果を得ることになってしまいがちなのである。

　この乱れた、不規則な結果を解釈するにはたいへんな熟練を要するし、それ以前に、できればこのような不規則なデータにならないような検査方法を確立し実践する必要がある。したがって難しい試料ほど、経験と能力のある法医学者が行う必要があるのである。

(3) 不完全な結果はありのままに提示すべき

　ここまでDNA鑑定を理解するための基礎について、実例を交えて説いてきた。とりわけ理解していただきたいことは、犯罪捜査に使われるDNA鑑定は、それ自体は単純なものでしかないにもかかわらず、なぜそこに問題点が浮上するのか、についてである。それについては試料が著しく限界づけられていることと、それゆえに結果に不確定性がつきまとうので、鑑定人がどのような立場で、どのような結果を得たいか、によって無意識的あるいは意識的に結果が歪められる可能性があることを指摘してきたところである。

　ましてや不正確な、あるいは、誤りを含んだ結果の解釈に数学を介在させると、数学は精密な科学と思われているだけに、数学によるバックアップによって、より高度な客観性を付与されたような形式が与えられることになる。しかし、数学なる学問そのものは、人間が観念的に作り上げた公式や仮説に基づいた観念的な学問であるから、技術化には役立つことはあっても、現実とは乖離した観念的な数値へ変換されるという本質がある。つまり、いかようにでも解釈できる結論のうち、数式に合わせた1つの案が採用されているにすぎないということである。したがって、著者としては数学を介入させなければならない鑑定結果は、検査の不良ないし失敗であるから、それを無理に解釈するのでは

なく、検査それ自体をやり直してより良い結果を得るか、あるいは不完全な結果をありのまま提示すべきである、ということを改めて提案したい。

2 法医学における証拠とは何か

(1) 証拠とは、事実を証明するための客観的な事実や事物（根拠）

「『法と証拠に基づき』適切に……」。法務省や検察・警察関係の幹部が好んで使う言葉である。法務の本質を表現した適切な言葉であると思う。しかし、ここにはやや注釈が必要である。なぜなら、証拠にいきなり法が当てはめられるわけではないし、また法と証拠を並べただけではなんらの判断も示すことはできない。法と証拠の間には膨大な乖離があり手続がある。そして、その手続の大きな役割を担う分野の1つが法医学である。

ただそれ以前に、1つ問わなければならないことがある。それは、そもそも「証拠」とは何か、という問題である。ところが、この「証拠」という言葉の意味について深く考えている人は少ないのではないか、と思う。というのは、「証拠」というのは日常語になっているため、わかっているつもりになっているせいではないだろうか。

私は法律家ではないので、「証拠」という言葉の「法的」な意味について述べることはできないが、法医学という専門の立場から言った場合の「証拠」なるものは、なんらかの事実を証明するための客観的な事実や事物（根拠）である。私の立場からは、「証拠」がある、という言い方も不適切に思える。なぜなら、「証拠」は掘り出すもので、言うなればその道のプロにしか見つけることができないという信念があるからである。さらに「証拠」というのは、真実を証明するためのものであるから、証拠を基礎としてそれに関わる事実を再現する能力が必要になる。

ところで、法医学者として扱う対象のほとんどは死体や死んだ細胞である。そこから証拠を引き出すためには、事実すなわち死体を漠然と見るだけで見つけられるものではない。プロの目で見なければ、証拠を引き出すことはできない。ただし、法医学者が扱うのは死体だけではない。死体や生体に由来する細

胞やDNAも当然に対象となる。つまり、細胞も解剖しなければならないのである。DNAについても、それを検査する技術とそこから結論を引き出す能力が要求される。多くの殺人事件について経験し、判断を求められることが多いのは法医学者であるから、ありとあらゆる医学的な知見や技能が必要となる。また法医学者は、資料などという主観を記録したものに頼るのではなく、徹頭徹尾、客観的な事実のみを追求しなければならない。

(2) 自白は客観的証拠か

　DNA鑑定が有力な証拠であることに異論を唱えるつもりはないが、取調べにおける被疑者の自白が有力な証拠とされ、それを録画することはさらに自白を客観化したものだ、という見解に対しては、法医学の立場からは、やや違和感がある。自白調書は文字化された記録であるが、自白の録画は直接的な画像であるから、説得力はあるが、画像にしても編集することができることを考えると、調書と本質的には変わりない。いずれにしても、裁判でよく問題にされる目撃とか自白なるものは、法医学でいう「証拠」とは次元の異なるものである。これは医師の業務を考えればわかりやすい。患者の訴え（主訴という）と検査データを合わせて医師としての疾患の診断が行われるが、主訴という主観的な証拠だけで検査データという客観的証拠なしに診断したとすれば、誤診しかねないということと同じである。

　なぜこの問題をあえて取り上げたかについては、少しその背景を述べておく必要がある。それは最近、私が経験した裁判（今市事件。第7章**3**参照）で驚くべき事例があったからであり、その中身はその裁判での判決が、私が大学で心理学を専攻していたときに学んだ心理（学問的には認識という）と言語に関わる基礎的な知識からは、大きな違和感を覚えたことを経験したからである。

　まず事例について言えば、それはDNA鑑定の結果は被告人が犯人であることが否定される内容であったにも関わらず、それは汚染があり鑑定結果に信頼性がないものと解釈され、一方では、検察官の被告人取調べ録画データには全面的な信頼を置いて有罪判決がなされたことである。それだけではない。この事例では、同様に客観的な証拠であるはずの、被害者の死体解剖の所見すらが

歪められ、あるいは無視されたのである。これは、その事件の解剖には関わっていない法医学の専門家が事実を捻じ曲げた、あまりにも牽強付会的な意見を述べたことによるものである。読者の中にはそんな馬鹿なことがあるのか？と思われるかもしれないが、法廷の場では２人の専門家の意見が対立した場合には、どちらが真実かを判断する客観的な基準はない以上、裁判官の主観に合致した方が採用されてしまうのはやむをえないことなのであろうか。

(3) 自白を証拠とするうえでの留意点

被告人の自白場面の録画データそのものは客観的なデータであるから、なぜそれに問題があるのか？という素朴な疑問があるかもしれない。これについては、DNA鑑定の客観性と関連する問題を含んでいるので少し丁寧に説明しておきたい。

細胞からDNAを取り出したものがあるとすれば、それが客観的なものであり、それを用いて化学反応や機器を用いてDNAの中身を明らかにしたものが客観的な証拠であることは誰しも理解できるだろう。一方、被告人の自白なるものは、直接には言語表現として客観化されたものであるから、それ自体、客観的な証拠としても問題がないように見える。しかしながら、このような言語表現を証拠としてみる場合には大きく２つの問題点をおさえておく必要がある。

そもそも言語なるものは主観を客観化したものであり、言語の中身は主観であるから、いかに言語そのものは客観的ではあっても、それは主観の客観化にすぎない。つまり、言語とは本質的には主観の客観化でしかないということがまず基本である。これがどういう問題を生じるかというと、人間は意図的に虚偽の言語表現を行うことがある、ということである。これが第１の問題である。つまり「嘘をつく」ことができるということであり、この場合にあくまで言語としては客観的であっても、それは主観的にねじ曲げられ作り出された客観である、ということになる。こうなるとそれを仮に録画してさらに客観化したところで、それは嘘の録画であるにすぎないから証拠としては排除すべきものになるわけである。

とは言え、言語表現それ自体が客観的であることだけでなく、その中身も客

観的なものであるかのように考えられるには理由がある。それは、いかなる主観も客観的な外界の反映により作り出された像であるからであり、その内容は正しく外界を反映していようがいまいが、客観的な外界を材料にするしか主観を作ることはできないからである。

　どういうことかと言えば、いかなる嘘も現実を材料とする以外には作れない、ということになる。「殺害現場で白いセダン車を見た」ということにしても、現実に現場に行ったことがあるか、あるいは、現場に行ったことがなければ（嘘をついている場合には）、現場の写真を見せられて、自分が行ったことのある場所から想像しているはずである。この時、現場や写真、想像の基礎となった類似の場所というのは現実にほかならない。また、「白いセダン車」についても同様のことが当てはまる。

　しかし、ここで忘れてはならいことは人間の認識は「問いかけ」た中身によって決められるということである。つまり、白いセダンを見たときにその具体性まで見えたかどうかは、当人がそのような具体的な特徴にあらかじめ関心を持っていない限りありえないのである。したがって、あまりにも具体的な目撃証拠はかえって不自然なのである。

　このように、言語の中身である主観は、もともとは客観を素材にして作り出されたものであるので、いかに主観とはいえ客観性を帯びていることから、言語それ自体も客観的であるかのように錯覚されやすいのである。これが第二の問題である。

(4)　錯誤のチェックが必要

　以上からすると、いかに主観が客観から作られているとは言え、そこに錯誤が入り込んでいないかどうか、というチェックが必要になってくるということになる。ならばそのチェックをするものは何か、といえばそれこそが客観的な証拠にほかならないはずである。そして、そこにDNA鑑定も含まれてくるし、被害者の解剖所見も含まれてこなければならない。つまりいずれにしても、自白や目撃などの言語表現をいかに録画しても、それを他の客観的な証拠と整合性があるかどうか確かめなければ客観的に正しいかどうかわからない、という

ことである。

　ならば両者が食い違った場合にはどうしたらいいかと言えば、それは錯誤が入り込む余地が少ない客観的な証拠を真実に近いものとして重視すべきであろう。ここでなぜ「錯誤が入り込まない」と言わないかは、すでに読者は理解されているとは思う。あえて説明すれば、いかなる客観的な証拠（たとえばDNAデータ）もそれを認識し表現するのは人間である、という理由からである。それに対して、単なる主観的証拠にはそれ以上に錯誤を生じやすいことを想起しなければならない。

　にもかかわらず、自白証拠とDNA鑑定などの客観的な証拠が並列的に並べられ、それが食い違った場合には自白証拠の録画データの方を重視するということがあるとすれば、それは本来のDNA鑑定の存在価値を失わせるものである。

　そもそもDNA鑑定がもてはやされるようになった理由は、自白証拠を裏づけるためのもの、あるいは、それ単独でも有罪の証拠足りうるものとしての期待をかけられたためであったはずである。それゆえに、主観が客観化された証拠と、そもそも客観的な証拠は次元の異なったものとして、後者は前者に優先されるものとして位置づけられてきたし、位置づけられるべきである。そうでなければ、後者を解明することを本分とする法医学の存在価値もまたないことになろう。

　しかしながら、問題はここで終わるものではない。ここにもう１つの落とし穴がある。本来は中立的な立場で客観的な証拠を解明するはずの法医学が、捜査機関に誘導されることにより、被疑者の自白に基づいた主観的な報告を行いやすいという危機にいつも晒されているということにある。

3　法医学の裁判への貢献とは

(1)　**捜査機関・裁判所から独立していなければならない法医学**

　そもそも法医学の業務の最大の役割は、裁判所が正しく事実認定できるような「証拠」を正しく提示し、そこから事実を説明することにある。「証拠」と

いうのは、事実を明らかにするための根拠であって、犯罪に関わるなんらかの「事実」を証明するための根拠である。法医学は死体、生体に関わらず、人体や細胞から犯罪に関わる証拠を探すことが最大の業務なのである。

しかしながら、このように大切な役割がある法医学者も、裁判の真の解決に対して貢献しているかといえば、それは極めて疑問であると言わざるをえない。理由は簡単である。それは、法医学者に実力がないことであり、もう1つは中立的な立場で証拠を探し、提示することが難しい社会関係があるからである。

法医学者は通常は大学医学部に所属しており、本来は捜査機関や裁判からは独立しているはずである。しかしながら、その仕事の依頼主は警察や検察庁であり、経費もそこから支払われているという弱みを握られている。つまり、財布の紐は捜査機関が統括しているのである。これに加えて、事件の情報、すなわち証拠のほとんどすべては捜査機関が探してきたものである。したがって法医学者は、提供される情報の面でも、また経費の面でも、完全に捜査機関の下僕になりかねない危険を孕んでいることになる。

どういうことかといえば、法医学者が提示する証拠のもととなるのは、あくまで捜査機関が掴んだ犯罪事実を証明するという目的にしたがって、恣意的に集められたものだという危険があるということなのである。つまり、本当の証拠は切り捨てられ、捻じ曲げられてしまう危険を常に孕んでいることになる。

そして全国の法医学者たちは、なんらの疑問を持たずにその立場にあえて甘んじてきたのではないか。結果として、さらに積極的に捜査機関への阿諛追従を行うようになった者も少なくない。なぜなら、そうなるとますます仕事がしやすく、また国家としての権力を有する人たちから大事にされるからである。こうなることをなぜ望むのか、についてはあえて説明は要しないはずである。

裁判は中立になされているはずで、そこで事件や捜査の検証がなされるのだろう、と思っている人にとっては、裁判所に提供する証拠はいかなる立場を取っても同じはずである、と思うかもしれない。しかし、それはそう単純ではないことを私は次第に知るようになった。というのは、証明したい事実の前提は捜査機関のストーリーに沿って集められることになるからである。その結果、意識されないままに、そうでない証拠はすべて切り捨てられ、あるいは歪めら

れていくのである。その結果、いかなることになっていくのであろうか。それは裁判の形骸化ないし歪曲化ではないだろうか。

(2) 真の法医学の復権を

　私がこれまでたくさんの事件の裁判に鑑定人として出廷して思ったことがある。それは多くの裁判はほぼ正当になされているとは言え、細かなことを言えば、事件や捜査の「検証」のためになされているのではなく、単なる被告人の罪状確認のための儀式として、捜査を単に追認するものとして行われている面があるのではないか、ということである。なぜならば、裁判にあげられている多くの証拠は、被告人が犯人であることを裏づけるためのものに取捨選択されているからである。

　しかし、捜査機関や裁判所の判断がまったく誤っていたとすればどうであろうか。多くの法医学者たちはこのような疑問を持つこともなく、このような経験のないまま、仮にあったとしても気づかないままに一生を終えているのかもしれない。それは、ある意味では幸せなのかもしれない、とは思う。しかし、かつての古畑種基・東京大学教授のように、自ら関わった事件で、後に冤罪であることがわかった事件が3件ある（古畑はいわゆる四大死刑冤罪事件である免田事件、財田川事件、松山事件、島田事件のうち、免田事件を除く3件に関わっている）というのは、ある意味で不幸なことではないか、と思う。そしてこのことによって、法医学というものについて真実を明らかにする学問というより、誤判に寄与する学問、という悪しきイメージが作り上げられてきたことは否定できない。

　いずれにしても、本来は中立の立場で鑑定すべき法医学者が、有罪立証にのみ貢献してきたというのは、結果としてそうなっているだけならともかく、意図的にそうしようとしている結果とすれば、それは憂うることではないだろうか。しかし過去はどうであれ、もうこのあたりで真の法医学の復権をはかるべき時期に来ているのではないか、と思うのは私だけなのかもしれない。

4 「足利事件」から何を学ぶべきか

(1) 法医学の原点をあらためて思い起こさせた事件

しかし、それにしても私には、幸か不幸か、偶然に法医学者としての人生観を変えてしまう事件との遭遇があったことは述べておかなければならない。その事件とは何かと言えば、ほかでもない「足利事件」の再審請求事件である。この事件は今ではよく知られているように、最終的には菅家利和氏の再審が認められ無罪判決が確定したが、これは、はじめに有罪の証拠とされたのも、最後に無罪の証拠とされたのもDNA鑑定であったという、日本初の事件である。ある意味で、あまりにも大きな衝撃を世間に、そして法曹界に、そして法医学界に与えたことは事実である。それは、おそらくは国民のほとんどが有罪であると確信してきた重大事件でありながら、再審請求を重ねた末に再審が認められ、結果として無罪が認められるようなことが、科学的証拠の最先端とされたDNA鑑定によって起こることが証明されたからである。

そしてこの事件との遭遇は私にとっても、これまでの法医学者としての信念を大きく揺るがし、私の法医学者としての運命を変える契機となった。なぜなら、これまでの私は大枠としては、捜査機関や裁判の流れにしたがっていれば、誤るということはありえないと思っていたのである。しかし、それが正しくないこともある、ということを教えてくれたからである。となれば、他の声や圧力に惑わされることなく、自分の目で確かめたものだけから結論を引き出すことこそが大事である、という法医学の原点をあらためて思い起こさせたからである。

(2) 真の法医学者への道は孤独な旅立ち

私は、今でもあの日のことをありありと思い出す。重大な証拠であった半袖シャツに付着した遺留精液の型が、当時、受刑者であった菅家氏の型と合致しないことを確かめた夜のことを。背筋が寒くなって、手が震えた。「こんな恐ろしいことがあっていいものか」と。菅家氏が無実のまま、17年以上も刑務所に拘束され続けてきたことは到底、信じられなかった。真犯人の型が浮かび

上がり、その型を持つ真犯人は、未だに逮捕されることなく、自由に暮らしていることも恐ろしかった。

このDNA鑑定の結果を私はにわかには到底、信じられなかったから、狂ったように繰り返し確かめた。しかし、結果は同じであった。もしも、DNA鑑定結果が菅家氏と一致したら、私は法医学者として自分の仕事に横たわる闘いを意識することなく、その後も迷いや苦しみもなく、また社会的圧力を意識することなく仕事をし続けていったはずである。それは平穏な日々であり幸せなことであったかもしれないが、他方では法医学者としての厳しい生き方を味わう幸せは持ち得なかったはずである。

この出来事をきっかけに私が意識するようになった道は真の法医学者への道であったとしても、孤独な旅立ちであることは、当時の私にはまだ予測できなかった。というのは、真実を追求するということは、国家が判断を誤っている場合には国家への反逆を意味するからである。結果としてその後の私に加えられた圧力は、おそらく通常の人なら、耐え切れなかっただろうと思う（梶山天『孤高の法医学者が暴いた足利事件の真実』〔金曜日、2018年2月刊行予定〕）。とくに不思議だったのは、中立であるはずの裁判所やマスコミ、あるいは職場の上司ですらが、捜査機関や検察官を支持していたことである。刑事事件の記者たちは、検察側と弁護側では同じように取材しても、取り扱う記事の大きさや取り上げ方は平等ではない。同じように、検察官推薦の鑑定人は手厚く尊敬され、弁護士推薦の鑑定人は冷遇されることが多かったのは驚きであった。しかし私は、このような社会関係での圧力に屈するより、真の法医学者への道を歩くことの方を選んだのであり、これからもそうしたいと考えている。

5　DNA鑑定を過大評価する危険

ここで私が言わんとしていることは、「DNA鑑定」を含めた科学的な検査は正しく行われなければならない、というような当たり前のことではない。これまで足利事件の反省なるものは、いつもDNA鑑定の信奉への警鐘に向けられてきたし、今なお、そのように思われてきているが、この事件の本質はDNA

鑑定にあるのではない。むしろ、DNA鑑定が犯罪のすべてを解決するかのような幻想を与えた警察庁にこそ、その誤りの本質があるのではないか、ということが言いたいのである。しかし、足利事件の再審では、科警研の所長は一切、謝罪の言葉を述べなかった。

　技術的に問題を抱えたまま、DNA鑑定が強行され、不明瞭な結果は意図的に歪められて菅家氏と強引に照合させられた。そして、ついには他の不都合な証拠は歪められ、取捨選択され、あるいは捨てられた。すべてはDNA鑑定の結果に合わせられた。そして、有罪判決がなされた後は、菅家氏の繰り返しの無実の訴えにもかかわらず、なんと証拠試料たる半袖シャツはその後長い間、省みられることなく封印され続けてきたのである。

　そして、これはおそらく弁護団や支援者の力がなければ、永遠に封印されていたはずである。私もかつては、マスコミでの報道を信じた結果、この事件の有罪判決は揺るぎようのない、はっきりした解決を見ていると思っていたのである。それはDNA鑑定のせいではない。最初にDNA鑑定を行った鑑定官にしても、DNAの証拠がなくても他にたくさん証拠があるのだろうと思ったはずであるし、捜査関係者はDNA鑑定で一致したのだから、他の証拠もそれに合わせればよい、と思ったはずである。こうして責任のなすりつけあいで、一見、整合性のある菅家氏＝真犯人のストーリーが作り上げられていったのであるから、その中身は巧妙にできあがっており、どうみても正しいとしか思えなかったに違いない。

　このようなDNA鑑定への盲信は昔話であろうか。そうではない。それほどにDNA鑑定が力を持っている状況は今なお、改善されていない。なぜならば、足利事件の誤りが反省されていないからである。「困った時のDNA鑑定頼み」となると、強引にDNA鑑定を行うための証拠が見つけられ、DNA鑑定についても、不完全な結果を数学で補填したような、解釈専門家の鑑定書が出されてくる。そして、もしもDNA鑑定を採用したくない場合には、被疑者の自白を録画したデータが重視される。つまり、どちらに転んでもいいような逃げ道が用意されているのである。このような御都合主義的な裁判のありかたに対して、もっと問題意識が投げかけられるべきではないだろうか。

終　章

DNA型鑑定の有用性と課題

1　『科学的証拠とこれを用いた裁判の在り方』を読む

　DNA時代ともいうべき現代にあって、「DNA型鑑定で果たして何ができるのか、そしてその限界は何か」ということを説くことが求められている。そしてこれは『科学的証拠とこれを用いた裁判の在り方』（司法研修所編、法曹会刊行、2013年）という小冊子で、もっとも重点をおかなければならない問題でもあるはずである。しかし、残念ながら、この小冊子ではその肝心なことは説かれておらず、恣意的に並べられた諸問題に対して、ほとんど根拠を上げることなく、誰の責任で述べられたかどうかわからないような、婉曲的に述べられた解釈が連ねられている、というのがこの書の概括である。

(1)　機器の検出限界について

　たとえば、同書97頁の16行目以下には「科警研及び科捜研では、現在検査に用いている装置（310型及び3130xl型フラグメントアナライザー）の検出下限界値（閾値）を150RFUとし、それ未満のピークは、型として判定しない扱いとしている」とあり、110頁25行目にも「科警研・科捜研では、……型判定に用いる検出限界（蛍光強度）を150RFUとしているが」とあり、123頁の20行目には「前述のように、科警研・科捜研では、フラグメントアナライザーの検出限界を150RFUとしており」と、同じことが何と3回もくり返されている。

　しかし、その根拠となると97頁の脚注132にたった一言「研究員のインタビュー結果による。もとより検出閾値は検出機器により変わるから、新たな検出

機器が導入されたときには、検出下限の設定が変わる可能性がある」という、これだけである。ここでの「研究員のインタビュー」というのは誰が誰にインタビューしたのだろうか。そしてインタビューでは何を聞いたのか。科警研や科捜研で決めたことを確かめるだけなら、あえてインタビューというほどのことではないにも関わらず、インタビューの内容の記載がなく、誰に責任があるかがわからないのである。

しかも上記機器の初期設定は、50RFUが閾値下限となっているから、科警研や科捜研はこれを変えていることになる。なぜこれを変えたのか。しかも「検出機器によって変わりうる」なら、なぜこのようなことを強調しなければならないのか。それ以前にRFUとは何なのか。これはむしろ機器メーカーへのインタビューがなされる必要があるのではないだろうか。

ここで、読者の中には疑問を持つ人もいるであろう。「フラグメントアナライザーの検出限界を150RFU」にすることが何回も書かれてあるのは、重要であるからであるはずなのに、なぜその説明がないのか、ということである。ここには問題が2つある。そもそもRFUなるものは、「相対蛍光強度」とあることでもわかるように、単位をもった絶対的な値ではなく、機器の感度や設定、PCR検査における増幅回数、電気泳動にかける量によって、相対的にいかようにでも変わりうるものである。このような相対的なものを基準にピークであるかどうかを検討するのはあまりにも稚拙な方法というべきであろう。

それともう1つの問題は、150RFUをピーク検出の閾値にする意味である。単純に閾値を変えて、難しい結果の解釈を単純化しようとすることは、誰でも考えつきそうなものであるが、これは150RFU未満のピークを無視することによって、重大な検査結果を落としてしまう危険がある。しかし本当はそのような場合に対する解釈こそ、十分に議論しなければならないにも関わらず、これは省略されているのである。

なお、国際法医遺伝学会の重鎮であるP・Gill氏はすでに学術雑誌（FSI Geneitics,3,104-111,2009）において、検出閾値を設定することの危険を論じているが、さらに第25回ISFG（国際法医遺伝学会）におけるワークショップにおいては「150RFUなら採用、149RFUならカットというように、わずか

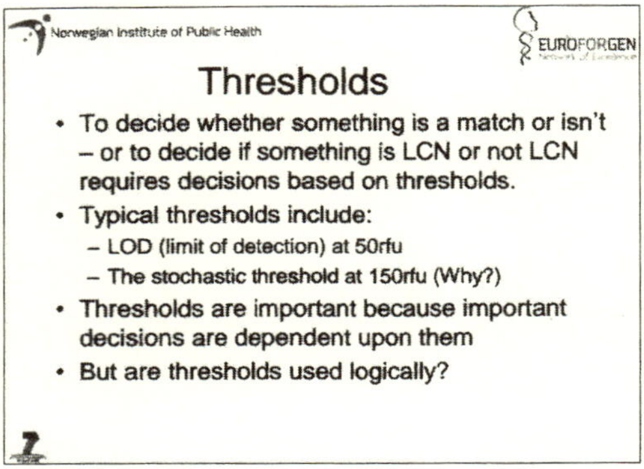

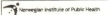

第25回国際法医遺伝学会におけるDNAワークショップ「Forensic Evidence Interpretation（裁判的な証拠の解釈）」（2013年9月2日、メルボルン）での、ピーター・ギル（Peter Gill）氏の講義スライドの一部（ISFGのウェブサイトからダウンロード）。

筆者による訳文：「閾値について」○（結果が）一致か不一致かのいずれかを決めること、あるいはそれがLCN（Low Copy Number：劣化試料）かそうでないかを決めることは、閾値に基づいた決定を要求する。○典型的な閾値は以下を含む：閾値を50RFUとすること。確率的な影響下では150RFUとすること（なぜそうするのか）。○閾値の議論が重要なのは、それが重要な決定の根拠にされるからである。○しかし閾値は論理的に適用されているのか？

図表17

1RFUの差に絶対的な境界を設けるのは誤りである」と述べていた（**図表17**）。この科警研・科捜研の見解は、すでに時代遅れでしかなく、国際的な権威者の見解にも反していることがわかる。

(2) **言葉の使い方が不正確で、矛盾した箇所が多数**

以上のような部分があまりにも多いこの小冊子を読んで、司法関係の人々は

何が理解できるだろうか。それは混乱や誤解であるはずである。なぜなら、この小冊子は言葉の使い方がきわめて不正確で、かつ矛盾したことが多数、述べられているからである。
　たとえば、81頁の上から18行目、「2　DNA型鑑定の原理　(1)　DNA型鑑定とは」においては「かくして、一般に『DNA鑑定』と呼ばれるが、『DNAの型判定』という言い方が正しく、その本質は、飽くまでDNAの多型分析によって遺伝学的診断を行うというものである」と書かれてある。
　しかしながら、正しいとされる「DNAの型判定」という言葉は、この小冊子の他の箇所ではどういうわけか使われていない。その代わりに、不適切とされる「DNA鑑定」でもなく、「DNA型鑑定」という、何ら説明されていない新しい言葉に巧みにすり替えられているのである。
　そもそも「DNAの型判定」と「DNA型鑑定」というのは、言葉が違うように、同じ意味ではない。鑑定という言葉のそもそもの意味は、美術品や宝石、刀剣など、高価な品でありながら、一般の人には見かけ上は区別がつきかねるような対象に対して、高度の専門的能力を有する人が、その中身の真偽やレベルを判断することを意味しており、単なる「判定」とは次元の異なる極めて高度な専門的判断を有するものなのである。したがって専門家の中でも特別な訓練を経た有数の人間にしかなしえない、究極レベルの判断がそこに含まれてくるものが「鑑定」の本来の意味なのであり、単なる「判定」ということと決してイコールではありえない。
　それだけではない。問題は「DNA」と言った場合と、「DNA型」と言った場合の意味の違いが明確に説明されていないことである。これについては「かくして一般に『DNA鑑定』とよばれるが」と、「かくして」という接続詞が使われているので、その前の文章を読むと、次のように書かれてある。「DNAのうち個人差が大きい部分（DNA多型領域）に着目し、その違いをABO式に代表される血液型と同じように『型』として捉え……」とされている。
　「型」についてはこれだけである。「血液型と同じように」というだけで、どうして型の説明になるのであろうか。そもそも「型」というものは個性に着目した概念ではないことはわかるであろう。むしろ、千差万別の個体から共通の

特徴に着目して、同じ種類のものをまとめて分類したものが「型」である。したがって「DNA型」といった場合には、同じ種類に属するものが複数あることを前提に分類されたものであり、決して、個体レベルの識別がそれ自体でできるものではありえない。これはABO式血液型に見られるように、4種類の型にしか分類できないものを考えるとよくわかるであろう。

したがって「DNA鑑定」と言った場合には、個別性レベルの判断がなされうる可能性があるが、「DNA型鑑定」と言った場合には、同じ種類のものというレベルで分類し同定するレベルが目的でありかつ上限となる。したがって、「DNA型鑑定」といった場合には、同じ型のものであると判断されても、個体レベルでの同一性を保証するものではありえない。

しかしながら、歴史的に見れば、導入当初は「DNA鑑定」と呼ばれていたものが、いつの間にか、当初、刑事鑑定に「DNA鑑定」を導入していった機関の専門家が「DNA鑑定」は「DNA型鑑定」である、として言葉を変えていった経緯があり、その言葉がいつのまにか、正当なる用語であるかのように定着してしまったのである。これはいったい、いかなることであったのか。

これについては、DNA鑑定の研究を古くから行ってきた人間にとっては常識であるはずである。それは、「MCT118型検査」が犯罪捜査に導入されたとき、究極の個人識別であると宣伝されたことへの、過大評価を後退させるためであった。つまり、DNA検査といえども「型」判定に過ぎない、として、その絶対性を否定しようとした流れが背後にある。つまり、型と表現することで、その同一性の判断は相対的なものであり、鑑定人の判断は限定されたものであるとして、DNAにすべてを押しつけられることに対して責任逃れの余地を作ろうとしたという背景がそこにあったのである。

確かに、「MCT118型検査」では個人の型は2つの数字の組み合わせで示されるから、あたかも高精度の鑑定が可能であるかのように一般には解釈されがちであるが、これ単独の検査としてはあくまで数値で表された型に過ぎない。そういう意味では、「DNA鑑定」を「DNA型鑑定」とした方が正確である、とした当時の見解は誤りではない。しかし、これは当時までに可能であったDNA検査の特殊性であったこと、すなわち実際に使用できるところの、個人

識別が可能な遺伝子検査が、数種類しか開発されていなかったという時代性によるものであったことは忘れてはならないのである。

どういうことかといえば、現在でもなお用いられている、STR式検査と呼ばれるものも、やはりそれぞれ単独では型判定であることは変わりない。これは、MCT118型などのVNTR式検査であっても、現在、よく使用されているアイデンティファイラー・キットに組み込まれているSTR式検査においても同様である。

しかしながら、アイデンティファイラー・キットに組み込まれているSTR式検査には性別判定も含めて16種類が組み込まれており、これを同時に検査した場合には、地球上で１人以下の確率になる。このことはこの小冊子の94頁19行目に「いずれにしても、これらの数字は、現在の世界人口（推定70億人）をはるかに上回っており」とある通りである。

つまり、一卵性双生児などを除けば、たった１つの検査で特定個人を識別できるレベルにまできているのである。もっともこれはアイデンティファイラー・キットを使用しなくとも、これと同等以上の検査を積み重ねれば同様になる。つまり単純に言えば、１遺伝子部位当たり、２つの型が同定されるから、性別判定を除くと15×２＝30の数字の組み合わせとなると、それはもはやその人しかありえない型の組み合わせになるのである。したがって単独の検査では型とされたものも、組み合わせると型と言わなくてもよいレベル、つまり「DNA鑑定」と言っても間違いではないレベルに到達しているのである。

このように、この小冊子では、言葉の使い方があまりにも不正確で、極端に言えば一行一行添削が必要なほどであるから、この小冊子をまじめに読むと、わかりたくてもわからないジレンマで頭がいたくなりかねない。学者として言葉の概念規定は厳密に行うように教育を受けてきた私としては、とても読むに耐えないしろものである。

この小冊子のまえがきにも記載されているように、専門家の合意がないままにわかりやすさを狙ったあまり、誤った説明になっていると思われる部分が多々ある。結局、読者はこれを読んでも、自分勝手なあるいは誤ったわかり方をするしかないのではないだろうか。この小冊子は誤った説明や不必要な説明、また説明不足がたいへんに多いため、とうてい市販に耐えうるレベルではなく、

専門家としては、とうてい許容できないと断言できる。したがって、これは法律家内部での研究会における学習のための中間発表的な予備資料にしか役にたたないと言っていいだろう。

(3) DNA鑑定法の沿革についての記述

しかし、問題はそれだけではない。続く「(2) DNA鑑定法の沿革」以下においては、どういうわけか、警察機関が行った鑑定のみを中心に紹介されている。

81頁22行目には以下のように書かれている。

「これまで犯罪捜査に利用されてきたDNA型鑑定の手法としては、MCT118型検査、HLADQα型検査、TH01検査、PM検査、プロファイラーキットを使用したSTR型検査、アイデンティファイラーキットを使用する新しいSTR検査などがあり、そのほか核遺伝子を対象とするものではないが、ミトコンドリアDNA検査も挙げることができる」。

ここでは、「これまで犯罪捜査に利用されてきた」というところに着目していただきたい。これは本当は「これまで科警研や科捜研で行われてきた」という意味であり、それ以上ではない。これを「裁判所や検察庁、警察署から嘱託された鑑定」という意味にするならば、当然に私自身が嘱託を受けて実施してきたY-STR検査なども入るはずであるが、これが省略されている。キットにしても、「アイデンティファイラーキットを使用する新しいSTR検査」とだけあって、プロメガ社などの他社製キットは挙げられていない。

それにしても、特に驚かされるのは、あれほどに欠陥をかかえたMCT118型検査は、そう言っていいかすら疑問であるのに、相変わらず「科警研方式」として、今なお誇らしげに紹介しているのみならず、足利事件や飯塚事件では鑑定不能ないし鑑定解釈が不能として切り捨てられたHLADQα型検査についても何ら臆することなく取り上げられ、その問題点や限界は限りなく省略されていることである。

85頁9行目には、HLADQα型検査、PM検査について「現在では検査キットが販売中止となったので、全く使用されておらず、今後の新しい鑑定手法として出てくることもあり得ない」とされているが、検査キットがなくなったとい

う意味ではMCT118型検査も同じであるのに、どういうわけか最新の方法によってはMCT118型検査も可能であると記載されている。なお付言すれば、HLADQα型検査、PM検査も最新の方法によって、同じ部位の検査結果をより精度高く得ることは可能である。ただ同じキットは使えないから、再鑑定で同じ検査は取れないというだけに過ぎない。「今後の新しい鑑定手法として出てくることもあり得ない」ということは断言できないのである。

ここはやってほしくない、という願望があるのでは、と勘ぐりたくなるほどである。

このように見ると、キットを使うという個別的な検査方法に関わることと、特定の部位の検査結果を得るための、一般的な方法、あるいは最新の方法が混同されており、議論に一貫性がないのである。キットが販売されなくなったのは、需要がなくなったか、あるいはよりよい方法が可能になったからにほかならない。したがって単に、キットの販売の有無を問題にするなら、当然にメーカーの趨勢によっては、最新のアイデンティファイラー・キットもいずれは、販売中止になってしまうこともあることは考慮すべきであろう。

またMCT118型検査については、型判定が確実に誤る電気泳動方法をとってしまい、足利事件、飯塚事件ともにその方法により鑑定していながら、「電気泳動にポリアクリルアミドゲルを用いた場合にDNA断片の長さと泳動距離とが単純に相関しないことが後に判明し」（86頁下から6行目）というそのことが以前からわかっていたかのような嘘の説明がなされている。しかもここは、初めてこの問題を真正面に取り上げた、本田克也らの、第1回DNA多型学会での学会発表とその論文（本田克也、勝山善彦、内山茂晴、杉山英子、太田正穂、福島弘文「各種VNTRプライマーを用いたAMPFLPの検討」DNA多型1号〔1993年〕）が引用されなければならないのに、そこはカットされているのである。

しかもここは正しくは「ポリアクリルアミドゲルを用いた場合に、DNA断片の長さと泳動距離とは互いに相関するが、それは塩基配列の構造により異なってくる」というのが正しいのである。またこのことは、足利事件では、塩基配列構造が異なるサイズマーカー（大きさを測る物差し）との相対的な電気泳

動度に違いを生じさせてしまい、「型判定を完全に誤ってしまった」という重大な問題を惹起したにも関わらず、それがもたらした恐ろしい結末はあえて省略されているので、これを読んだ読者は、同事件のDNA鑑定の何が問題だったのかすら理解できないに違いない。さらに、その後に書かれてある「既知の全ての型のDNA断片を混合したアレリックラダーマーカーが用いられるようになった」ということについても、塩基配列構造の同じマーカーで測ることによってサイズが正常に判定できるようになったのはなぜなのかの説明は省かれているが、この方法すら今はすでに用いられていないのである。

(4) アイデンティファイラー・キットについての記述

　ところでこの小冊子では、最新のDNA型鑑定方法としては、アイデンティファイラー・キットが主流かつ最新であるかのように、そこはかとなく述べられていく流れになっている。ところが、89頁脚注114には「日本の警察では採用されていないが、プロメガ社の代表的STRキットである『パワープレックス16』もDNA型鑑定では広く利用されている」とあるが、この説明は誤解を招きやすい。ここで、「『パワープレックス16』もDNA型鑑定では広く利用されている」というのは国際的にはともかく、少なくとも日本ではありえないはずである。もしも広く利用されているなら、当然にもっと詳しく論じられるべきではないだろうか。したがって、理由の説明なしに「日本の警察では採用されていない」ということのみが述べられているので、うっかりすると、『パワープレックス16』には何か問題があるのでは？という誤った読み取り方をされかねない展開になっているのである。

　しかも、このアイデンティファイラー・キットはアプライド・バイオシステムズ社製（88頁）ということになっているが、この小冊子が発行される年までには、すでに、そのような会社は存在しない。よく事実関係を調べてから活字にすべきであった。現在はアプライド・バイオシステムズ社はインビトロジェン社と合併してライフ・テクノロジーズ社の一部門とされているのは専門家なら皆、常識として知っていることである。しかしこの、ライフ・テクノロジーズ社も2014年度には、別の会社（サーモ・フィッシャー）に吸収されたの

である。

　また、アイデンティファイラー・キットについては、プロメガ社の『パワープレックス16』と同様に、すでに新世代のものが開発されており、もしも従来のアイデンティファイラー・キットが販売中止になると、再鑑定では、もはやアイデンティファイラー・キットは使えない事態になることも予想できる。このような販売キットは、そもそもが営利目的でかつ研究用で開発されたものであり、その試薬の組成が不明でメーカーが任意に変えることができるばかりか、鑑定対象によっては必ずしも適切な検査ではない。キットに頼った鑑定は、検査方法に関する情報がすべて会社内部に秘されてあるため、その趨勢によっていかようにもなる不安定なものであることは認識されるべきであろう。

　そもそも、マニュアル通りしか実施できないアイデンティファイラー・キットで結果が出るような鑑定は、誰にでもできる鑑定に過ぎず、これをあえて論じる意味はないものである。本当に論じなければならない問題は、アイデンティファイラー・キットで結果が出にくいような鑑定をどうするかであり、そのような高度の鑑定を行いうる方法やその結果の解釈こそが本当は取り上げなればならない。にもかかわらず、106頁以下に多数の問題点が列挙されても、解決方法はほとんど書かれていないので、どう解釈したらいいかの具体的な指針を得ることはできない。

(5)　Yファイラーキットについての記述

　さらに、男性の型のみを選択的に検出できるため、性犯罪や父子鑑定に有用性の高いYファイラーキットが、どちらかと言えば否定的に紹介されているのはたいへんに奇妙なことである。89頁の脚注117項には、「多型性はあることは明らかであるが、どの程度の識別力を有するかについての統計学的な解釈は、まだ得られていないといえよう」とあるが、その根拠として、田辺泰弘氏（検察官）が捜査関係者向けの雑誌に掲載した「DNA型鑑定について」研修718号〔2008年〕）が根拠としてあげられている始末である。そこに何が書かれてあるかは省略されているが、Y染色体を用いた鑑定の短所のみが強調されているかのように読めてしまう。しかし、その根拠の詳細は一切、上げられていな

いのである。これはYファイラーキットを否定したいという裏の思惑があるからでは、と言わざるをえない。

同じ脚注には、科警研が行ったわずかなデータが紹介されているが、このような統計はY染色体の国際法医学研究グループ（YHRD: Y Choromosome Haplotype Reference Database）のデータベースから見ると、不十分なものに過ぎない。この小冊子の展開には、このように根拠を上げずに結論だけが強調される表現手法が至る所に存在する。

その理由はおそらく、警察機関の鑑定が採用していないものはすべて否定的に表現するという、姿勢が貫かれているからであろう。しかし、これを一般の人や裁判関係者が読むと、たとえば、プロメガ社のキットやYファイラーキットによる鑑定は正当なものではないかのような印象を与えかねないのである。つまり、この小冊子の裏の目的を比喩的に言えば、警察機関のDNA鑑定のみが正当であることを宣伝するための、いうなれば厚めの配布資料に相当するものだ、とするとわかりやすいのではないだろうか。

丹念に読み取るとこの小冊子のねらいははっきりしてくる。それは何かと言えば、警察機関が行うDNA鑑定至上主義の宣伝ということである。つまり、足利事件での科警研鑑定に反省を加え、二度とそのような誤りをしないようにとその誤りの構造を解析するのではなく、足利事件で失われた科警研鑑定の権威を復権させるための、現在の科警研方式によるDNA鑑定法の宣伝文書であるという中身がむき出しにされてくる。そして、あえて勘ぐれば、科警研や科捜研が警察機関以外の鑑定を封印してしまおう、という邪悪な意図も見え隠れしているのである。しかし、この小冊子の執著者や協力者には、直接には警察機関や検察庁関係者はいないことになっているので、なぜそのような内容になっているのかは理解に苦しむところである。

2　この小冊子で取り上げられなかった最も重要な論題は何か

(1) 過去の誤判事例に学んでいるのか

それにしても、なぜこんな小冊子になってしまったのか、ならなければなら

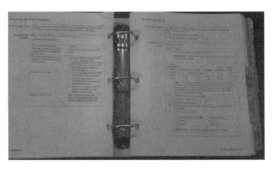

図表 18　アイデンティファイラー・キットの実験マニュアル

なかったのか、と言えば、この小冊子で本当は論じなければならないことははっきりしていたにもかかわらず、その問題から意図的に逃げてしまい、そこにはあえて触れずにまとめようとしたからにほかならない。ならば、本当は書かなければならないこととは何か。そしてこのことは、この小冊子が編まれることとなった原点でもあったはずである。

　それはいうまでもなく、「科学的証拠」（もっともこの言葉の意味の使い方が誤っていると思う。なぜなら科学は客観的世界の理論化であり体系化であるが、これと裁判の問題である証拠とは直接、つながるわけではないからである。したがってこの術語はこのままでは意味をなさない。ここは正確には、「証拠からの、科学的技術による検査〔科学的検査〕結果を用いた……」とするか、あるいは「科学的検査結果を証拠として用いるための裁判の在り方」というべきである。しかしここでは「科学的証拠」を限定してDNA型鑑定のこととして狭義に解釈することにしてしまった、過去の誤判の後遺症をひきずっているのでは、とすると読者の脳裏に走るのは、かの「足利事件」であろう。

　ならば本小冊子ではまったく無視されているところの、「足利事件」におけるDNA型鑑定の観点からの誤りはいったいどこにあるのか、を説いておくこ

とは重要であろう。

　私見を述べれば、本質的には、「その時代の科学的な技術の限界を超えた鑑定を行ったこと」であると思う。それに加えて、その誤った結果を維持しようとした鑑定人たちとその背後の警察機関の非科学的な精神と、それを信じさせることによって、取調べや裁判手続の不十分さから逃れ、安易な解決方法に寄りかかり実績を作ろうとした、警察機関及び裁判関係者の依存的精神がそれを加速したことは明らかである。つまり、本来は科学的であるはずの鑑定が結果として誤り、あるいは非科学的になってしまったゆえんは、科学的技術がまだ未熟であったことに加えて、それを非科学的に使わざるをえなくなった鑑定人の実力不足と、それを撤回する勇気を欠いていた人間性に起因すると言わざるをえないのである。

　それだけに、いかに科学的技術が進歩しても、人間が鑑定する以上、その限界以上の試料に適用しまう危険は常にあり、いくらでも誤鑑定を起こす危険は潜んでいるといえるが、その欠陥がまさに露呈した原点は、かの足利事件であることはいかに強調しても足りないのである。

　したがって、ここを十分に反省しない限り、いかに科学技術は進歩しても、未来永劫、常に誤鑑定を起こす危険は存在すると言えよう。いずれにしても、足利事件以来、科学的な鑑定とされるものといえども、それを疑ってかからねばならなくなったこと、したがって、裁判に関わる人が鑑定結果を素直に受け入れられなくなったという、悲しい現実がこの小冊子の背景にある。そして、裁判関係者が、鑑定の真偽を見抜く目をもとうという意気込みで編まれたのが、この小冊子であるのではと、表向きは理解できる。

　しかし、もっとその内容を読むと、先ほども述べたが、やはりどうしてもあまりにも不自然な内容に満ちているように思われる。繰り返しになるが、もしかすると本当は足利事件で信頼を失ったDNA鑑定について、警察機関の鑑定の正当性を現在の高い技術水準をのみ強調することによってその復権を謀ろうとする意図と、科警研以外での特定の学者による「重要事件」の鑑定を標的にして、それを否定させてしまおうという試みがあるのでは、という疑惑すら生じさせるのである。

(2) 袴田事件を射程に入れた記述

　それにしても、この小冊子は内容に混乱があまりにも多い。その最たるものは、DNA鑑定の進歩や精度を強調することによって、DNA鑑定の神話の復活を試みながらも、一方ではDNA鑑定の問題点もさりげなく散りばめて、鑑定を誤った場合に対する、巧みな逃げ道をも用意していることである（106頁〜126頁）。

　しかしながらここで論じられている問題点は、ほとんどすべて、アイデンティファイラー・キットを用いた鑑定について、それも検査結果を一致させようとする場合に限った、検察側寄りの議論に終始している。これが顕著に表れているのは、121頁の「3　型が検出されなかった座位がある場合の問題」である。

　ここで「型が検出されなかった座位がある」場合に結果を採用するというのは、122頁11行目に「検査結果の『いいとこ取り』『つまみ食い』であって、客観性・公平性に欠ける」とされて否定的な扱いがされている。

　ここで検査結果の「いいとこ取り」「つまみ食い」とあるが、この表現はおかしい。なぜなら、「型が検出されなかった座位がある」というのは客観的な事実であって、決して型が検出されなかった座位を隠したわけではなく、主観的にえり好みしたことを意味する「いいとこ取り」「つまみ食い」ではないからである。それともPCR反応が意志を持って、いいとこ取りやつまみ食いをしたとでも言うのであろうか。それに加えてこのような日常語レベルでの批判的用語を使うことは、この小冊子の学術レベルをおとしめるものであろう。

　ところが、続く123頁14行目には、「不明座位があることに慎重な配慮を払い、その証明力の限界をわきまえて異同識別の判断資料として用いるべきものである」として、今度は部分的な結果に対する肯定的な判断を許容して、「慎重な配慮」という言葉で「消極的に」肯定化されている。

　さらには124頁の3節の末尾には、条件を不明確に限定しながらも、「『同一人に由来するとしても矛盾しない』という程度の証拠価値にとどまると理解するのが相当であろう」としている。ここでは不一致の場合の議論、すなわち、1つでも違えば不一致であるはずであるとの議論については言及せず、ただ一致させる方向に限っての肯定的解釈のみがなされている。

したがって、これを読んだ読者は、果たして何を書いているか、さっぱりわからないように思うであろう。しかし「袴田事件」のDNA鑑定で論点の１つにもなった、部分的プロファイルに対する議論が射程に入れられている疑いがあると思えば合点できるふしがある。たしかに「袴田事件」において、部分的プロファイルについての判断を私は行った。しかしそれはあくまで不一致の結果についての議論であり、それは部分的プロファイルでも不一致と考えることは可能であることを、私は強調したのであって、「同一人に由来するとしても矛盾しない」ということを述べたかったわけではない。つまり証明すべき条件が逆さまなのである。

　この小冊子の発刊と「袴田事件」の関連性を疑う事実はまだほかにもある。というのは偶然の一致にしては奇妙なことに、「この小冊子は本年３月に発刊予定で、その中間報告はすでに配布された」という「発刊」ではなく、３カ月後の「発刊予定」の新聞報道がなされたのは、私が「袴田事件」の再審請求審において、検察側の反対尋問がなされた翌朝の朝刊（2012年12月27日付）であったからである。一方、私の尋問の結果についての報道は、いかに探しても全国版ではまったくなく、代わりに社会面のトップにこのような記事が載せられていたから、どうして、今、これが報道されたのか、と思ったことである。なぜならこれはその日のニュースでは全くありえないからである。

　それにしても、この節の冒頭に「アイデンティファイラーキットは……」という書き出しでわかるように、このような問題点は「アイデンティファイラーキット」による鑑定を行った場合に、その弱点として生じやすい現象に過ぎないのであるから、それ以外の、座位が個別にしっかりと検出できる鑑定法を取るなどの方法を取ればよい。このことは本小冊子において、107頁１行目に「検査結果の検証は、プライマーの自作を始め、一般的な方法で行うことが可能である」と、いわゆる「独自の方法」も科学的に肯定されているのである。しかし、この節では一般的な方法についてはこれ以上は説明されずに、あくまで特定のメーカーが市販している「アイデンティファイラーキットを使う場合」という、警察機関の犯罪捜査でのみ用いられている、決して一般的ではない特殊な方法の呪縛から逃れられていないのである。

ところで最近、鑑定人嘱託において、鑑定方法まで裁判所が規定してくることを多く経験しているが、鑑定方法というのは鑑定試料の性質と鑑定の目的によって異なるものである。したがって鑑定事項は、明らかにしたいことを明記するだけで十分であるはずである。鑑定方法は鑑定人が熟慮して決定すべきで、その中身まで非専門家が根拠のない理由で規制するのは鑑定の限界を大きくするだけという印象が否めない。これは再鑑定のレベルを下げて、その検査を無効（鑑定不能）にしたい、あるいは否定できるように解釈したい、という検察側の意向に沿ったものである。このような鑑定人を縛るための資料として本小冊子が利用されないように祈るばかりである。

3　DNA鑑定と裁判

(1)　鑑定試料によってほぼ決まるDNA鑑定の有用性

　DNA鑑定の難しさは、どんな試料から、どんな細胞について鑑定を行うのか、その細胞の量と質はいかなるものか、そしてそれはどのような経過を経て保存されてきたのか、また対照試料はあるのかないのか、さらにはそれに対する鑑定人の実力と用いられた鑑定方法の適合性はどうなのか、によってほぼ決められる。

　それゆえに、現在での一般的な技術水準と、鑑定人の技能と鑑定技術の限界内にある鑑定の場合はよいが、その境界領域ともいうべき難しい鑑定となると、高度に熟練した鑑定人でなければ、とても手に負えないという場合があることは言うまでもない。つまり、一言でDNA鑑定と言っても、それが要求される技術レベルはピンからキリまであるのであって、誰がやっても同じという易しい鑑定のレベルであれば、あえて小冊子を作ってまで論じるまでもないことである。しかしそのような鑑定のレベルの違いがこの小冊子では完全に無視されている。

　本当は、鑑定に問題点が生じうるのは、限界に近い試料からの鑑定である。それゆえ本来はそこのところをどう克服するか、どこまで結果に信頼性があるのかこそ、十分に議論されなければならない。これは鑑定人の技能のみならず、

試料としての限界が大きく関わってくるのである。しかしこの小冊子では、具体的な鑑定条件を抜きにして、問題点が列挙されているにとどまるから、具体的な事例を検討する際に、そのような問題点を考慮する必要があるのかどうかの指針にはなりえないのである。

　もっと言えば、DNA鑑定それ自体の精度と、それが裁判で使われた場合の重み付けについては、次元の異なる問題であるが、本小冊子には、これらが混同されて説明されているように思われる。裁判となると、鑑定対象が当該事件において、いかなる意味を有するか、が重要であるが、そのことと、DNA鑑定結果それ自体の信頼性とは相対的に独立の関係にあり、両者は区別して議論されなければならない。つまり究極レベルの鑑定においては、劣化した試料からの結果ではあっても、その結果に対する問題点をあげつらって、全体を否定するのではなく、裁判においては、そこに示されている確実な検査結果をできる限りすくいとることができる事例は存在する。劣化試料からは、新しい試料による結果と同等の結果が出ることなどありえないからであり、新しい試料の基準をそのまま使うことができない場合がほとんどであるからである。

　私が関わった「袴田事件」のDNA鑑定もそれに相当する。実は、このような場合の鑑定こそ、高度の専門性が要求される鑑定であるにも関わらず、この小冊子ではすべての鑑定が低いレベルに貶められて平面的に説かれているのである。

　まずはっきりと理解しておかなければならないのは、DNA鑑定というのはそもそも、鑑定対象とする試料にヒトの細胞が付着しているか、しているとすれば誰の細胞なのか、を明らかにすることが目的でありその上限に過ぎないということである。決して、DNA鑑定で、それ自体として犯人は誰なのかをつきとめることはできない。なぜなら、DNA鑑定は、その試料に付着している細胞の型を忠実に検出し、さらには対照試料との一致、あるいは不一致を判定するものであるからである。極論すれば、試料に付着している細胞の型、さらには対照試料との同一性の有無を判定するものなのである。試料に付着している細胞が犯人のそれであるかどうかは、鑑定する立場としては直接の関係はないものであるから、そこを特別に解釈する場合には、「その試料に付着してい

る最も優勢な細胞を真犯人のものと仮定した場合」などという前提条件をおいた場合にとどまるのである。

(2) DNA鑑定によって事件が解決される錯覚

　なのに、DNA鑑定の結果が犯人特定へ直接性があるような事件が強調されると、何か、DNA鑑定によって事件が解決されるような錯覚に陥ってしまいかねない。

　これについては、私が担当した、MCT118型検査に関わる2例の鑑定について具体的に述べてみたい。まず足利事件については、被害者の幼女は屋外で殺害され、被害者の着ていたシャツが死体発見現場近くで発見されたばかりか、そこには精液が大量に付着していた。シャツは重大な証拠品であり、そこに付着していた精液が誰のものであるかは、犯人特定に重要な意味をもつことは明らかである。したがって、足利事件のDNA再鑑定は、DNA再鑑定の結果が犯人特定へ直接性がある事件といえる。のみならず、精液は大量であり、一般に保存性も高いので、鑑定対象としても条件がいいと言えるだけに結果の信頼性は高いとも言えるのである。

　しかしながら、足利事件のDNA再鑑定において注意すべきことは、DNA再鑑定の結果が犯人特定へ直接性があるにもかかわらず、再鑑定では真犯人のDNA型を明らかにするための鑑定が求められたわけではないということである。あくまでも受刑者、菅家利和氏と付着精液の同一性の有無の判断のみが求められたのであって、その目的にそった判断のみが鑑定では求められたのである。したがって、あえて付言すれば、鑑定の目的が真犯人のDNA型を明らかにするためであったとすれば、真犯人との同一性が証明できるような、より精度の高い方法が必要であるから、これとは違った方法で、違った解釈での鑑定行う必要があることは言うまでもない。

　それに対して、飯塚事件の場合は、鑑定対象は、被害者の膣内から採取された血液及びその飛沫血である。ここでは精液など他の細胞成分は検出されていない。これら試料は被害者の血液が大半であるといえる。したがって、たとえそこに犯人の細胞成分が混合しているとしても、それは混合試料からの鑑定と

いう、当時のMCT118型検査の技術水準の限界に近いような、鑑定が極めて難しい対象である。もっと言えば、本当のところは犯人の試料が混合していない、つまりDNA型鑑定によって真犯人の型が明らかにできない事件であったとしても不自然ではないのである。

　以上のようなことからすれば、飯塚事件において出された鑑定結果と犯人とを直接に関係づけるのは難しいことになる。つまり足利事件は証拠試料からのDNA鑑定であるがゆえに、その意義は大きいのに対して、飯塚事件での鑑定試料は、証拠になるかどうかはわからない、被害者の血液を無理に混合試料と仮定して鑑定させたものに過ぎないから、DNA鑑定を行うことの意義が極めて乏しい事件であると言えるだろう。しかし、これをあえて、真犯人の血液が混入していると仮定した場合には、受刑者の型との同一性の議論が可能となるとともに真犯人の型が推定できることになる。

　このようにDNA鑑定それ自体をどう評価するか、裁判の中でどれほどの意義を求めるかは、個々の特殊な事件の内容によるのであり、この小冊子のように事件の具体的な構造を抜きにして、一般的に議論しても意味がないものである。ならばどうすればいいかと言えば、難しい鑑定であるほどに、鑑定人尋問をしっかりやって、わかりやすく説明してもらい、スジが通った説明がなされているか、問題点はどこにあるかを含めて、科学者の立場で客観的に理解できるようなことが述べられるかどうかを実際に確かめることであり、そのためには鑑定の理解に必要な基礎知識だけはしっかりと学んでおく必要があろう。

　この小冊子では大事なことを論じようとしている後半部分（106頁以下）には、専門用語が説明なしに散りばめられているばかりか、数式まで登場しており、一般の読者のみならず専門家でも首をかしげるような説明が多々あるため、有害無益な説明になっているのは残念である。

　それにしても、法医学者として、司法解剖での鑑定も含めて科学的証拠の提示に生命を賭けてきた私としては、もっと中身のある本にできたのでは、という残念な思いがある。

4　小冊子の早急な改訂を願う

　振り返ってみると、この小冊子で説かれている科学的証拠とは、DNA鑑定に的を絞ったものに過ぎない。そして科学のごく一部の適用に過ぎないDNA鑑定にしても、その道の専門家が何十年もかけて実験に次ぐ実験により学んで習熟してきた、より高いレベルを目指しての研鑽の成果なのであるから、最近のキットによりかかった平易な鑑定の評価ならいざ知らず、専門性の高い鑑定を、他の専門分野の人が座学で、しかもこのような小冊子を読んだだけで評価できるような代物ではありえない。

　つまり、その道の専門家にしかできないからこそ、「鑑定」を依頼したのであるはずなのでる。そして、その「鑑定結果」は、その鑑定人の全人格を賭けた解答なのであり、しかるがゆえに、その鑑定人への信頼のもとに、その結果そのものは本来は承認されるべき中身をもっていなければならないし、鑑定人はそれに応える義務があるものなのである。

　そもそも、鑑定それ自体は、鑑定人が捏造しようとも思えばいくらでも可能であるので、それを非専門家が見抜くなどということは本来は簡単にできるはずもないし、する必要もなかったはずであったものである。したがって、このような小冊子に「打ち出の小槌」を求めようとしても、所詮はないものねだりともいうべきであろう。しかし「足利事件」以来、DNA鑑定への信頼性がゆらいだことは否定できない。したがって、科学的な鑑定の理解が改めて必要な時代になったとすれば、その基礎的な理解を助けるような小冊子の発刊なら歓迎すべきである。しかし、ここまで述べてきたようにこの小冊子はこの時代の要求に応え切れていないというべきであろう。

　『科学的証拠とこれを用いた裁判の在り方』という小冊子は、おそらくは背景にあるところの、難しいDNA型鑑定への対応が意識されているせいか、あまりにも時期を急いで発刊されてしまったきらいがある。したがって言葉の使い方があいまいかつ恣意的かつ粗雑な部分があり、また内容にも矛盾点があまりにも多く、すべてはとうてい指摘し切れないほどの多くの誤った見解が、根

拠なしに散りばめられている。つまり、科学的な専門家によるチェックが必要なのである。

　また厳しく評価すれば、この小冊子は内容が理解できないままに、他の書物からの引用か、私的な見解のみから構成されており、事実から引き出した成果（中身）がほとんど何も含まれていないのは、たいへんに残念である。本章で取り上げた問題点はそのごく一部に過ぎないが、誤った援用を防ぐためにも、一日も早く、実際に科学的な鑑定を行っている専門家の手を借りて、早急に改訂することを願う次第である。

5　DNA鑑定を警察機関のみで行うことは避けよう

　問題はそれだけでなく、本当はDNA鑑定を警察機関のみで行うことは避けなければならないのではないだろうか。なぜなら、ここではあえて述べられていないが、警察機関が行うDNA鑑定には、表には出ることのない大きな問題が隠されているのである。それは、もしも警察機関にとって不都合な結果が出た場合には、鑑定不能あるいは解釈不能、あるいは解釈を恣意的に変更して、客観的な証拠を切り捨てることができる、という事情に関わる。したがって、これを防ぐ方法はただ１つ、一致するか否かが問題となるところの、対照試料（容疑者）のDNA鑑定と、証拠試料からのDNA鑑定とは、それぞれ利害関係のない別の機関に依頼するか時期を変えて実施することである。これさえ実施されれば、DNA鑑定に関わる捏造疑惑が生じる余地は限りなく小さくなるであろう。

　オーストラリアやカナダでは、殺人事件を含む死因調査とそれに関わる検査のすべては、法律家と法医学者が協働して、捜査機関から独立して鑑定する機関と法整備が整っている。私は2017年の９月にカナダのトロントで開催されたIAFS（国際法医学会議）に出席して、その施設（FSCC; Forensic service and coroner's complex）を見学した。それはDNAを含む物体証拠の保存室や実験室が備えられたすばらしい組織であった。日本も早く国家をあげて、このような組織を作るべきであると思った次第である。

補章

袴田事件即時抗告審における検察側検証とはいかなるものか

1　裁判と研究

　袴田事件の即時抗告審では、おそらくは日本の裁判では初めての、「再鑑定ではならぬ、DNA鑑定の検証」が実施されている。鑑定人である私としては検証の対象となるような疑惑が持たれること自体、不本意であるのは確かであるが、私の鑑定は事実をありのままに提示しただけなので、検証されて困ることは何もない。ただその検証は科学的な場ではなく、利害関係が大きく絡んだ裁判の場で行われるということには無理があり、また不自然である。したがってこれからの裁判の前例となると思われるため、このような「鑑定」の検証、及びここでの検証の方法は極めて難しいことをしっかりと科学的に説明して、裁判を無為に長期化させるためだけの論争に無駄な時間を費やすことのないように、ここで警鐘を鳴らしておくことも意味があると思われる。

　そもそも裁判というのは個別的な事実についての解明を本分とするのに対して、研究というのは一般的な法則性に基づく事実や論理の発見が本分であるから、その目的が明確に異なる。個別的な事実というのはわかりやすく言えば、「誰が」犯人であり「どのように犯行を犯したか」ということであり、一般的な法則性に基づく事実というのは、「犯罪を犯した人は、どのような心の育ち方をしてきた傾向があるか」というようなことである。前者はたった1回きりの事実であり、後者は同様の事例に広く見られ、また再現が可能な事実である。

　したがってこれをDNA鑑定で言えば、裁判におけるDNA鑑定は「特定の試料に対する検査結果」という個別的な事実がすべてであり、研究におけるDNA鑑定とは、たとえば「およそこのような試料にはこのような鑑定方法が

適している」ということを明らかにしたものである。

　したがって、もしも仮に裁判所に提出されたDNA鑑定の「検証」を行いたいとすれば、それは事実的な検証であるべきである。つまり同じ試料を同じ方法で鑑定することを意味するのでなければならず、したがって方法まで具体的に規定した「DNA再鑑定」となるべきである。つまり本来的に言えば、DNA鑑定の検証は可能な限り同一の対象と方法を用いたDNA再鑑定であるはずである。そしてこれにより原鑑定の誤りが明らかになったのが「足利事件」であったのである。しかしながら、鑑定に適用されている一般的な方法を検証するという、法則性レベルの検証を行おうとしているとすれば、学術的な論争となるから裁判所が判断可能なレベルをはるかに超えた無謀な試みであろう。なぜならこれを行うためには、高度の能力を有する専門家が、科学的に厳密な方法を用いて、また多数の実験を積み重ねる必要があるからである。なぜなら、証明したいことは、ただ1回きりのあまりにも個別的な事実ではなく、一般的に当てはまる性質や方法であるからである。しかし多くの研究者は自分個人の興味のおもむくままに迷路に入りこんでしまうから注意が必要である。

2　裁判における検証とはいかにあるべきか

　本来は袴田事件の鑑定の検証は、もしも仮に行うとすれば個別的な鑑定の検証を行うべきであることはいうまでもないし、それ以上のことができるはずもない。ただし、多くの刑事事件では試料はすでに消費されており、再鑑定ができないことがほとんどである。袴田事件では第二次再審請求審においてすでに弁護側推薦（岡山大学）、検察側推薦（科警研）の鑑定人がすでに鑑定した後、山田良広・神奈川歯科大学教授（検察側推薦）と本田克也（弁護側推薦）によりさらなる再鑑定がなされており、すでに4回の鑑定で試料は消費されている。したがって、ここでそれ以上のDNA鑑定の「検証」を行いたいのであれば、試料をできる限り問題とする鑑定に近づけ、その方法は鑑定と同じ方法に限りなく近づける必要があるが、45年前の古さで、かつ味噌漬けされた試料に近いものはありえないかもしれない。つまり検証は難しいということである。

これはたとえば、「犯行事実の検証」の場合には、被疑者の供述にもとづいて、できるかぎり同じ状況を設定して再現させ、果たして供述通りのことが可能であるか、可能であるとして、客観的な事実と矛盾しないか、ということがしっかりと検証されることを考えてもらえればわかるはずである。つまり、DNA鑑定の「検証」の場合にもこれと同様、そっくり同じような再現を行う努力がなされなければならない。

　したがって、まずは試料をできるかぎり同じものとすることが大事となる。しかしながら、いかにしても同じ試料というものを作ることが難しい、という問題に突き当たる。というのはこれが刑事事件の証拠であるからである。実験室での実験であれば、試料は実験者の思い通りに作ることができる。しかし、証拠試料は犯罪に関わって生じたものであるから、真犯人以外にはその試料の由来を説明することは困難であるが、真犯人が不明であればそれを説明することはできない。ましてや試料が本当の証拠試料ではなく、裁判でも「捏造の疑い」と判断されている試料とすれば真実は闇の中である。したがって、まず試料の設定という段階で、その「検証」は暗礁に乗り上げてしまうであろう。

　袴田事件の即時抗告審で行われた「検証」なるものは、実はこのような関門を突破しなければならなかった。つまり鑑定試料の再現性が確保できるか、という問題である。しかし、鑑定試料の素性が不明である以上、すでにこの時点で鑑定の検証は不可能であることは明らかである。

　しかしながら、これでもなお鑑定の検証を行うとすれば、その方法はたった1つ、試料の状態を「仮定」してそれを人為的に作成することである。しかし、袴田事件の鑑定試料はすでに45年を経ていた。そのような試料を作成するためには45年を待たなければならないし、この間、味噌漬けしておかなければならない。また仮に45年前に作成された試料があったとしても、それが袴田事件では実際のところどのように作られたかが不明である以上、同様に味噌漬けすることは難しい。したがって「鑑定」の正確な検証はすでに不可能なのである。

　またそれだけではない。袴田事件のDNA鑑定は、試料の性質から見て世界でも例をみないほどの最高度に困難なDNA鑑定である。したがって、このよ

うに困難なDNA鑑定を検証することができる研究者はいるはずはない。このように困難なDNA鑑定を仮に再現したとしても、それに失敗することの方が当然であろう。難しいことを易しいことで検証できるはずがないのは当然である。つまり検証に成功することは難しくとも、それに失敗することは簡単なのである。

3 「本田鑑定」の何を検証しようとしたか

　このような問題があったにもかかわらず、あくまでも鑑定の検証を行いたいというのであれば、それを行う方法は2つある。まず行うべきは理論的な検証つまり観念的な検証である。というのは、鑑定の検証を行わなければならない根拠としては、理論的に問題があることが推論される場合であるはずである。それは鑑定結果が通常はありえない結果であると見られる場合であり、もう1つは鑑定方法に疑義がある場合である。ただ単に検定結果を認めたくないということだけであってはならない。

　しかし検察側からすれば本当は、鑑定結果が通常はありえない結果であるというのではなく、ただ認めたくない結果を出した鑑定人が憎い、というのが真実なのだろう。結果として鑑定結果を黙殺したい、というのが先にあって、その理由を鑑定人の実力や人格への非難に見つけようとした、というのが真実なのだろう。

　しかし、袴田事件で検証しようとしている「本田鑑定」は、事実的にも理論的にも何らの問題がないと判断できる。そしてこれは歴史が証明してくれるはずである。その結果は古いDNA特有の全体的に低いピークやPCR部位の脱落に加えて、ピークアンバランスを含んだ不完全なプロファイルであるため、このようなデータは他の試料から作成することは不可能である。私自身、よく保存されているDNA配列と、壊されているDNAが混在していて、これが味噌漬け試料の特徴かと、驚かされた記憶がある。

　実験には必ず陰性コントロールを入れるが、何もサンプルを入れない試料からは何も出ていないことを確認しているので、試料には汚染がないことは証明

されている。また血液が付いている試料から血液の型が出ないで汚染者の型だけを出すことも不可能である。つまりこれはすべて邪推に過ぎないのであるが、おそらく血液細胞は検出しないで汚染細胞だけを検出できるような方法を何としても見つけたかったのだろうが、そんなことができるはずがない。しかし出た型は、試料から出た型としか判断できないのであって、それが真犯人の血液ではなく、汚染者の細胞であると判断できる根拠はないのである。

　またその鑑定方法は鑑定人尋問の時に要請された方法に、すべてしたがっている。血液細胞からDNA鑑定を行うこと、市販キット（アイデンティファイラー・キット）を使って検査することなどである。これについても前者は血液細胞をレクチンという血球凝集素で集めたあと、自動DNA抽出機でDNAを抽出し、後者についてはマニュアル通りに検査したにすぎない。レクチンが血球を凝集させることは、科学的には常識である。また実際には血液型検査でも毎日、世界中で実施されていることである。ただそれをDNA鑑定に使うというところに、本田の独創性があるに過ぎない。なぜなら独創性というのは、蓋をあけてみれば単純なことに過ぎないことが多いから、手柄を認めなくないと思っても無理からぬことかもしれない。

　もしかしたら検察側は「DNA鑑定捏造疑惑」の噂を立てることによる、研究者や鑑定人としての能力を葬り去るが目的であるのかもしれないが、今回の鑑定は袴田氏の試料を得る前に検査結果を出しているのであるから、捏造する意味がないことになる。

　本当は鑑定には事実的にも理論的にもまったく矛盾はないのであるから、それを検証する意味などないはずである。にもかかわらず、検察側は、本田の方法では鑑定ができないという理論的な根拠を一度も示していない。したがって「検証」を行わなければならないような理由はない。また検証ができるような試料もない。しかしながら、裁判所が「検証」に踏み切ったのは、正当に理論的な理由からではなく、検察に依頼された多数の法医学者（青木康弘氏、玉木敬二氏、関口和正氏、勝又義直氏）などが、検察官の依頼に基づいて私の鑑定に対する反論を出してきたために、それに協力したいという見識が働いたからであろうと推測する。

たとえば、青木康弘氏は、自分の研究室内で素性が説明できないような古い血痕試料を探してきて、レクチンを使ったDNA抽出ではまったくDNAが抽出されなかった、DNAが消えてなくなったという個別的な実験報告書を提出した。DNAはどこに消えたのだろうか。その合理的説明はなされていない。また玉木敬二氏はバナジウムの効果への疑問やバンドの出方がおかしい、という反論を出した。勝又義直氏は自らのDNA鑑定に関する見識から、このような試料からは鑑定が不可能であるはずという意見書を書かれてきた。また科警研の関口和正氏はPCR増強のために私が10数年来、用いているバナジウムについては、むしろPCRを阻害するという実験結果を出してきた。いかなる薬でも多量に使えば有害になるのは当然である。したがっておそらくは混合を誤って使用濃度を濃くしてしまったものと考えている。検察側に荷担するために、他人の独創的な研究を批判するための実験に時間を費やすのではなく、もっと建設的な実験を行った方がよいのでは、と思う。
　しかしながら、ここでそれらを具体的に述べるほどの中身がないので、結論だけを述べれば、これらの反論はいずれも鑑定試料や方法は、自らの好んだ独自の方法によるものである。そもそも困難な鑑定なので種々の限界があるのは事実であるが、問題点を連ねて指摘しても出た結果は変わらない。いかに結果が検察側に不本意でも、その意を受けて恣意的な解釈をするのが法医学者ではないはずである。
　いやしくも、鑑定そのものの検証を行うとすれば、試料をできる限り本鑑定の試料に近づけて、事実的に限りなく同じ方法をなぞって行わなければならないし、いつでも対照実験をきちんと完全に行う必要がある。本鑑定の試料に近づけようとしたならば、実験的に作成された試料は本鑑定の試料とは同一ではないとはいえ、そこから類推することはできる可能性をもっていなければ検証の名に値しないからである。

4　「袴田事件」の検証はいかにして強行されたか

　奇妙なことにこの検証実験には私はまったく関わっていないし、裁判所から

意見を求められたこともない。一方、検察側からは血痕と唾液を複雑に混合する実験などがたくさん提案されたという。検察官は何としても唾液だけが出る実験を再現したかったと思われるが、弁護団から間接的に聞いたところでは、鑑定の全体を検証するのではなく、私の鑑定のほんの一部の過程の妥当性についてのみ、検証したい意向という。そもそもDNA鑑定には、試料の採取、試料の前処理とDNA抽出、PCR増幅、電気泳動による型判定という4段階を経ることはすでに述べた。

　一部を検証するだけでは全体を肯定も否定もできるはずはない。ところが裁判官もこのうち第2段階の前半部分である、DNA抽出する前に血球細胞を集める過程、つまり「細胞選択」が可能かどうか、という点に関心があるという。生理的には「細胞選択」は抗体で行われている。これは細胞膜の性質に応じてそれに付着できるタンパク質をリンパ球と呼ばれる白血球が作り出すことができる性質によるものである。試験管内でも抗体を用いて細胞を選択することができるのは自明であるから、それを使って細胞を凝集させられることは常識である。このような性質が科学的に証明されていないのであれば、検証が必要ということになるが、これが原理的に確立されているとすれば検証する必要はない。

　また抗体と同じ性質を持つ者に、レクチンがある。これを用いても血球を凝集できることもすでに常識となっている。そしてこれは細胞と混合するだけで起こりうる反応であるが、そのときの温度条件や反応時間、震盪の条件をどうするかは、試料によって調整すればいいだけのことであり、条件は相対的に設定すればよいし、反応条件には幅があるのは当然である。したがって細かな条件を議論しても意味はない。

　このように生理学的には常識となっている反応であるが、検察官はこれを「古い試料」にも適用可能かどうか、という実験に関心を持ったのである。「古い」などという言葉は科学的な表現ではないので何を意味しているかはっきりさせる必要はあるが、確かに細胞が外界にさらされるとなると、経時的に細胞膜は壊れるから新鮮な細胞ほどに凝集反応は起こりづらいことは当然である。しかしながら細胞膜が壊れていない細胞がわずかでも残っていればそれを集め

ることができる可能性がある。そして現在のDNA鑑定の検出力はたいへんに高く、細胞10数個を集めれば型判定できるので、有効な細胞量は確保できる可能性はあるのである。

　理論的に可能な方法が実際には適用限界があるのは当然である。したがってその適用限界付近での効力の弱さや、対象によって有効性に違いがあるからといって、その方法一般の有効性を否定することはできない。つまり「古い試料」に適用限界があるからと言って方法論を否定することはできないのである。したがって、まず大事なことは易しい条件の実験から徐々にレベルを上げていって適用範囲を確定することであるが、これは発見者である私が行うべき研究であっても、第三者が発見者に無断で行っても意味はないだろう。

　「古い血液」に「新しい唾液」を混ぜて実験するということが提案されたこともあるという。ともに新しい細胞ならともかく、これでは新しい唾液の方が検出されやすくなるのは当然である。なぜ、実際の試料とは無関係に古い血液に新しい唾液を混ぜるのかが不明であるが、唾液を選択的に検出させたい誘導実験であることは自明である。なぜなら、鑑定の試料に唾液が付着している、ということを類推できる状況的事実は何もないからである。あくまで事実に即した判断をすべき裁判で、単なる空想的仮定をもって実験することに意味があるとはとうてい思えない。

　いずれにしても発見者を抜きにして、非専門家あるいは自称専門家がいかに議論してもまともな方法が見つかるはずはないが、本当は、難しいことは考えずに新鮮血痕からレクチンを使って血球を凝集させ、DNAを抽出して型判定できるかどうかをまずは確かめてみればよい。これは誰がやってもできるはずであることは断言できる。そこから次第に難しいレベルにチャレンジしていけばいいが、これはもはや検証ではなく「細胞選択法」の適用に関する研究になるであろう。

5　鈴木鑑定人の検証とはいかなるものか

　検察官は検証実験の鑑定人に鈴木廣一・大阪医科大学教授を推薦し、裁判官

も承認した。また弁護団は、検証は無意味として鑑定人を推薦しなかった。したがって、結果として検察官推薦の鑑定人のみを裁判所が承認することになったが、この結果を見ると裁判所が検察官の意見を受け入れたとみられてしまい、やはり弁護側推薦の鑑定には問題があったのでは、と思われやすい。しかしこれは単に弁護団は受けて立つ立場に立っただけで、決して糾弾される立場に甘んじていたわけではない。

　私は検証人に鈴木教授が推薦された、と聞いてこれはたいへんなことになったと思ったものである。というのは、このような検証に、あまり地位や立場、権威のある人に頼むと、自分の優越性や独自性を発揮させたくなるので、そのままの検証はできないのでは？　と思ったものである。「本田鑑定」をそのまま検証するなど、自分の方が上だと思っている教授ならプライドが許さないはずである。ましてや、鈴木教授は自らの手ではDNAの検査はやれないし、やっていないということを聞いていたから、ましてや部下の結果を解釈レベルでねじ曲げる可能性がある。ましてや、部下が鈴木教授の意向を忖度して、迎合的なデータを提供することもありうる。

　そこで私は、試料としては青木康弘氏が実験したとされる、レクチンでDNAが消えてなくなったと報告された試料を用いさせることのみを弁護団を通して強く要望させた。なぜなら青木氏の実験にはDNA抽出量と抽出濃度を混同して表記するなど、矛盾点がたいへんに多いからである。こうなるとこの検証実験は同時に青木氏の実験の検証という意味合いを有することになる。

　本当は一カ月でできるはずの検証実験であったが、鈴木教授の検証結果の中間発表が出てくるまでに何と１年以上もかかっている。そして出てきた中間報告の結果は、予想していたものであった以上に奇妙なものであった。

　というのは、鑑定の検証であったはずなのに、鑑定方法はすべてが本田鑑定と異なった方法を意図的にとっており、また本田鑑定とは無関係の試薬を独自の方法で使用した実験がたくさん並べられていたからである。

　血痕を付着させた生地も布ではなく紙であり、またレクチンの作用温度などの条件も異なり、またその後に使ったDNA抽出法も異なっている。ところが鈴木教授の関心は、「レクチンが血球を凝集させるか」という最も大事な問題

ではなく、「レクチンがいかにDNAを破壊するか」ということのみにあったのである。レクチンの有害作用を見つけるための実験であり、本田はまったくやっていないところの、レクチンとDNAを直接混ぜて、DNAが分解することを証明しようとしているのである。

　なぜこのようなことをやりたかったか。これはおそらく、本田鑑定の検証ではなく青木氏の実験を正しい実験として援用し、それを正しいものと証明することが目的であったからと思われる。というのも、鈴木教授の検証では、「レクチンでは鑑定できないかどうか」という肝心なことを確かめることなく、そこは青木氏の実験を正しいと前提した上で、「なぜレクチンで鑑定できないか」を検証しようとする中身になっているからである。つまり検証しなければならないことを検証せずにすでに証明されたものとして、その理由を探ろうとする検証が求められているものと、勝手に目的をすげ替えているのである。これは検察側の意見書の整合性をつけるためであろうが、つじつま合わせのために勝手なことをやることは許されない。まさに大事な人間の生命がかかった鑑定であるのに、鈴木教授は自分の実力を誇示したかっただけのように思える。

　しかも鈴木教授の行った実験はまったくの時代錯誤で古い方法が使われている。たとえばDNAの分解の有無を、アガロースゲル電気泳動での目視という、今から30年以上前に行われていた古い方法で確かめようとしているのである。現在のPCRの感度はたいへん高いので、ゲル電気泳動で見えるかどうかという粗雑な方法では定性的も定量的にも何も言うことはできない。しかしこれはおそらくは鈴木教授が自ら行っていた若い頃の実験へのノスタルジーだったのかもしれない。

　検証の目的は、本田の方法をそっくりまねてみて、血液由来のDNA型が出るかどうかであり、それを行わない検証などありえない。しかし鈴木教授はそれを意図的にやらずに「私が考える方法がいい」ということを誇示しようとして、自分の優越性を示そうとのみしている。つまり裁判所に求められた答えを出すのではなく、自分の出したい答えを自分勝手な方法で出しているに過ぎないのである。その結果、鈴木教授は「レクチンにはDNA分解酵素が含まれている」ということを大発見として述べているのである。

これまでも述べてきたようにそもそもDNAは外界の異物と接触すると大なり小なり分解する性質を持っている、水や空気に触れただけでも分解するのであるが、これを復元する働きは細胞から取り出したDNAには失われている。したがってレクチンと接触してもDNAは分解するのは当然であって、これを大発見のように騒ぐのは早とちりである。ましてや「レクチンにはDNA分解酵素が含まれている」のであれば「水にもDNA分解酵素が含まれている」ということなろう。DNAを分解させる機能を持っていることと、DNAを分解するための物質があることとは異なる。機能と実体を混同してはならないのである。

6　鈴木検証最終報告書の提出をめぐって

　レクチンに仮にDNA分解酵素が含まれていても、PCR反応レベルでは影響がない。なぜならPCRそれ自体は、全体から局所的配列のみを取り出す反応であり、いうなれば全体から部分を切り出す「分解反応」であると言えるからである。またDNAの分解はDNA抽出仮定には必然的に生じることなのであるから、単に「分解された」というのでは何も言わないに等しい。
　また本田鑑定におけるレクチンの使い方はあくまでも細胞膜に作用させるのであるから、その段階ではDNAは細胞膜や核膜によって保護されており、細胞膜や核膜を隔ててレクチンがDNAに直接作用することはできない。DNAに多量のレクチンを混ぜるなどをしても、興味本位の単なる遊びに過ぎない。鈴木教授は「検証」という名の下に自らの興味のまま、好奇心のままに実験を行っているに過ぎないといえるのではないだろうか。
　2017年6月8日、鈴木教授が最終報告書を提出し「本田鑑定は再現できなかった」という報道が大手新聞のすべてでなされた。裁判所に提出されるはずの報告書が、裁判所での協議前にマスコミに報告されるなどということがなぜなされたのか、不思議なことである。報告書の内容は検討されなければ内容の真偽は不明なのに、早々にそれが正しいものと信じてしまうマスコミも真実の報道より耳目を集める報道を優先させてしまっている。まず問題は、鈴木検証

は「本田鑑定の再現」を意図的に行っていないのである。報告書に書かれてあるのは「私ならこうやる。この方がいい」ということを十分なる根拠なく、文献上の知識からくる主観的な思いに過ぎない。

たとえば、「血痕を生食に浸すだけでは細胞は溶け出さない。タンパク分解酵素が必要」などと言っているが、本田鑑定では血痕を生食に浸して震盪する過程があるが、そこは無視されている。またタンパク分解酵素はDNA抽出過程に用いるのであって、細胞収集過程で用いれば細胞膜が破壊されレクチンそれ自体も分解されるためうまく作用できない。まったく自分勝手に実験を設定しているのである。

しかし結果としての実験結果は、鈴木教授の思惑とは異なり、レクチンを使ってもしっかりとバンドが出てしまっている事例が見られたのであった。しかし鈴木教授はこの結果を「ピークが低い」「高分子のバンドが出ない」と強引に無視するような解釈をしているのである。これは実験のミスか、あるいは意図的に薄い濃度のDNAを用いたせいであると思われる。仮にDNAの回収量が少なかったとしても細胞を選択して抽出している以上当然のことであるから、PCRをかける際には濃縮すればよいだけである。

また泳動条件を微調整した結果も並べられているが、本田鑑定ではそのようなことは行っていないのであるからまったくの無駄である。実験技術の基礎すら怪しいと言わざるを得ない。また何としてもレクチンがDNAを分解すると言いたいために、高分子バンドが出てきては困るので、「高分子は分解されている」ということを示すデータを意図的に選択して報告書に添付したのではという疑惑をぬぐいきれない。私は失敗していないのでおそらくは成功した結果は無視され捨てられたとしか考えられない。

また肝心な検証としての実験は何一つやらないで、無関係な、かつ無駄な実験結果と、単なる知識的な解説がちりばめられており、とても理解するのがたいへんな代わり、検証ならぬ「自分はここまでできる」ということを誇示しているだけの内容に過ぎない。これは裁判の冒涜以外のなにものでもないだろう。

「結果」と「解釈」の二律背反（矛盾）というのが、鈴木検証を語るすべてである。科学的立場からは、結果をゆがんで解釈しているということになる。

つまり結果を無視して強引に解釈した検証報告書であるので、裁判所が求めたものとは異質である。検察側は鈴木教授の解釈のみを重視したいが、データはそれと合っていない。しかしあくまで裁判所が鈴木教授に求めているのは主観的解釈ではなく、客観的データであり、事実であることは言うまでもないだろう。

　法医学者は科学者であるべきであるが、経験と地位とを重ねると、事実に関わらなくても解釈できるほどの知識が頭に入ってくるので、頭の中で空想したり作文できたことが事実であるかのように思えるようになる。また検察側の意向をうまくくみ取って、事実をごまかして解釈し作文する狡猾さも身につけていくだろう。そういうところに、権威者として振る舞える立場になればなるほどに、法医学者を待ち受けている陥穽があるともいえるだろう。本当は、自らの天職に誇りを持って自分の出した事実を徹底的に守り抜くような科学的精神が法医学者には求められるのではないだろうか。

　確かに現代のDNA鑑定においては機器や技術の発展により、結果を出すこと自体は難しくなくなった。しかし鑑定を行うのは人間である。本当に難しいのは鑑定を行うことではなく、自分の鑑定結果を貫き通すことである。DNA鑑定の実力の高みとは、まさにこの精神力のレベルにもよるところが大きいのである。

事件解説

1 兵庫アパレル店員殺害事件

2002年8月に、尼崎市でアパレル店員が殺害される事件が発生した。これは自室で首を絞められて殺害されている18歳の女性が発見されたものであったが、被害者宅の枕などに付着した微量血痕が重要な証拠として、兵庫県警科捜研でDNA鑑定が行われた。それと親類の男が一致したといわれたが、当時からその親類の男は被害者の部屋に出入りしていた可能性があり、犯行当時に付着したかどうかが不明で逮捕に踏み切れず捜査は難航していた。

ところがより決定的な証拠がもう1つあった。それは被害者の下半身に遺留していたたった1本の毛である。これは形状から陰毛ではないかと疑われたが、たった1本の毛から鑑定するには極めて高感度な方法を要する。

兵庫県警はこれを何とかしたいと思い、藁をもすがる思いで、かつて大阪—兵庫の合同捜査事件の解決に司法解剖で貢献した著者との面識を頼って、兵庫県警は筑波大学まで訪ねてきて鑑定を打診したのである。

そのときちょうど著者はPCR感度を上げるための触媒作用を持つ金属イオンの1つにバナジウムがあることを発見した後だった。そこで著者はこの方法を、この鑑定に適用し、Y-STR法によって型判定に成功したのである。結果として2006年2月に被疑者が逮捕され、2008年3月、神戸地裁で有罪判決(懲役5年)、が下された。その後、最高裁で確定した。最高裁は、この方法の優位性を認めた(後にこの方法を著者は特許申請した)。

2 晴山事件

1972年から1974年にかけて、北海道空知管内月形町で3件の強姦殺人・強姦致傷事件が起きた。1990年には、犯人とされた男性の死刑判決が最高裁で確定した。この事件の再審請求審で、札幌高裁は1995年12月、北海道大学と東京大学に保管されている2人の被害者の膣内容物をぬぐったガーゼ片と再審

請求人である死刑囚の血液とのDNA型鑑定の実施を決定した。再審請求としては国内初の裁判所嘱託のDNA型鑑定で、検察、弁護側の鑑定人による複数鑑定をする方向で検討されていた。そのとき、札幌弁護士会の笹森学弁護士は地元の北海道から九州まで、全国の法医学に再鑑定を依頼しに訪問したが、どこでも断られていた。理由は大分みどり荘事件のDNA鑑定が覆され、1995年6月30日に晴れて完全無罪判決が出されたからである。DNA鑑定の信頼性が大きく損なわれ、DNA鑑定にとっては闇の時代を迎えつつあったのである。そのためどの大学もDNA鑑定で叩かれることにたいへん過敏になっていたのである。

ところが、やっとのことでこの引き受け手を見つけることに成功した。それは当時大阪大学医学部にいた著者だった。

著者は信州大学の福島弘文の下で2年半助手として勤めた後、大阪大学法医学教授の若杉長英の目に止まり、助教授として引き抜かれることになる。当時、大阪大学では研究業績を上げるためと、関西圏でDNA鑑定のリーダーシップを取るべく、著者の力に期待したのである。

著者は、DNA鑑定の不遇の時代性には一切、惑わされることなく、鑑定を引き受けた。教授の若杉もそれを支援してくれたのである。

偶然にも、このときの検察側の鑑定人は、科警研の笠井賢太郎技官だった。笠井技官は、足利事件で問題になったMCT118法のPCR法を発表した人物である。一方、著者は、そのMCT型判定方法の欠陥を発見、指摘した。ここでも運命の糸は偶然にも絡まり、その後、再び足利事件でMCT118論争に巻き込まれていくことになる。

著者は晴山事件では「もしかしたらこれは冤罪では」という期待を持って、この難しい鑑定に取り組んだ。しかし38年前のガーゼに付着した精液の鑑定である。しかも被害者の膣内容を拭ったガーゼである以上、犯人の精液とともに被害者の膣上皮細胞が付着している。しかし被害者の細胞を引き算できるような対照試料、たとえば被害者のDNA型を明らかにできるような血液や臓器はもはや残されていないのである。難攻不落の城のような鑑定だったから、並大抵の方法では成功するとは思えなかった。

STR法はすでに開発されているが、しかし被害者と犯人の混合試料の鑑定に適用するには限界がある。なぜなら被害者の型もわからないからである。また精子と上皮細胞を選択的に抽出する方法は、細胞の形態がある程度保持されていないと有効ではない。

　そこで著者はこの鑑定をクリアする方法はたった1つY-STR法しかないと確信した。常染色体上のSTRは、すでに多数見つかっていたが、性別を決めるXY染色体（性染色体）のSTRはほとんど未発見であった。このうちY-STRについては1992年にベルリンのルッツ・ローワーが発表していたDYS19部位のみが知られていた。しかしこの1つだけでは偶然の一致率が高く、とても鑑定に耐える代物ではなかった。

　ならばなぜY-STRが優れているのか。その理由は男性のみにしかY染色体が存在しないという点にある。したがって女性と男性の混合試料の場合でも、Y-STR検査を行えば、犯人である男性の型のみが選択的に検出されることになる。それゆえにこの方法は性犯罪には大きな威力を発揮する。

　このように偉大な可能性を秘めたY-STR法であったが、ちょうど1995年に開催された、スペインでの国際法医遺伝学会において、ベルリンのルッツ・ローワーらはY-STRのうちDYS19に加えて多数のSTR部位を発表した。そこで著者はこの国際学会に参加し、のルッツ・ローワーと話をして、これから難しい鑑定を行うのでぜひこの方法を習得したい旨を説明した。するとローワーは1996年4月に第1回のY-STRワークショップが開催されるので、このプロジェクトに参加しないかと打診されたのである。それで著者はこのY-STRの技術の習得と、日本でのデータベース作成のために、日本からただ1人、このワークショップでの共同研究を行っていったのであった。このワークショップは現在まで続いており、著者はここで多くの研究発表を行ってきていた。

　そうしてこの技術がほぼ完成した1997年に著者は、ついに38年前の精液斑からの鑑定に成功した。この鑑定は国際的に見ても過去に例がないほど古い試料からの鑑定である。しかしその結果は、笹森弁護士の夢を打ち砕くように、証拠資料と晴山氏の型は一致した。ただし4つの部位しか検査はできなかった。

　しかし鑑定に成功した喜びとは裏腹にこの結果に著者はたいへんに落胆した。

もしかしたら冤罪か、という期待はあったものの、その可能性は消えてしまったからである。弁護団の夢を打ち砕いてしまったことにたいへんにつらい思いをした。

　一方ではまたこの成果は国際的にもたいへんに貴重なものなので、著者はルッツ・ローワーらとの共同研究の成果として国際法医学雑誌に掲載した。鑑定で行ったことは必ず研究にフィードバックさせる、ということが鑑定人でもあり研究者でもある著者の信念だったからである。またY-STRの創始者であるルッツ・ローワーはこの成果をインスブルックで開催された国際司法会議で、国際的にみて司法裁判でY-STRが認められた唯一の例として、この成果を紹介してくれたという。このような業績が結実した結果、そして1998年になってこの技術はついに17部位を同時に検出するマルチプレックスキットであるY-filerとして完成し、アイデンティファイラーと並んで、アプライド・バイオシステムズ社（当時）から市販されることになる。

　著者は1997年9月にオスロで開催された国際DNA学会に参加する直前に、この鑑定書を裁判所宛に郵送した。笠井技官もほぼ同時期に鑑定書を提出していたという。笠井技官の結果はともに、死刑囚の血液とガーゼから検出した試料のDNA型が一致したというものだった。ところがここには1つの問題があった。というのは著者は笹森らの弁護団が提案した方法に従い、晴山氏の採血を行う前にすでに証拠資料からの鑑定結果を裁判所に提出しているのに対して、笠井技官はその提案にしたがわず、晴山氏の採血を行った後でしか、鑑定は行わないと主張したのである。鑑定を行う前の鑑定人尋問でもこのことは議論になった。しかしこれが科警研の方式であると主張する笠井技官の前に、裁判所もそれをのむしかなく、結果として著者だけがその提案にしたがうことにしたのである。著者はこの不公平には大きな不満があったが、しかし鑑定の実施を優先させてこの不利な要求を自分だけ泣く泣くのむことにしたのであった。

　ならばこの両者はどう違うかというと、著者の方法ではそれが正答であれ誤答であれ、解答を知らずに問題を解かなければならないのに対して、笠井技官はすでに解答とすべき証拠物を所有した後に問題を解くことができるのである。後者が何を意味しているかは明瞭である。後者では鑑定結果の捏造や隠蔽が可

能であるということである。両者を対照して鑑定結果やその解釈を変えることができるということである。つまりこの鑑定は著者と笠井技官では難易度に雲泥の差があった。

　笠井技官はMCT118型鑑定やHLA・DQα法など、STR鑑定が主流になりつつある時代にあっては、一世代前の常染色体を用いた鑑定方法を含む数種の鑑定を使ったが、どういうわけか、被害者の型の混合を示すものは１つもない。Y染色体のSTRならこれでいいが、常染色体は男女ともに存在するので男性の型だけを出すのは不可能に近いはずである。精子と膣上皮細胞の選択的抽出を行った場合でも、このような古い試料からは完全に分離できるはずがない。確かに試料によっては判定不明になっているものもあるが、出ているものはすべて完全に晴山氏に一致しており、不完全な結果はただの１つもない。しかし提示されたのは単なる「表」だけで、鑑定結果を示す「写真」はただの１枚も添付されていない。

　一方、著者は、国際ワークショップの成果を踏まえ、男性のみに由来するY染色体のSTR法で「DYS19, 390, 393, YCA2」の４つの部位を全部そろって出した。泳動写真もすべて提示した。すでに旧式となりつつあった科警研の手法を圧倒していたのはいうまでもない。

3　大分みどり荘事件

　1981年６月末、大分県大分市のアパート「みどり荘」で当時18歳の女子短大生が殺害された事件が発生した。

　事件から半年後の1982年１月に隣室の25歳男性（当時）が被疑者として逮捕された。被疑者は取調べでは被害者の部屋にいたことを供述していたが、裁判途中から無罪を主張した。1989年３月に第一審では被疑者の自白と科警研の毛髪鑑定（形態）を重視して無期懲役の有罪判決が出された。

　しかしながら事件現場の遺留品であった犯人の毛髪は直毛であり、事件当時パンチパーマだった被告人と一致しないなど、鑑定書に多くの矛盾が指摘され毛髪鑑定の信用性に疑義が生じたため、毛髪からのDNA鑑定が検討されることとなった。そして裁判所は職権で筑波大に鑑定依頼をした。

鑑定を嘱託されたのは筑波大学の三澤章吾教授で、実際に検査を行ったのは原田勝二助教授であった。当時、まだ黎明期であったSTR部位の1つであるACTBP2 (SE33)による毛髪からのDNA鑑定が実施された。2年後、現場から採取された毛髪の中の1本から、被告人のDNAと同じものがあったという鑑定が出された。

　ところが裁判では電気泳動の型判定の精度が低いところをつかれ、「鑑定結果は似ているというだけで同一とは言えない」という証言を引き出し、無罪判決となった（福岡高裁、1995年6月30日）。マスコミでは「DNA鑑定神話の崩壊」として広く報道された。このとき弁護人は後に、飯塚事件で活躍する徳田靖之、岩田務両弁護士であった。

4　飯塚事件

　「西の飯塚、東の足利」と言われてきたように、本件と足利事件の両事件はMCT118型検査法によるDNA型鑑定が同様の時期に同様の科警研メンバーによって実施されたという共通性がある事件であった。

　1992年2月、福岡県飯塚市で小学1年の女児2人が登校中に行方不明となった事件が発生した。その翌日、約20キロ離れた同県甘木市（現・朝倉市）の山中でふたりの遺体が見つかった。死因は窒息死で、膣周囲は損傷していたため、性欲による犯罪ではないかとみられていた。

　事件発生後、女児と同じ校区に住み、当時無職だった久間三千年氏が被疑者として浮かび、警察が追跡していたが、科警研の足利事件と同じ手法のMCT118によるDNA鑑定が決め手となって1994年9月に死体遺棄容疑で逮捕された。久間氏は捜査段階から一貫して無罪を主張していたが、福岡地裁は1999年9月、DNA鑑定に加えて状況証拠を積み上げて有罪と認定して死刑を言い渡し、2006年9月に最高裁で確定した。

　ところが、2008年10月に足利事件のDNA再鑑定が行われる目処がついた数週間後、麻生太郎内閣が組閣された直後の2008年10月に、森英介法務大臣により（当時）死刑が執行された。元死刑囚の妻が2009年10月に再審を請求したが、2014年に福岡地裁で棄却された。その即時抗告審が2017年5月、福岡

高裁で結審し、その判断が注目される。

　飯塚事件弁護団は、即時抗告審でも、精力的に久間氏の無罪を主張し、地裁の再審棄却決定の柱であった、①血液鑑定、②DNA鑑定、③目撃証人について、あらたな検証実験の成果を踏まえて、その誤りを立証してきた。

5　足利事件

　1990年5月12日、栃木県足利市のパチンコ店で行方不明となった女児（当時4歳）が、翌日、パチンコ店近くの渡良瀬川の河川敷で死体で発見された事件である。

　犯人のものと推定される体液（精液）が付いた女児の半そで下着も付近の川の中で見つかり、わいせつ目的の誘拐・殺人事件とされた。

　事件後から幼稚園の送迎バスの運転手で、事件現場のパチンコ店の常連でもあった菅家利和氏（当時43歳）を疑っていたが、1991年6月、県警は菅家氏が捨てたゴミ袋を押収し、そこから体液の付いたティッシュペーパーを発見した。栃木県警は警察庁科学警察研究所（科警研）にDNA鑑定を依頼し菅家さんと犯人のDNAの型が一致したとする鑑定書を得た。それは根拠に菅家氏逮捕に踏み切った。菅家氏は第一審の途中から否認を訴えていたが、1993年7月7日、宇都宮地裁は無期懲役の判決を言い渡し、東京高裁も控訴を棄却した。そして2000年7月17日の最高裁判決で有罪が確定した。確定判決後も菅家氏は再審を請求しつづけてきたが、即時抗告による東京高裁での審理の結果、ようやくにしてDNA再鑑定が認められ、大阪医科大学の鈴木廣一教授、筑波大学の本田克也教授が鑑定を行った。その結果、女児の下着に付着していた体液と、菅家氏のDNAは一致しないことが分かった。再審公判の結果、2010年3月26日に無罪判決が言い渡された。

6　今市女児殺害事件

　足利事件と同様に、栃木県警が捜査に当たった事件。2005年12月に栃木県今市市（現：日光市）に住む小学1年生の女児が、小学校から帰宅途中に行方不明となり、翌朝に茨城県常陸大宮市の山林で刺殺体となって発見された。そ

の司法解剖を行ったのは著者であった。栃木県警と茨城県警は合同捜査本部を立ち上げ捜査に当たっていたが、未解決のまま経過していたところ、2014年6月にブランド品の偽物を所持したとする別件の商標法違反ですでに逮捕されていた勝又拓哉氏が犯行を自供したとされ殺人罪で再逮捕された。

勝又氏は初め、自白したとされたが裁判では一貫して無罪を主張し続けた。

この事件は、被害者の後頭部に付着していたガムテープおよび被害者の付着微物のDNA鑑定などは栃木県警科捜研が実施した。その結果、勝又氏の型と一致したものはただの1つも発見されず、その代わりに捜査員や科捜研の鑑定人の細胞汚染が確認されたという。

著者は宇都宮地裁での裁判員裁判で証言し、「性的ないたずらの痕跡は一切ないこと」「死体所見と被告人の供述はまったく一致しない」ことを繰り返し強調し、「DNA鑑定でもまったく被告人を犯人とする証拠はない」ことを主張したが、検察官はDNA鑑定は争点からはずした上で、自白の録画テープを編集後、裁判員に長時間にわたり視聴させた。2016年4月8日、宇都宮地裁の裁判員裁判は、被告人に無期懲役の有罪判決を言い渡した。現在控訴審中。

7　袴田事件

1966（昭和41）年6月30日午前1時30分頃、静岡県清水市（現静岡市清水区）の味噌製造会社（通称こがね味噌）専務宅で火災が発生した。ほぼ全焼した家屋の中から専務（41歳）とその妻（39歳）・次女（17歳）・長男（14歳）の4人の焼死体が発見された。実況見分などの結果、死体には鋭利な刃物によると思われる多数の刺傷があり、焼け残った着衣などにガソリン臭があったほか、会社の売上金が入った布小袋が持ち出された疑いがあったため、警察は強盗殺人・放火事件として直ちに捜査を開始した。

警察は、現場や死体の状況などから、会社の内情に詳しい者による犯行とみて、会社関係者を中心に聞き込み捜査などを進めた結果、当時現場のすぐ裏側にあった味噌製造工場2階の従業員寮に住み込んで働いていた袴田巖氏（当時、30歳）を、同年8月18日逮捕した。理由は、①アリバイがなかったこと、②袴田氏が事件直後左手中指を怪我していたこと、③寮から押収された袴田氏の

パジャマから袴田氏とは違う型の血液が検出されたこと、などであった。

　袴田氏は逮捕から20日間ずっと犯行を否認していが、自白させられ、検察は9月9日、袴田氏を住居侵入・強盗殺人・放火罪で静岡地方裁判所に起訴した。しかし、袴田氏は第1回公判以後一貫して無実を訴え続けた。

　公判で検察の立証が終わろうとしていた1967（昭和42）年8月、味噌製造工場の醸造用味噌タンクの底から、麻袋に入れられた血染めの「5点の衣類」（鉄紺色ズボン・白ステテコ・緑色ブリーフ・ネズミ色スポーツシャツ・白半袖シャツ）などが従業員によって発見され、事件は急展開した。さらに、「5点の衣類」の発見から12日後の9月12日、警察は袴田氏の実家を家宅捜索し、箪笥の引き出しから鉄紺色ズボンの共布（裾上げしたときに裁断された布切れ）を発見した。そして検察は翌13日臨時に開かれた公判で直ちに「5点の衣類」を証拠として提出し、犯行着衣はパジャマではなく「5点の衣類」であると冒頭陳述（検察が描く犯行ストーリー）を変更した。

　袴田氏は、「5点の衣類」は自分のものではないと否認したが、結局翌1968（昭和43）年9月11日、静岡地裁（石見勝四裁判長）は死刑判決を言渡した。1969（昭和44）年5月から東京高裁で始まった控訴審では、袴田氏自身が実施を強く望んだ「5点の衣類」の装着実験が3回にわたって行われ、いずれの回でも鉄紺色ズボンは袴田氏には小さすぎてはくことができなかった。

　しかし、1976（昭和51）年5月18日に東京高裁（横川敏雄裁判長）は控訴を棄却。1980（昭和55）年11月19日には最高裁第二小法廷（宮崎梧一裁判長）が上告を棄却し、12月12日最終的に死刑が確定した。

　1981（昭和56）年4月20日、袴田氏は静岡地裁に再審を請求したが、1994（平成6）年8月8日に同地裁（鈴木勝利裁判長）は再審請求の棄却を決定をした。その後東京高裁での即時抗告審では「5点の衣類」のDNA型鑑定も行われたが、結果は鑑定不能となった。2004（平成16）年8月26日同高裁（安廣文夫裁判長）は即時抗告を棄却。2008年3月24日、最高裁第二小法廷（今井功裁判長）も請求を棄却した。同年4月25日、姉の袴田ひで子氏が請求人となり第2次再審請求を静岡地裁に行った。静岡地裁（村山浩昭裁判長）は、犯行時の着衣（5点の衣類の1つ）である白半袖シャツ右肩の血痕が袴田氏の

ものと一致するかどうかを、弁護側推薦の著者と検察側推薦の山田良広・神奈川歯科大学教授にDNA鑑定を嘱託した。その結果、一致しないとの判断が双方からでた。2014年3月、静岡地裁は、鑑定結果などを理由に再審開始を決定し、同時に、袴田氏を釈放した。それに対して、検察側が著者の鑑定は「独自の手法で信用できない」として東京高裁に即時抗告した。

　東京高裁（大島隆明裁判長）では、DNAの鑑定手法が最大の争点となった。高裁は、検察側の要求を受け、鈴木廣一・大阪医科大教授に対して著者の鑑定の検証実験を依頼した。9月25日・26日、著者と鈴木教授への証人尋問が行われた（検証事件の問題点について、詳しくは本書補章を参照）。その後、高裁は、2018年1月19日までに、検察、弁護側双方に「最終意見書」を提出するよう指示した。これによって、2018年3月末までに即時抗告審の判断がでる見通しとなった。

◎著者プロフィール

本田克也（ほんだ・かつや）

福岡県生まれ。1979年筑波大学第二学群人間学類卒業。1987年同大学医学専門学類卒業。1991年同大学大学院医学研究科博士課程修了（医学博士）。東京都や大阪府の監察医、信州大学助手を経て、2001年から筑波大学教授。専門は法医学、法医遺伝学。性染色体およびミトコンドリアDNAを中心とする個人識別法の開拓を研究テーマとする。足利事件、袴田事件、飯塚事件などで、弁護側の推薦によって裁判所嘱託の鑑定を行った。著作に、「DNA鑑定はどこまで正当か」（『季刊刑事弁護』誌上で連載〔78号〜90号〕）、『看護のための「いのちの歴史」の物語』（現代社、2007年）、『統計学という名の魔法の杖―看護のための弁証法的統計学入門』（現代社、2003年）などがある。

DNA鑑定は魔法の切札か
科学鑑定を用いた刑事裁判の在り方

2018年2月5日　第1版第1刷発行

著　者…………本田克也
発行人…………成澤壽信
発行所…………株式会社現代人文社
　　　　　〒160-0004　東京都新宿区四谷2-10八ッ橋ビル7階
　　　　　振替　00130-3-52366
　　　　　電話　03-5379-0307（代表）
　　　　　FAX　03-5379-5388
　　　　　E-Mail　henshu@genjin.jp(代表)／hanbai@genjin.jp(販売)
　　　　　Web　http://www.genjin.jp

発売所…………株式会社大学図書
印刷所…………株式会社ミツワ
ブックデザイン…………Malp Degign（宮崎萌美）

検印省略　PRINTED IN JAPAN　ISBN978-4-87798-681-0　C3032
© 2018　Honda katsuya

本書の一部あるいは全部を無断で複写・転載・転訳載などをすること、または磁気媒体等に入力することは、法律で認められた場合を除き、著作者および出版者の権利の侵害となりますので、これらの行為をする場合には、あらかじめ小社また編集者宛に承諾を求めてください。